践行苏式养护理念 创建高效管理之路

——沿江高速二十年养护管理实践

江苏沿江高速公路有限公司　组织编写

人民交通出版社

北　京

内 容 提 要

本书从养护理念、管理体系、工程实践、科研创新、文化建设等方面，详尽介绍了江苏沿江高速公路有限公司二十年高速公路养护管理实践取得的丰硕成果。全书共分7章，内容包括高速公路建设历程回顾、沿江高速公路养护管理体系、道路养护管理实践、桥梁养护管理实践、智慧养护应用探索、养护文化与人才队伍建设、改扩建规划设计。

本书可供从事高速公路养护管理的企事业单位参考使用，亦可供公路建设行业管理部门学习借鉴。

图书在版编目(CIP)数据

践行苏式养护理念 创建高效管理之路：沿江高速二十年养护管理实践 / 江苏沿江高速公路有限公司组织编写. — 北京：人民交通出版社股份有限公司, 2024. 10. — ISBN 978-7-114-19840-3

Ⅰ. U418

中国国家版本馆 CIP 数据核字第 2024LX2840 号

Jianxing Sushi Yanghu Linian Chuangjian Gaoxiao Guanli zhi Lu——Yanjiang Gaosu Ershi Nian Yanghu Guanli Shijian

书　　名：	践行苏式养护理念　创建高效管理之路——沿江高速二十年养护管理实践
著 作 者：	江苏沿江高速公路有限公司
责任编辑：	岑　瑜
责任校对：	赵媛媛
责任印制：	刘高彤
出版发行：	人民交通出版社
地　　址：	(100011)北京市朝阳区安定门外外馆斜街3号
网　　址：	http://www.ccpcl.com.cn
销售电话：	(010)85285857
总 经 销：	人民交通出版社发行部
经　　销：	各地新华书店
印　　刷：	北京市密东印刷有限公司
开　　本：	787×1092　1/16
印　　张：	16.5
字　　数：	400 千
版　　次：	2024 年 10 月　第 1 版
印　　次：	2024 年 10 月　第 1 次印刷
书　　号：	ISBN 978-7-114-19840-3
定　　价：	168.00 元

(有印刷、装订质量问题的图书，由本社负责调换)

编审委员会

主　编： 阚有俊　鲁家斌

主　审： 陈金东

副主编： 李春雷　王　祥　翟　锐　李　宁　徐　剑

编　委： 陈　骏　马亦斌　周　洁　刘子铭　李加才

　　　　　刘佳磊　杜　可　姚泽恒　刘　朵　夏　永

　　　　　路　璐　孙彬彬　童　飞　黄建平　韩依璇

　　　　　李　明

序

交通现代化是国家现代化的重要标志。作为现代化综合交通体系的重要组成部分,我国高速公路建设成就举世瞩目,通车里程稳居世界第一。加快建设交通强国,以交通运输高质量发展助力中国式现代化,必须全面落实"公路建设是发展,公路养护管理也是发展,而且是可持续发展"的理念,全面提升高速公路养护管理水平。

高速公路养护管理是一项系统性、科学性、专业性的持续性工作,是保障高速公路高质量运营的基础。江苏交通控股有限公司(简称"江苏交控")负责管养江苏省89%的高速公路。历经20多年的不懈探索与实践,江苏高速公路的养护管理历经了从起步期、探索期、发展期到提升期的四个阶段,实现了由粗放管理向精细管理、经验决策向科学决策、事后控制向事中控制、项目级管理向路网级管理的转变,形成了具有江苏特质、行业特性、企业特色的"苏式养护"品牌,构建了"设施更耐久、管理更科学、技术更先进、实施更高效、保障更有力、发展更持续"的新时代高速公路现代化养护管理体系,高速公路养护取得国检"三连冠"的佳绩。

江苏沿江高速公路有限公司(简称"沿江公司")作为江苏交控的下属单位,始终深耕路桥养护,结合其自身特点,不断丰富"苏式养护"内涵,积极当好"苏式养护"品牌理念的践行者、创新技术的实践者、匠心精神的传承者,为江苏高速公路养护事业的发展贡献了重要作用。本书是沿江公司20年养护成果的展现、养护经验的积淀,也是沿江公司养护人心血的凝练、智慧的结晶,可以为高速公路养护管理体系构建、道路桥梁养护和智慧化养护等方面提供一定的参考。

面向交通产业体系现代化的发展需求、面对社会公众美好出行的向往,高速公路养护管理必将迎来新的挑战和机遇。希望沿江公司厚植"以人民为中心"的情怀,深化拓展"苏式养护"品牌价值,广泛输出新时代高速公路现代化养护管理体系"沿江经验",为江苏交控建设世界一流高速公路网,为奋力推进中国式现代化江苏新实践当好开路先锋。

江苏交通控股有限公司党委书记、董事长 邓东升

2024 年 6 月

前言

随着交通基础设施的快速发展,国家高速公路网建设基本完善。截至2023年底,全国高速公路总里程达到18.36万km,覆盖99%城镇人口超过20万的城市和地级行政中心。江苏省交通基础设施建设一直走在全国前列,自1996年第一条高速公路——沪宁高速公路(江苏段)(现G42沪蓉高速公路江苏段)建成通车以来,在高速公路的建设方面取得了显著成就,总里程超过了5128km,实现了县县通高速、部分重要乡镇通高速的条件,通达率达到100%。

在江苏高速公路建设不断突破创新、取得佳绩的同时,江苏交通人也十分重视高速公路养护建设管理工作。近30年来,江苏逐步建立起较为健全的高速公路养护管理体系,其科学化、制度化、规范化、标准化基本形成,并在不断发展。江苏沿江高速公路有限公司(简称"沿江公司")作为苏式养护理念的践行者,是江苏高速公路节约化养护的典型代表,其管辖的高速公路技术状况指数(MQI)始终保持在95以上,全线一、二类桥比例达到100%,20年来持续稳定运行,且实现了全系统内养护经费最低。因此,在沿江高速公路(常州至太仓段)通车二十周年之际,沿江公司从养护管理体系、道路养护管理、桥梁养护管理、智慧养护、养护人才建设与养护文化打造等方面,全面梳理总结了20年来的养护管理经验,编撰本书。

本书由沿江公司组织编写,阚有俊、鲁家斌担任主编,李春雷、王祥、翟锐、李宁、徐剑担任副主编,并特邀江苏交控总经理、党委副书记陈金东担任审稿专家。

为适应交通强国发展的新趋势和新要求,高速公路由建设为主向建设、养护、管理、服务转变,更加突出养护管理和服务工作,高速公路养护管理工作者仍任重道远。为此，本书仅起抛砖引玉之用，以期为行业高速公路的高质量养护管理提供借鉴和参考。

鉴于作者的认知局限和知识储备，本书不可避免地会存在一些问题和错误，敬请同行不吝斧正。

作　者

2024 年 6 月

目录

第1章 高速公路建设历程回顾 ·· 1

 1.1 建设背景及意义 ·· 1
 1.2 建设与发展历程 ·· 2
 1.3 工程特点及科技创新 ·· 7

第2章 沿江高速公路养护管理体系 ·· 11

 2.1 基本情况 ·· 11
 2.2 岗位设置与职责 ·· 13
 2.3 养护管理制度 ·· 15

第3章 道路养护管理实践 ·· 28

 3.1 基本现状 ·· 28
 3.2 养护新技术研究及应用 ·· 41
 3.3 路面养护决策与后评估 ·· 57
 3.4 道路综合性能提升实践 ·· 73

第 4 章　桥梁养护管理实践 ································· **81**

 4.1　基本现状 ·· 81

 4.2　桥梁监测与评估 ·· 84

 4.3　桥梁维修加固技术 ·· 123

 4.4　突发事件处置情况 ·· 160

第 5 章　智慧养护应用探索 ····································· **163**

 5.1　高速公路资产数字化管理探索 ·································· 163

 5.2　高速公路养护工区智慧化建设实践 ······························ 180

第 6 章　养护文化与人才队伍建设 ······························· **201**

 6.1　价值主张 ·· 201

 6.2　养护文化 ·· 202

 6.3　人才队伍建设 ·· 215

第 7 章　改扩建规划设计 ······································· **229**

 7.1　规划背景 ·· 229

 7.2　改扩建工程概况 ·· 229

 7.3　智慧高速公路设计 ·· 246

 7.4　高速公路近零碳站区策划 ······································ 248

第1章
高速公路建设历程回顾

1.1 建设背景及意义

江苏省是我国经济发达省份,高速公路建设在推动区域经济发展、加强城市之间的联系、改善物流运输、促进商业往来、加速景点开发等方面具有重要意义。作为连接京津冀、长三角、珠三角等地区的纽带,江苏高速公路网络的建设和完善将有力促进区域间的互联互通,为全省乃至周边省区市的发展带来新的活力。江苏省高速公路事业的发展可以追溯到20世纪90年代初期,其首条高速公路——沪宁高速公路江苏段1992年开工、1996年通车,促进了沿线区域的发展,为江苏省的高速公路建设开了个好头。自此,江苏高速公路进入飞速发展期,并规划制定了"四纵四横四联"的《高速公路网建设规划方案(1996—2020)》,提出了建设12条主骨架公路和新增5座过江通道的明确目标,高速公路总里程约3500km。《江苏省高速公路网规划(2017—2035年)》中又提出了"十五射六纵十横"的布局形态和建设20条高速公路(含过江通道4条),总里程约6666km。截至2023年底,高速公路总里程已达到5128km,高速公路实现了"县城通"。

沿江高速公路是江苏省首轮规划建设的"四纵四横四联"高速公路主骨架中"联三"(南京—太仓高速公路)的重要组成部分,其董浜枢纽以西的S38通往合肥,是中西部开发战略和实现横向经济协作发展的重要枢纽——常合高速公路的一部分,董浜枢纽以东的G15接连上海,是江苏省与上海市的主要出入通道之一,建成后与沪宁高速公路和苏嘉杭高速公路连接形成苏南地区"干"字形高速公路主骨架。沿江高速公路的建设有利于进一步推动苏南地区社会经济的发展,有利于改善苏南地区路网结构,有利于减轻沪宁高速公路日益增长的通行压力,对促进苏南经济发达地区与长三角等地区,共同形成世界第六大城市群及区域经济共同发展具有特定的现实意义和长远的历史意义。

高速公路网是现代综合运输系统的核心组成部分,是江苏省干线公路网的主骨架,连接了县级以上城市、人口规模较大的城镇、重要机场、港口等节点,提升了港口、机场等运输枢纽的作用。为进一步完善高速公路网络,江苏沿江高速公路有限公司(简称"沿江公司")参与投资建设太仓港疏港高速公路和张家港疏港高速公路,无缝对接沿江高速公路。

太仓港疏港高速公路起自沿江高速公路沙溪枢纽,路线向东北方向延伸,经归庄、金浪、港城开发区,接通太仓港区内的港外大道,可直达太仓港核心集装箱作业区,改善太仓港的陆路集疏运条件,提升该地区的运输能力,对支撑太仓集装箱干线港建设和做大做强港口现代物流,实现港、产、城联动发展,扩大口岸开放,促进全省沿江开发有着非常重要的意义,同时可兼顾港区的对外交通出行需求,为港区居民出行提供便利。

张家港疏港高速公路是张家港港区集疏运体系的重要组成部分,路线起自港区东海路,向南经晨阳、泗港等乡镇街道,止于与沿江高速公路交叉处。张家港疏港高速公路的建设进一步完善了区域干线公路网络,提升了张家港核心港区的集疏运条件,适应了港口吞吐量快速增长的需求,对张家港全面建设现代化亿吨强港,推动港城一体化建设和沿江产业带发展,促进沿线区域经济社会发展都具有十分重要的作用。

1.2 建设与发展历程

1.2.1 沿江高速公路

沿江高速公路(常州至太仓段)是江苏省"四纵四横四联"高速公路网的重要组成部分,起自江苏省常州市,经江阴市、张家港市、常熟市、太仓市,东接上海市 A5 高速公路。该高速公路全长 134.712km,分两段实施,其中江阴至太仓段于 2004 年 8 月建成通车,常州至江阴段于 2004 年 11 月建成通车。全线工程批准概算 61.63 亿元,工程决算 59.91 亿元(节省投资 1.72 亿元),它的建成改善了江苏南部沿江各市的交通状况和投资环境,促进了经济发展。

1.2.1.1 沿江高速公路江阴至太仓段(简称"江太高速")

江太高速起于江阴市青阳镇,西接常澄高速公路,横穿江阴市、张家港市、常熟市和太仓市,止于江苏与上海交界处的新浏河,东连上海市嘉浏高速公路。沿途在江阴市霞客镇与锡澄高速公路相交,在常熟市董浜镇北与苏嘉杭公路及苏通长江大桥南接线相交,在太仓市板桥东与苏昆太高速公路相交。全线采用高速公路标准建设,全封闭,全立交,其中董浜枢纽以东33.825km 路段为六车道,路基宽 35m,其余路段为四车道,路基宽 28m;全线设计速度为120km/h,桥涵设计荷载为汽车-超 20 级、挂车-120[设计依据《公路桥涵设计通用规范》(JTG 021—089),简称"89 通规"]。

江太高速由江苏省交通规划设计院股份有限公司(现华设设计集团股份有限公司)承担主体设计工作。2000 年 3 月,开展江太高速全线的初步设计工作;2000 年 7 月完成了张家港段的初步设计工作,9 月完成了江阴段的初步设计工作,11 月完成了常熟段、太仓段的初步设计工作;2000 年 11 月 8 日张家港先导试验段开工建设;2001 年 7 月江阴、常熟、太仓段开工建设;2004 年 8 月建成通车。表 1.2-1 给出了江太高速的整个建设历程。

江太高速建设历程一览表 表1.2-1

时间	重要进展
2000年3月	批复建设
2000年11月	张家港先导试验段开工建设
2001年7月	江阴、常熟、太仓、段开工建设
2002年5月	张家港段路基、桥涵工程完成
2003年6月	江阴、常熟、太仓、段路基、桥涵工程完成
2003年9月	张家港段路面底基层、基层施工完成
2003年10月	江阴、常熟、太仓段路面底基层、基层施工完成
2003年12月	防护及排水工程完成
2004年7月	路面、交通安全设施、房建、装修、绿化及三大系统工程完成
2004年8月	交工验收、通车

1.2.1.2 沿江高速公路常州至江阴段（简称"常澄高速"）

常澄高速起于常州市武进区湖塘镇，西接宁常高速公路，止于江阴市月城镇，东接沿江高速公路江阴至太仓段，沿途在武进区横林镇与沪宁高速公路交叉。全线采用高速公路标准，路基宽度28m，设计速度120km/h，桥涵设计荷载为汽车-超20级、挂车-120（设计依据"89通规"）。

常澄高速由江苏省交通规划设计院股份有限公司承担主体设计工作。2001年3月，开展常澄高速全线的初步设计工作；2001年5月，完成全线的初步设计工作；2001年11月开工建设；2004年11月建成通车。表1.2-2给出了常澄高速的整个建设历程，图1.2-1呈现了建设过程中的重要节点。

常澄高速建设历程一览表 表1.2-2

时间	重要进展
2001年3月	批复建设
2001年11月	开工
2002年10月	路基、桥涵工程完成
2003年11月	路面底基层、基层施工完成
2003年12月	防护及排水工程完成
2004年9月	路面工程完成
2004年10月	交通安全设施、绿化、三大系统工程完成
2004年11月	房建、装修工程完成
2004年11月	交工验收、通车

a) 软基湿喷桩处理

b) 沉降观测板安装

c) 路基施工

d) 沥青路面摊铺

e) 箱梁预应力张拉

f) 箱梁移运

g) 跨运河挂篮施工

h) 斜拉桥索塔施工

图 1.2-1

i) 交工验收会

j) 建成通车新闻发布会

图 1.2-1　常澄高速建设重要节点

1.2.2　太仓港疏港高速公路

太仓港疏港高速公路(现太仓港北疏港高速公路)起自沿江高速公路沙溪枢纽,路线向东北方向延伸,经归庄、金浪、港城开发区,接通太仓港区内的港外大道,可直达太仓港核心集装箱作业区。路线全长 15.41km,主线采用双向四车道高速公路标准,设计速度 100km/h,路基宽度 26m。全线设置沙溪枢纽、金浪西互通、金浪互通、港城互通共 4 处互通式立交,设置主线收费站 1 处,纳入沿江高速公路统一管理。

太仓港疏港高速公路由江苏省交通规划设计院股份有限公司承担设计工作,该公路概算投资约 17 亿元,2009 年 10 月批准建设,2011 年 3 月开展前期准备,2013 年 9 月 26 日通过交工验收,2013 年 10 月建成通车。图 1.2-2 呈现了太仓港疏港高速公路的施工建设过程。

a) 开工仪式

b) 路基施工

d) 箱梁预制

c) 桩基施工

图　1.2-2

e)钢箱梁安装

f)混凝土板块浇筑

g)沥青下面层施工

h)交工验收会

图1.2-2 太仓港疏港高速公路施工建设过程

1.2.3 张家港疏港高速公路

张家港疏港高速公路(现靖张高速公路)是张家港港区集疏运体系的重要组成部分,是张家港的疏港大动脉。路线全长19.57km,全线采用双向六车道高速公路标准,路基宽度34.5m,设计速度120km/h,设张家港西、善港、晨阳3处互通收费站和张家港保税区主线收费站1处,终点与沿江高速公路交叉设杨舍枢纽1处,纳入沿江高速公路统一管理。

张家港疏港高速公路概算投资约31.06亿元,2011年2月批复建设,2013年9月17日正式开工建设,2016年11月建成通车。图1.2-3呈现了张家港疏港高速公路的施工建设过程。

a)项目部试验室验收

b)下钢筋笼

图 1.2-3

c) 拌和施工

d) 路基局部处理

e) 软基处理

f) 基层施工

g) 盖梁预应力张拉

h) 面层施工

图1.2-3　张家港疏港高速公路施工建设过程

1.3 工程特点及科技创新

沿江高速所在区域位于江苏省东南部沿江地带,属于长江三角洲南部苏南水网平原区,地势平坦,地下水位较高,全线均为软土地基施工区域,地质情况复杂,路基沉降问题突出,其中还涉及横林枢纽匝道与沪宁路老路基拼接问题,施工难度大。全线桥梁结构物多,斜拉桥、系杆拱、后张法预制箱梁、现浇箱梁、悬臂浇筑连续箱梁等桥梁施工质量控制要求高。此外,还有建设时期施工原材料供应紧张,施工进度难以把控的问题。为保障工程的顺利实施,沿江高速通过积极探索新技术、新材料、新工艺,推动了一系列技术管理创新。

(1)沿江高速公路是江苏省内首次实行"省高指监管,市高指建设"二级管理模式建设的高速公路,管理组织机构框架如图 1.3-1 所示。通过对施工单位、监理单位进行监督、管理,结合工程具体实情,制定严格的工程管理制度和技术指导性文件,实现对工程的进度、质量、投资全方位的科学管理与严格控制。

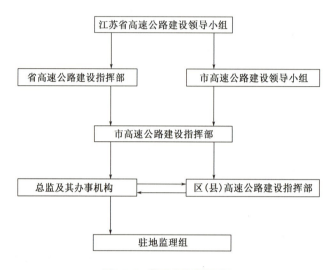

图 1.3-1 管理组织机构框架

(2)针对软土地基沉降稳定问题,邀请东南大学和同济大学对粉喷桩进行钻芯取样与力学分析,探索路基沉降规律,定期开展竖向位移、水平位移观测,根据沉降发展及稳定状况及时指导施工,在必要的路段采用碎石二次堆载,以确保路基稳定。横林枢纽匝道与沪宁路老路基拼接施工初期,因河塘清淤,破坏了沪宁高速部分路基的稳定性,在实施湿喷桩段落的沪宁路两侧,行车道出现了裂缝。出现裂缝后即对沪宁高速路基采取土钉锚固、裂缝路面灌缝、裂缝段两侧路全断面堆载反压土等措施,每日进行裂缝观测。为最大程度减少沪宁高速公路裂缝,减少差异沉降,将拼宽路基软基处理全部变更为湿喷桩,并在坡脚外侧已施工完湿喷桩段落插打两排加密桩。软基处理阶段不进行沪宁高速公路台阶开挖,待坡脚内侧湿喷桩施工完成后,再进行拼宽路基填筑。通过在沪宁高速公路坡脚外打"8"字形双头搅拌桩的处理方式,对沪宁路与邻近匝道路段的沉降进行分隔,消除匝道路基沉降对老沪宁路产生的附加影响。为沪宁路全线拓宽进行了积极的探索,也取得了较为丰富的新老路基拼接理论和实践成果。

(3)为探索不同类型下封层的施工工艺和路用性能,组织开展了改性乳化沥青、热喷改性沥青等沥青下封层试验。全线采用智能型沥青洒布车、石料撒布车进行施工,确保了材料撒布的均匀性,在省内尚属首次。

(4)开展"沥青上面层石料适用性研究"技术攻关,论证了就近合理利用地方石料资源取代玄武岩应用于高速公路沥青上面层的可能性,解决了苏南等众多区域玄武岩资源相对紧张的问题,缓解了部分区域高速公路建设集料的长途运输困难,缩短了工期并降低了建设成本。

(5)为研究比较不同结构形式沥青路面的使用寿命,减少沥青路面早期破坏,与交通运输部公路科学研究院和东南大学联合开展了五种结构的长久性路面试验研究,从"长久性沥青路面"和"长久性复合式路面"两方面入手,开展室内试验分析,并选择5.5km主线作为试验段,组织了沥青稳定碎石基层、全厚式沥青路面以及连续配筋复合式路面等多种结构的现场试铺。提出了连续配筋混凝土路面(CRCP)、连续配筋水泥混凝土、沥青稳定碎石、级配碎石以及抗疲劳层的设计方法;通车3年,试验路全线未发现坑槽、泛油、车辙、开裂等路面病害现象,经鉴定达到国际先进水平,为进一步提高高速公路路面使用寿命和耐久性提供了理论依据和技术支持,具有显著的社会效益和经济效益。该成果于2007年11月荣获第七届中国土木工程詹天佑奖,如图1.3-2所示。

图1.3-2 第七届中国土木工程詹天佑奖证书

(6)常州东互通主线桥为跨京杭运河特大桥(现为圩墩大桥),采用了(70.15+120+70.15)m三跨双塔单索面、梁塔固结的结构体系,其特殊的结构形式在当时位居省内第一、全国第三,因此对其施工控制、工艺等方面提出了更高的要求。

①0号块临时锚固采用刚度适中、具有拉撑作用的空钢管,大大缩短了第一次体系转换(拆除边跨支架和解除临时锚固)所需的时间,安全、快捷,可减轻劳动强度。在体系转换后,主梁高程不会产生过大变化,确保中跨合龙。

②开展了索鞍足尺模型试验,通过对施工阶段鞍座抗滑移性能、运营阶段斜拉索锚固性能、索塔鞍座区受力性能的研究,确保了桥梁的安全性能及各项技术指标。

③主桥竖向预应力体系改为连通管压浆形式,用薄钢管代替传统的波纹管,较好地解决了传统竖向预应力体系压浆不密问题。

(7)锡澄运河大桥主桥采用了1-73.66m钢管混凝土系杆拱,为满足运河通航要求,采取大吨位单片钢管拱肋浮吊方案,将吊装时间控制在6h内。为控制好钢管混凝土系杆拱桥施工质量,多次征询专家意见,制定了锡澄运河大桥钢管拱、吊杆、成品索等质量控制标准,解决了该类桥梁无施工质量检验评定标准的问题,确保了钢管拱桥的各项技术指标符合技术要求。

（8）在江阴枢纽钢箱梁顶面首次采用4cm SMA+4cm环氧沥青混凝土结构，开展国产环氧沥青混凝土和进口环氧沥青混凝土的比较试验，积极探索了钢桥面铺装结构形式，在延长桥面铺装混凝土寿命的同时降低了工程造价。

（9）在横林枢纽F匝道进行了开级配抗滑表面（OGFC）试验段施工，提高了高速公路抗滑性能及雨天行车性能，减少了车辆溅水及喷雾现象，减轻了路面反光，提高了夜间路面的可视性，降低了路面行车噪声。

太仓港疏港高速公路和张家港疏港高速公路均属于长江三角洲平原工程地质区，地处软土地基施工区域。项目建设过程中重视科技创新，积极采用新技术、新工艺、新设备，在改性沥青现场加工生产、防护工程预制块自动化生产、箱梁预应力智能张拉、施工标准化等方面开展了深入研究，提高了高速公路建设的技术含量和工程质量总体水平。其中，太仓港疏港高速公路获得2014年"姑苏杯"优质工程奖和2014年度江苏省交通建设优质工程奖。该项目的技术管理创新措施如下：

（1）软基处理采用预应力管桩加全线等超载预压的处理方式，基本消除了路基的不均匀沉降，最大限度减少了工后沉降。

（2）针对项目沿线砂性土的特性，路肩设置了滑模施工排水槽，路面雨水通过路肩排水槽和边坡急流槽排向边沟，可有效防止边坡受冲刷。

（3）沙溪枢纽匝道跨越沿江高速公路，为减小施工过程对沿江高速公路正常营运的影响，采用了钢箱梁结构，桥面铺装采用了省内主流的双层环氧沥青混凝土结构，有效提高了钢桥面抗疲劳性能及其与钢板的黏结性能。

（4）港城高架桥连续长度达4.5km，两侧规划建设地面道路，为减少连续高架桥下行车的压抑感，高架桥采用了隐形盖梁设计方案，有效降低了桥梁的建筑高度，提高了地面道路净高空间并节约了资源。

（5）张家港疏港高速公路建设过程中创新、推广了新材料、新工艺，其应用如下：

①钻孔桩钢筋采用直螺纹套筒连接；
②钢筋加工场内骨架焊接推行二氧化碳气保焊工艺；
③预制梁钢筋全面使用胎架绑扎、整体吊装，并采用喷淋养护；
④预应力施工全部采用智能张拉和循环压浆工艺；
⑤波纹管和支座钢板等预埋件采用热镀锌材料；
⑥裸露预埋钢筋全部进行水泥浆防锈处理；
⑦支座垫石采用"盒式养生器"注水养护；
⑧防护工程预制块实现了自动化生产工艺；
⑨边沟开挖采用专用梯形挖斗，节省人力物力；
⑩改性沥青采用现场改性加工生产，工艺透明，从源从严确保质量。

第2章
沿江高速公路养护管理体系

2.1 基本情况

2.1.1 总体介绍

江苏高速公路养护工程的质量和服务水平居全国前列，打造了具有江苏特质、行业特性、企业特色的"苏式养护"品牌，沿江公司在江苏交通控股有限公司（简称"江苏交控"）的领导下，开展精准化养护，以自身特色为"苏式养护"品牌增光添彩。

工程养护管理工作实行二级、三级管理模式，公司负责全线工程养护工作的统一领导与管理，设养护工程部为职能部门，下设管理处、常熟养护工区、青阳养护工区、黎里养护工区。各单位分工明确，工作开展有条不紊。

为保证养护工作高效开展，各单位均配备了雄厚的养护储备力量。公司养护条线迄今在岗人员48人，其中工程养护部11人，常熟养护工区15人、青阳养护工区14人、黎里养护工区8人。投入养护机械共26辆，清扫车5辆、洒水车3辆、除雪洒布车11辆、喷气式吹雪车2辆、防撞车3辆、装载机2辆；拥有养护车辆共20辆，多用途货车16辆、双排座4辆；养护设备包括4台无人机以及移动式供电设备、照明设备、日常维修作业机具等。

公司为加强高速公路养护管理，提高养护质量，促进养护能力提升，保证养护工作科学有效进行，进一步建立健全了相关养护管理工作制度，相继出台了《江苏沿江高速公路有限公司养护工程管理制度》《江苏沿江高速公路有限公司桥梁养护管理办法》《江苏沿江高速公路有限公司养护管理考核办法》等13项养护管理制度。

公司为规范养护过程管理，制定了养护工作管理流程，具体养护工作框架如图2.1-1所示。

2.1.2 组织机构

养护体系主要包括工程养护部、管理处以及3个养护工区，其组织机构详见图2.1-2。

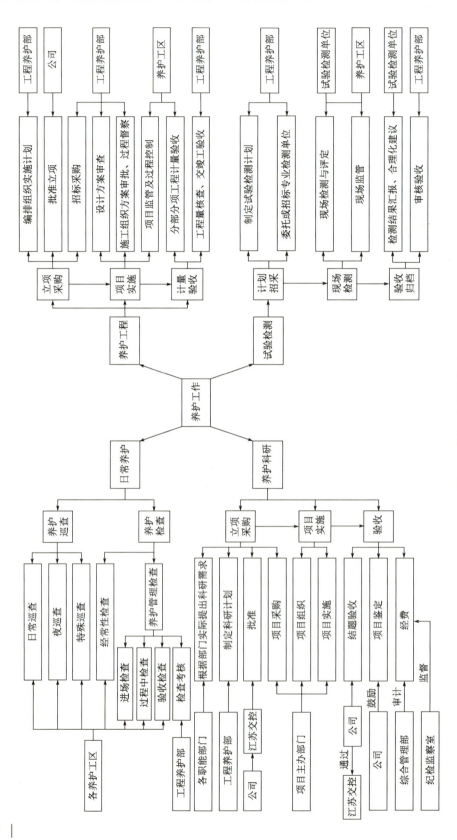

图 2.1-1 养护工作总体框架图

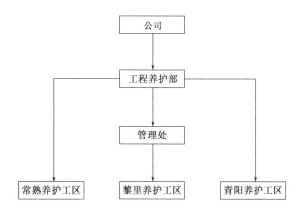

图 2.1-2　养护体系组织机构

2.2　岗位设置与职责

2.2.1　各管理机构人员配置

公司共设 5 个管理机构，除管理处外，各管理机构人员情况如表 2.2-1 所示。

各管理机构人员情况表　　　　表 2.2-1

部门/单位	人员	职称	学历	专业
工程养护部	10	工程师及以上 9 人	研究生 5 人，本科 5 人	工程类相关专业
常熟养护工区	15	工程师及以上 10 人	研究生 1 人，本科 10 人	工程类相关专业
青阳养护工区	15	工程师及以上 10 人	研究生 1 人，本科 9 人	工程类相关专业
黎里养护工区	8	工程师及以上 3 人	本科 6 人	工程类相关专业

2.2.2　各管理机构人员岗位设置

公司推行工作目标责任管理模式，逐级逐人落实养护目标、责任追究，不断完善养护检查考核体系，打造高质量的精品养护工程，创建标准化养护工区。推进员工业务知识再提高，针对岗位技能需求，随时随地开展手把手、面对面的传帮带，打造一流的养护团队。

2.2.2.1　工程养护部

工程养护部负责建立并完善养护管理制度体系、落实养护管理要求，制定年度养护计划，组织养护考核。

工程养护部岗位设置如图 2.2-1 所示。

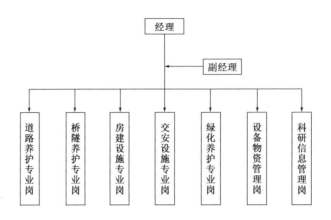

图 2.2-1　工程养护部岗位设置

2.2.2.2 管理处

管理处负责落实公司养护管理要求,建立完善的养护管理体系,对所辖路段日常养护工作开展情况进行指导、审查。

管理处岗位设置如图 2.2-2 所示。

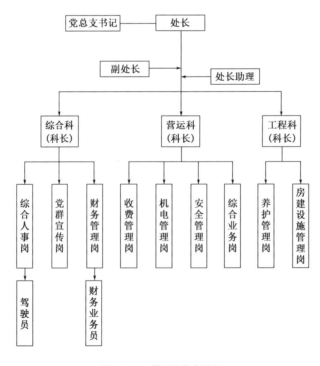

图 2.2-2　管理处岗位设置

2.2.2.3 各养护工区

各养护工区具体负责本辖段养护巡查与检查,组织日常养护工程实施、过程监管、验收计量等工作,对日常养护委外单位进行指导、检查与月度考核,配合完成养护工程、实验检测、科研等项目施工审查、现场监督检查、计量审核。

养护工区岗位设置如图2.2-3所示。

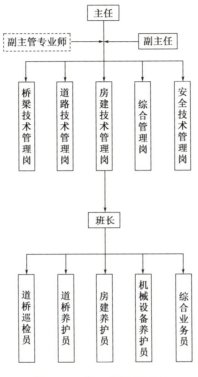

图2.2-3 养护工区岗位设置

2.3 养护管理制度

公司养护管理工作坚持以创"一流管理,一流质量"为目标,以"全面规划、协调发展、加强养护、积极改善、科学管理、提高质量、依法治路、保障畅通"为指导思想,贯彻"预防为主,防治结合"的方针,坚持"以路面、桥梁养护为中心,科学开展全面养护"的原则,强化顶层设计,构建养护作业标准化框架体系,建立健全养护工程的立项、计划、合同管理、施工作业、质量验收、审计一体化的工作流程,实现养护作业的规范化和标准化,提升养护管理质量。

2.3.1 巡查检查

日常检查依据检查要求、内容和频次分为巡查和检查两类,具体管理要求如表2.3-1所示。

高速公路巡查、检查类别和频次表　　　　　　　　　　　　　　表 2.3-1

内容	分项		巡查与检查频次	备注
巡查	日常巡查	路基	每月至少 1 次	
		路面、桥梁、隧道、交安设施及相关沿线设施、绿化	每日至少 1 次	
	夜间巡查		每月至少 1 次	
	特殊巡查		根据实际情况开展	
检查	养护管理检查		根据实际情况开展	
	经常性检查	桥梁	每月至少 1 次	
		涵洞	每季度至少 1 次	

2.3.2 日常养护

沿江高速日常养护工作根据高速公路的特点,可划分为路基养护、路面养护、桥涵养护、交安养护、绿化养护、保洁养护等具体内容。总体养护目标为保证"安全、快速、舒适、畅通"的行车环境,各分项内容养护质量要求如表 2.3-2 所示。

日常养护质量要求　　　　　　　　　　　　　　　　　　　　表 2.3-2

分项	要求	具体指标
道路	道路完好、整洁、横坡适度、行车舒适	公路技术状况指数(MQI)始终保持 95 以上
	路肩整洁、边坡稳定、排水顺畅	
桥涵	桥梁、涵洞、通道结构物完好	全线桥梁技术等级处于 2 类以上
交安	安全设施整洁、完好、顺畅、清晰	—
绿化	绿化长势旺盛、协调美观	乔、灌木年终保存率 100%,地被、草坪年终保存率 98%以上
配套设施	沿线设施配套完善	—

具体的日常养护管理流程如图 2.3-1 所示。

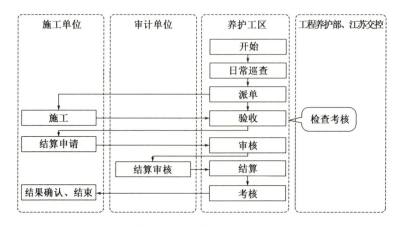

图 2.3-1　日常养护管理流程

2.3.3 养护工程

养护工程管理工作实行统一领导、分级负责。通过严格审查设计方案、审批施工组织方案、详细监督检查中间过程,严把工程质量,保证工程运营年限。

规范养护工程实施流程。提出实施养护工程的程序步骤,即前期决策、计划编制、工程设计、工程施工、工程验收,并对各项工作按照实施流程、层递关系和主次关系提出要求,提高了养护工程管理的针对性和可操作性。

推行公路养护科学决策。将养护科学决策纳入养护工程前期环节,以公路技术状况检测评定、养护需求分析、养护方案确定为基础,遵循全寿命周期综合效益最佳的理念,综合考虑技术、经济、安全、环保等因素,合理确定养护工程项目,为养护工程计划的编制提供科学依据。

强化重要节点管理。在前期阶段加强工程项目储备管理,在计划编制环节加强工程计划编制、审核和报备管理,在工程设计环节加强设计文件管理,在工程施工环节加强交通组织、施工质量和安全管理,在工程验收环节加强验收时限和步骤要求。

引领公路养护的发展方向。按照建设交通强国,公路率先转型升级发展的要求,结合五大发展理念,从专业化、绿色化、智能化等方面,提出公路养护工程管理措施要求,引领公路养护发展方向。

具体养护工程管理流程如图 2.3-2 ~ 图 2.3-7 所示。

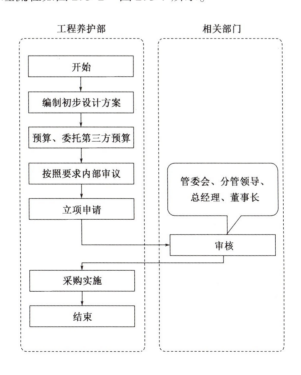

图 2.3-2 养护工程立项管理流程

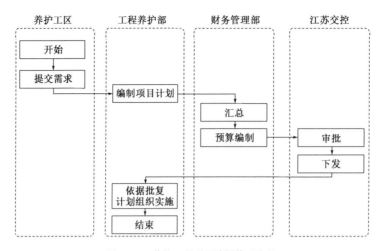

图 2.3-3　养护工程项目计划管理流程

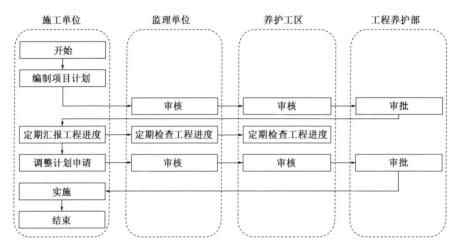

图 2.3-4　养护工程实施进度管理流程

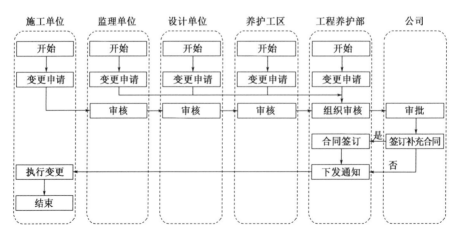

图 2.3-5　养护工程变更管理流程

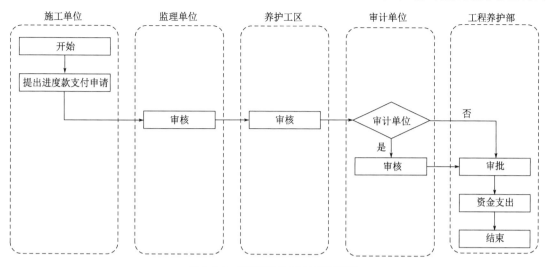

图 2.3-6 养护工程计量支付管理流程

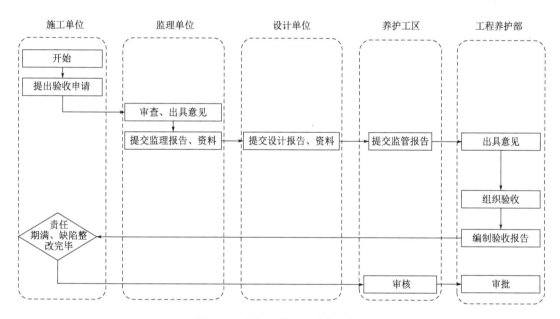

图 2.3-7 养护工程竣工验收管理流程

2.3.4 试验检测

在开始试验检测项目之前,确保项目目标清晰明确,并制定详细的项目计划。项目目标应该包括具体的时间、质量和成本目标,计划应该包括具体的工作范围、资源分配和工作时间表。养护工区对项目过程和结果进行监督。定期检查项目的执行和成果,并及时纠正问题和提出改进措施。

试验检测管理工作实行二级管理模式。工程部负责项目前期立项招标采购,中间过程监督检查,后期组织审核、报送检测报告以及参考编制养护计划等。养护工区负责项目过程管理,以及配合检测准备工作、做好抽检抽查、验收工作。具体试验检测项目管理流程如图2.3-8所示。

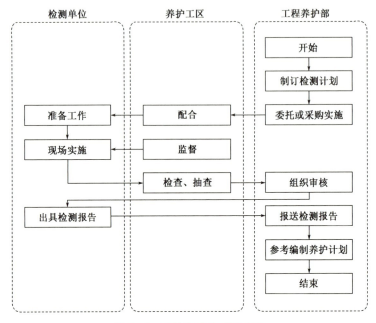

图 2.3-8　试验检测项目管理流程

2.3.5　桥梁养护

2.3.5.1　养护管理模式

桥梁养护管理坚持贯彻"预防为主、科学养护、安全运行、保障畅通"的工作方针,秉承预防性养护和全寿命周期养护的理念,采用分级分类处置对策,以保障桥梁结构安全性和耐久性为最终目的,做到桥梁病害及时发现,桥梁隐患快速排除,桥梁养护科学决策,保证桥梁处于良好的运行状态。

公司的桥梁养护实行二级、三级管理模式。公司负责对所管辖的高速公路桥梁养护工作进行统一指导、管理,职能部门为工程养护部,养护工区具体负责辖区内桥梁的养护管理工作,管理处对黎里养护工区的桥梁养护管理具有监管职能。

桥梁养护管理流程如图 2.3-9 所示。

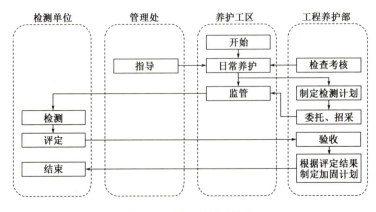

图 2.3-9　桥梁养护管理流程

2.3.5.2 桥梁养护工程师制度

公司的桥梁养护管理实行桥梁养护工程师制度。公司要在保持人员相对稳定的条件下，在各级养护机构设置符合条件要求的桥梁养护技术岗位，具体负责本辖区桥梁养护管理工作。

桥梁养护技术人员配置标准为：公司工程养护部配备桥梁养护工程师1名，桥梁养护主管1名；各路段配备桥梁养护主管1名，每50座桥梁应配备1名桥梁养护管理员，最少配备2名。各岗位人员能力要求如下：

（1）桥梁养护工程师

具有交通公路工程专业高级工程师及以上技术职称或取得交通公路工程专业工程师技术职称五年以上；具有从事桥梁养护管理六年以上的工作经历；符合省交通主管部门制定的桥梁养护工程师其他资格条件。

（2）桥梁养护主管

具有交通公路工程专业工程师及以上技术职称或取得助理工程师技术职称五年以上；具有从事桥梁养护管理三年以上的工作经历。

（3）桥梁养护管理员

具有交通公路工程专业助理工程师及以上技术职称；具有从事桥梁养护管理两年以上的工作经历。

2.3.5.3 桥梁检查与评定

桥梁检查分为初始检查、日常巡查、经常检查、定期检查、特殊检查、专项检查和结构检查，下面简要介绍其中几种。

（1）桥梁日常巡查

桥梁日常巡查由各工区组织实施，采取目测的方法，配以卷尺等简单工具。以合适的车速巡视检查，若发现问题应下车步行检查。巡查周期为每日1次，可结合道路日常巡查一并进行。

桥梁日常巡查过程中应及时填写"高速公路日常养护巡查记录表"，记录病害的详细信息（病害位置、病害名称、病害级别和养护措施等），必要时辅以病害数码照片，日常巡查数据须于当天录入信息系统。检查中如有异常情况，应立即通知桥梁工程师和桥梁主管到现场核实情况，并视需要做进一步处理。

（2）桥梁经常检查

桥梁经常检查由各工区组织实施，桥梁养护管理员具体负责。采取目测的方法，配合以卷尺、望远镜等简单工具量测，全程步行检查，每月至少进行1次。对能够方便到达的支座的经常检查每季度不应少于1次，采用简易爬梯能够进入箱室进行检查，一般一个季度不得少于1次；汛期、台风、冰冻等自然灾害频发期，应增加检查频率。

经常检查主要对桥面设施、上部结构、下部结构和附属构造物的技术状况进行检查。检查过程中应填写"桥梁经常性检查记录表"，记录病害的详细信息（病害位置、病害名称、病害状况和保养措施等），必要时辅以病害数码照片，并提出相应的小修养护措施意见。经常性检查数据应及时录入桥梁管理系统,检查中一旦发现异常情况,应于检查当天向桥梁工程师和桥梁主管做专题汇报。

(3)桥梁定期检查

桥梁定期检查委托具有相应检测资质和业务能力的科研设计单位、工程咨询机构进行。

定期检查的周期一般为每1~2年1次,新开通道路在交付使用后一年内需进行一次全面检查。检查中,技术状况评定为三类(含三类)以上的桥梁、特殊结构桥梁(悬索桥、斜拉桥、桁架桥、系杆拱桥、变截面桥等)、单孔跨径60m及以上的大桥每年检查1次。在日常巡查或经常检查中发现重要部(构)件的缺损明显达到三、四、五类技术状况的桥梁,应适时组织特殊检查。

桥梁定期检查必须采用桥梁养护管理系统记录病害。定检报告中应判断桥梁病害原因及影响范围,并与历次检查报告进行对比分析,说明病害发展情况,提出养护建议及下次检查时间。

(4)桥梁特殊检查

对于遭受自然灾害或意外事件(船舶、车辆撞击,重物坠落等)的桥梁应视情况开展特殊检查。发现四、五类桥应立即安排特殊检查。

桥梁特殊检查应委托具有相应检测资质和业务能力的科研设计单位、工程咨询机构进行。桥梁特殊检查采用仪器设备进行现场测试、荷载试验及其他辅助试验。应从桥梁结构材料缺损状况、承载能力以及防灾能力三个方面进行重点检查鉴定并得出明确结论。

桥梁特殊检查结束后需形成特殊检查报告,主要包括现场调查、试验与检测项目及方法的说明,详细描述检测部位的损坏程度并分析原因,桥梁结构特殊检查评定结果并提出结构部件和总体的维修、加固或改建的建议。

(5)桥梁结构监测

桥梁结构监测委托具有相应检测资质和业务能力的科研设计单位、工程咨询机构进行。结构监测一般采用专业的监测仪器设备进行。

对于特大桥、特殊结构桥梁和单孔跨径60m及以上的大桥需在桥梁上下部结构的必要部位埋设永久性位移观测点并进行定期观测。

桥梁结构监测要根据具体的监测项目和监测目标,确定具体监测部位和监测对象指标(如挠度、位移、应力、应变等)。监测中要重点关注监测数据突变、超标以及离散性增大等异常情况,定期分析监测数据,评价桥梁的工作状况和使用性能以及对出现问题的养护对策建议。

桥梁检查流程如图2.3-10所示。

2.3.6 科研项目管理

全程监管科研项目,使科研项目实行制度化和科学化的管理,保证科研计划圆满完成,出成果、出人才、出效益,提高竞争力。科研项目管理坚持贯彻国家科技方针、政策,坚持与生产相结合,使科研成果尽快转化为生产力,实现生产与科研的良性互动,互相促进。工程养护部是公司科研工作的职能管理部门,对公司科研项目实行归口管理。科研项目主办部门负责科研项目总体成果目标制定。其具体流程如图 2.3-11～图 2.3-13 所示。

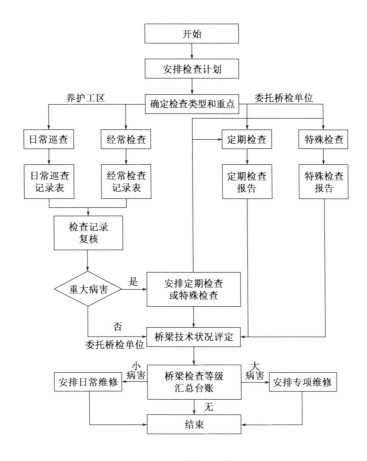

图 2.3-10 桥梁检查流程

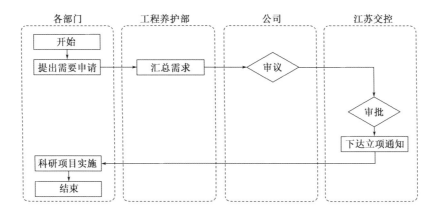

图 2.3-11 科研项目立项管理流程

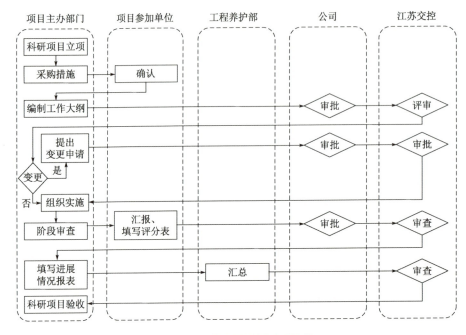

图 2.3-12 科研项目实施管理流程

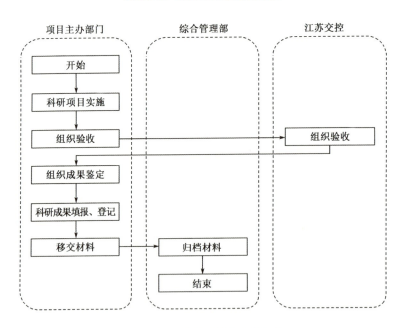

图 2.3-13 科研项目验收管理流程

2.3.7 机械设备管理

养护机械及车辆设备实行二级、三级管理模式。公司负责管理养护机械及车辆设备采购工作。工程养护部统筹安排全年养护机械设备管理工作，负责编制公司养护机械设备的采购、更新与报废计划，负责养护机械设备调度分配工作。养护工区是养护机械及车辆设备使用管理的责任单位，明确机械、车辆、设备分管管理员和管理人员各1名,负责对所属养护机械及车辆设备的日常管理。

养护机械及车辆设备要求:外观整洁、装备齐全,各部件连接、紧固件安全可靠;发动机(电动机)动力性能良好,运转正常,无漏油、漏水、漏电、漏气现象,燃、润油料消耗正常;运转机构、工作和附属装置等符合技术要求,性能良好,无异常响声,各润滑部位不缺油;安全部件可靠、灵活,性能良好,制动效能满足要求,电气安全、可靠。

2.3.8 养护管理考核

各养护工区认真贯彻落实公司的相关制度和工作要求,建立健全各项养护管理工作制度,有目标、有计划、科学规范地开展各项养护管理工作。不断提高养护管理工作的科学化、规范化和标准化水平。

工程养护部负责制定养护管理考核标准,并根据具体情况动态更新与完善;负责组织开展养护管理考核工作,整理汇总考核结果并予以公布;负责督查各养护工区对检查中发现的问题是否进行整改。

高速公路养护管理考核内容包括养护质量和管理规范化两个部分。养护质量考核主要是指对路面分项指标、桥梁经常性检查工作质量、养护工程质量、路容路貌等的考核。管理规范化考核包括养护管理、桥梁管理、养护管理信息系统应用、养护工区标准化管理、质量管理(QC)成果推广应用和检查发现的问题整改情况,如图2.3-14所示。

养护管理包括养护计划管理、日常养护管理、养护作业区管理、养护工程管理、养护报告管理、桥梁管理、公路技术状况评定管理和创新管理。

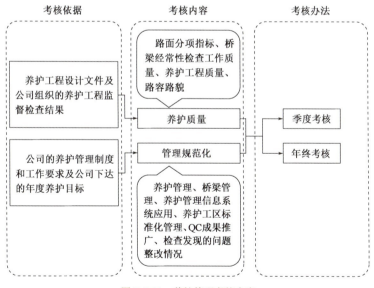

图 2.3-14　养护管理考核内容

2.3.9　质量管理(QC)小组

为达成改进质量、降低消耗、改善环境、提升员工素质和提高经济效益的目的,公司鼓励成立QC小组。

工程养护部是沿江公司QC小组活动的归口管理部门。各QC小组应做好本小组的组建、注册、登记等工作。结合本职工作做好课题选择,制订活动计划,明确成员分工,按要求对小组成员进行质量教育,根据 QC 小组活动要求开展小组活动,及时对活动进行记录、总结,完成一个课题的循环后应及时整理活动报告,做好成果的发布和推广等准备工作。公司对当年完成的 QC 小组活动成果进行验收、评审,根据小组活动成果的情况评选出公司年度优秀 QC 小组,并推荐申报各级优秀 QC 小组。其具体管理流程如图 2.3-15 所示。

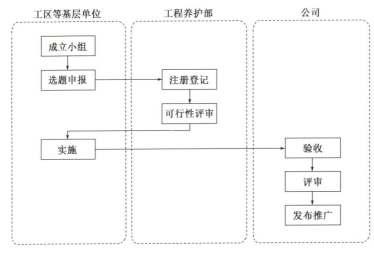

图 2.3-15　QC 小组活动管理流程

2.3.10　数据档案管理

2.3.10.1　信息系统

以"江苏交控养护综合管理信息平台"为基础,形成数据管理系统,为养护工作提供数据管理及存档管理支撑,实现对已产生的关键工程数据和运营期的动态数据的管理,提供数据存档、维护、查询及评估报告等功能。

数据管理系统应实现以下主要目标:

(1)为沿江高速科学有序开展养护运营管理提供平台,建立沿江高速关键工程数据的数字化、信息化档案。

(2)数据查询。各类工程数据繁杂、规模庞大,工程建设期及运营期必将产生大量监测、检测数据,在系统中,运用数据挖掘技术建立方便的数据分类、查询与统计功能非常必要。

(3)数据存储、备份及安全要求。沿江高速的建设期数据与检测数据都是未来对高速维护保养状态进行评估的宝贵依据。在数据管理系统架构时,需要考虑完善的存储、备份机制,确保数据的安全。

2.3.10.2　技术档案

工程技术存档文件包括施工图设计的所有文件及通车时所有变更过的设计文件、使用全寿命期间所有检查维护、修复工程、改造工程等的文件(同时包括项目完工时移交的信息以及运营阶段的信息)。这些技术文件是运营及维护的关键。通过建立文件管理软件包,查阅电子信息及记录等纸质文档。

建设期应完成以下文件,应将其电子版(PDF)存入技术文档。

(1)勘察资料;
(2)竣工图纸;
(3)施工质量验收记录(应包含缺陷及修补记录);
(4)施工监测报告;
(5)文本、照片、视频及多媒体资料。

运营期应完成以下文件,应将其电子版(PDF)存入技术文档。

(1)检查及维护记录;
(2)监/检测记录;
(3)维修工程文件;
(4)测试信息、事故信息记录;
(5)更换及改造信息资料。

技术档案管理如表 2.3-3 所示。

技术档案管理汇总 表 2.3-3

编制内容			编制方法	档案形式	备注
范围	案卷编目	具体内容			
基础资料	设计图、竣工图	设计图、竣工图	电子图纸	档案盒数据库	静态基础档案
		交竣工验收资料	汇编整理		静态基础档案
养护管理资料	养护管理制度	具体养护管理制度、养护方法	汇编整理	档案盒数据库	动态基础档案据实更新
	管理组织	管养单位、监养单位、桥梁工程师等资料	汇编整理		动态基础档案据实更新
	年度计划和技术总结	年度养护技术状况分析报告,计划预算文件、成本结算	汇编整理		动态基础档案一年一更
巡检查资料	巡(检)查合同	相关招投标文件	汇编整理	档案盒数据库	动态基础档案据实更新
	初始检查	检查原始记录和评定报告			
	日常巡查				
	经常检查				
	定期检查				
	专项检查				
维修加固资料	维修加固管理	维修加固招投标文件	汇编整理		动态基础档案据实更新
		小修、保养季度年度情况汇总			
		大中修加固工程台账和竣工图			
		小修、大中修加固工程交竣工资料			
其他特殊情况资料	大事记	地质及气象灾害、超限运输、损害程度、处置等	汇编整理		动态基础档案据实更新

第3章
道路养护管理实践

3.1 基本现状

3.1.1 路段概况

江苏沿江高速公路有限公司(简称"沿江公司")所辖沿江高速公路(G15/G4221)、沪苏浙高速公路(G50)、张家港疏港高速公路(S23)、太仓港疏港高速公路(S80),路段总里程逾220km。

3.1.1.1 沿江高速(G15/G4221)

沿江高速(常州至太仓段)于2004年11月建成通车,由G15段和G4221段组成,是江苏省与上海市的主要出入通道之一。沿江高速设计速度120km/h,主线全长134.712km,其中G15段全长33.262km,双向六车道,路基宽35m;G4221段全长101.450km,双向四车道,路基宽28m。

3.1.1.2 沪苏浙高速(G50)

沪苏浙高速(江苏段)于2008年1月12日建成通车。起点位于吴江市(现苏州市吴江区)芦墟镇北的苏沪交界处,终点位于苏州市吴江区震泽镇八都北的苏浙交界处,全长49.949km,设计速度120km/h,双向六车道,路基宽度34.5m。

3.1.1.3 张家港疏港高速(S23)

张家港疏港高速于2016年建成通车,为张家港港区集疏运体系的重要组成部分,路线起自港区长江路与东海路交叉口,向东南经张家港晨阳、泗港,后沿张家港与江阴两市边界向南于新桥镇接入沿江高速公路,全长约19.570km,设计速度120km/h,双向六车道,路基宽度35m。

3.1.1.4 太仓港疏港高速(S80)

太仓港疏港高速于2013年建成通车,起自沿江高速,向东北经归庄、金浪、港城开发区,止于太仓港区内港外大道,全长15.41km,设计速度100km/h,双向四车道,路基宽度26m。

3.1.2 原路面设计情况

沿江公司所辖高速公路原路面的主要结构形式及设计参数,如图 3.1-1、表 3.1-1 ~ 表 3.1-3 所示。

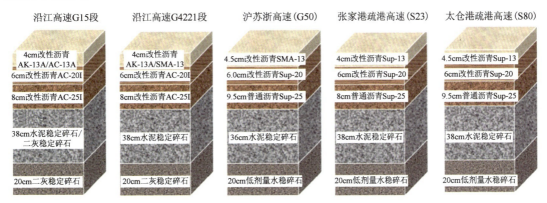

图 3.1-1 沿江公司所辖高速公路原路面结构

沿江公司所辖高速路面结构类型 a　　　　表 3.1-1

高速名称	沿江高速(G15)	沿江高速(G4221)	沪苏浙高速(G50)
开始桩号	K1218+233	K59+262	K61+000
结束桩号	K1251+495	K160+712	K110+949
长度(km)	33.262	101.450	49.949
上面层类型	4cm 改性沥青 AK-13A/AC-13A	4cm 改性沥青 AK-13A/SMA-13	4.5cm 改性沥青 SMA-13
中面层类型	6cm 改性沥青 AC-20I	6cm 改性沥青 AC-20I	6.0cm 改性沥青 Sup-20
下面层类型	8cm 改性沥青 AC-25I	8cm 改性沥青 AC-25I	9.5cm 普通沥青 Sup-25
基层类型	38cm 水泥稳定碎石/二灰稳定碎石	38cm 水泥稳定碎石	36cm 水泥稳定碎石
底基层类型	20cm 二灰稳定碎石	20cm 二灰稳定碎石	20cm 低剂量水稳碎石

沿江公司所辖高速路面结构类型 b　　　　表 3.1-2

高速名称	太仓港疏港高速(S80)	张家港疏港高速(S23)
开始桩号	K0+000	K3+120
结束桩号	K15+411	K22+690
长度(km)	15.411	19.570
上面层类型	4.5cm 改性沥青 Sup-13	4cm 改性沥青 Sup-13
中面层类型	6cm 改性沥青 Sup-20	6cm 改性沥青 Sup-20
下面层类型	9.5cm 普通沥青 Sup-25	8cm 普通沥青 Sup-25
基层类型	38cm 水泥稳定碎石	38cm 水泥稳定碎石
底基层类型	20cm 低剂量水稳碎石	20cm 低剂量水稳碎石

沿江公司所辖高速路面结构类型 c（试验段，上海方向）　　　表 3.1-3

开始桩号	K60+192	K70+192	K71+732	K73+562	K74+720
结束桩号	K70+192	K71+732	K73+562	K74+720	K75+672
长度（km）	10.000	1.540	1.830	1.158	0.952
上面层类型	4cm 改性沥青 SMA-13	4cm 改性沥青 SMA-13	6cm 改性沥青 SMA-13	4cm 改性沥青 SMA-13	4cm 改性沥青 SMA-13
中面层类型	6cm 改性沥青 AC-20I	6cm 改性沥青 AC-20I		6cm 改性沥青 AC-20I	6cm 改性沥青 AC-20I
下面层类型	8cmAC-25I	8cmAC-25I			8cmAC-25I
基层类型	7cm 沥青稳定碎石+33cm 水稳碎石	7cm 沥青稳定碎石+18cm 水稳碎石+15cm 级配碎石	24cm 钢筋混凝土+20cm 水稳碎石	26cm 钢筋混凝土+20cm 水稳碎石	18cm 沥青稳定碎石+9cm 富油沥青疲劳层+16cm 级配碎石
底基层类型	20cm 二灰土	20cm 二灰土	20cm 二灰土	20cm 二灰土	20cm 二灰土

（1）沿江高速（G15）路面采用三层改性沥青混合料。上海方向上面层结构均为 4cm 改性沥青 AK-13A，南京方向在 K1218+233～K1250+776 范围内路面上面层路面结构为 4cm 改性沥青 AK-13A 或 AC-13A，在 K1250+776～K1251+495 范围内路面上面层路面结构为 4cm 改性沥青 AC-13A。

（2）沿江高速（G4221）路面同样采用三层改性沥青混合料，建设期超前考虑了交通流量大，易发生车辙问题，部分路段已经开始使用 SMA-13 上面层混合料。此外，沿江高速 G4221 段还包括长寿命路面等五段试验段，总长度为 15.480km。

（3）沪苏浙高速（G50）由于沿线软土分布较为广泛，局部路段软土层厚度较大，其力学性质较差，易产生侧向滑移、不均匀沉降等病害，对路基及构造物的稳定性影响较大。

（4）张家港疏港高速（S23）通车时间较短，路面结构也较为典型；S80 太仓港疏港高速公路路面结构层整体较厚，上面层厚度 4.5cm、中面层厚度 6cm、下面层厚度 9.5cm，充分考虑了疏港高速公路交通量大、重载多的现状。

3.1.3　养护历程

自通车以来，沿江公司各条高速公路随着交通量的持续增长，路面使用性能逐渐下降，路面出现了不同程度的病害，如车辙、纵横向裂缝、龟裂、坑槽等，尤其以车辙、横向裂缝病害为主。根据各种路面典型病害及严重程度，历年采取了铣刨重铺、就地热再生等养护措施进行及时处治。

3.1.3.1　沿江高速

（1）总体养护情况

2019 年之前，沿江高速针对车辙和裂缝病害主要进行了铣刨重铺处治。

2020 年之后，沿江高速路面抗滑不足问题逐渐突出，针对性增加了复式精表处处治方案，实施了 14.3km。

2022年,针对抗滑不足问题采取了精细抗滑保护层、抛丸及超薄抗滑磨耗层处治方案,以精细抗滑保护层及抛丸为主,分别实施了37.3km和39.2km。

沿江高速2020年以前养护维修率低,总维修率8.4%,近三年养护维修率增长较多,占比30.1%,但从通车20年的总体状况来看,总养护维修率较低,为38.5%(其中抗滑处治占16.4%),仅1.7%的路段存在重复维修问题。从历年处治深度来看,处治方案主要以单层为主。如图3.1-2~图3.1-4所示。

a) 针对车辙、破损等病害历年养护工程量

b) 针对抗滑衰减历年养护工程量

图3.1-2 历年养护方案统计

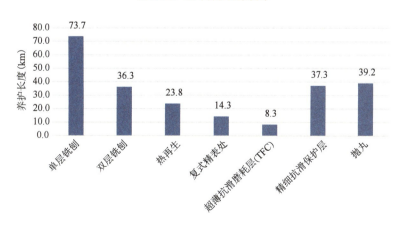

图3.1-3 不同类型养护方案处治里程统计

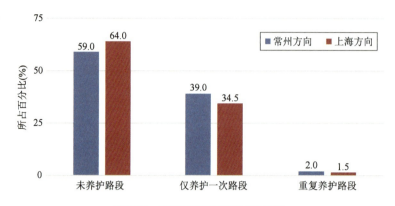

图 3.1-4　不同养护工况路段占比统计

(2)车道养护情况

沿江高速 G4221 段、G15 段均为第二车道养护比例最高,分别为 37.4%、67.85%;其中,G4221 段常州方向第二车道养护维修率为 42.9%,高于上海方向,主要是由于车辙病害导致维修率高,占比为 22.7%;其次为抗滑指标衰减,占比为 14.5%。如图 3.1-5 所示。

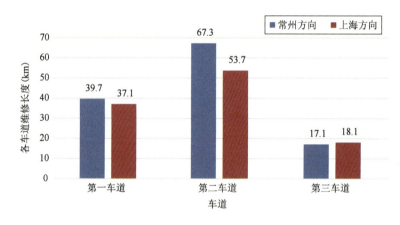

图 3.1-5　沿江高速路面各车道维修长度统计

(3)重复维修状况

沿江高速历年总维修长度为 232.97km,其中 G4221 段维修长度为 121.43km,G15 段维修长度为 111.54km;重复维修路段的长度为 10.51km,仅占总维修长度的 4.5%,其中 G4221 段重复维修长度为 6.32km,G15 段重复维修长度为 4.19km,占比分别为 2.7%、1.8%。

单层铣刨方案中重复养护路段长度占比 9.1%,重复养护间隔年限总体为 5~10 年,部分路段为 2~4 年;双层铣刨方案中,重复养护路段长度占比 7.6%,重复养护间隔年限总体为 7~11 年,部分路段为 2~5 年。如图 3.1-6 所示。

3.1.3.2　沪苏浙高速

沪苏浙高速以单层铣刨重铺养护方案为主,达到总工程量的 39.67%;其次为双层铣刨重铺养护方案,占比为 37.22%。如图 3.1-7 所示。

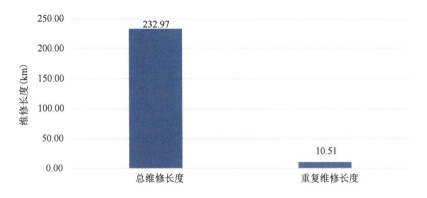

图 3.1-6　沿江高速路面重复维修状况

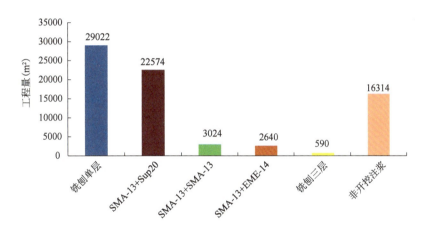

图 3.1-7　沪苏浙高速不同养护方案类型统计

沪苏浙高速历年养护工程量整体较小,2020 年养护规模相对较大。如图 3.1-8 所示。

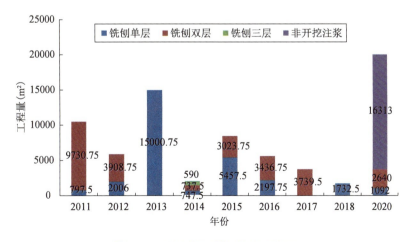

图 3.1-8　沪苏浙高速历年养护方案统计

沪苏浙高速双向处治路段长度为 20~100m 的占比较大，占比为 85.85%，表明沪苏浙高速多以局部病害维修为主。如图 3.1-9 所示。

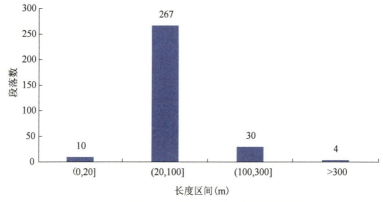

图 3.1-9　沪苏浙高速双向处治路段长度区间分布

沪苏浙高速在浙沪方向第二车道养护工程量最大，占双向全幅车道的 22.02%；其次为浙沪方向第一车道，占比为 21.43%。沪苏浙高速第二车道维修长度占比较高，占总维修长度的 34.18%，由于沪苏浙高速为双向六车道，第二车道重载车辆较多，故维修率较高。如图 3.1-10 和图 3.1-11 所示。

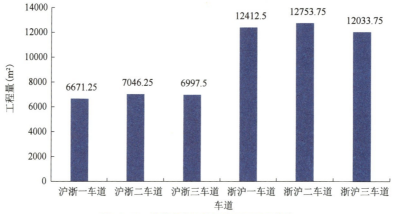

图 3.1-10　沪苏浙高速路面养护工程量统计

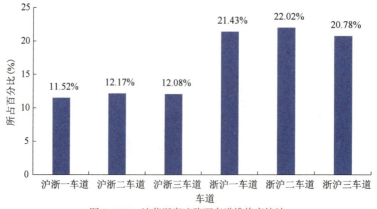

图 3.1-11　沪苏浙高速路面车道维修率统计

3.1.3.3 太仓港疏港高速

由于通车时间较短、整体养护量较少,仅以历年的日常养护维修为主,主要包括灌缝和路面局部修补。

3.1.3.4 张家港疏港高速

由于通车时间较短、整体养护量较少,仅有 2020 年在部分路段采取了铣刨重铺上中面层的养护方案。

3.1.4 路面使用性能

截至沿江高速通车二十周年之际,沿江公司所辖高速公路路面技术状况指数(PQI)保持在 95 以上,连续近 20 年保持稳定。

目前,沿江公司(G15/G4221)路面使用性能均保持较好水平,具体如表 3.1-4 所示。路面破损状况较好,双向各道路面破损状况(PCI)均值在 95 以上;路面车辙状况较好,双向平均车辙深度约 6.5mm;路面平整度状况较好,评价均为优;双向各车道抗滑性能(SFC)均值在 46 以上;路面弯沉总体状况较好,双向路面弯沉状况(PSSI)平均值均达到 99,双向差异较小。

沿江高速目前路面使用性能一览表   表 3.1-4

项目	常州方向			上海方向		
	一车道	二车道	三车道	一车道	二车道	三车道
路面破损状况(PCI)	96.88	95.92	94.36	96.89	96.16	95.48
路面车辙状况(RDI)	94.43	92.56	92.18	95.16	93.20	89.73
路面平整度状况(RQI)	95.18	94.69	93.60	95.17	94.82	93.54
路面抗滑状况(SRI)	82.59	86.30	85.93	83.42	86.76	88.13
路面弯沉状况(PSSI)	99.77	99.92	99.81	99.98	99.77	99.92

沿江高速自建成通车至今,通过精准检测与精细养护后,历年路面技术状况保持稳定。

(1)路面破损状况:沿江高速各车道路面破损状况指数(PCI)总体发展随使用年限逐步降低,随着养护历史的差异呈现周期性波动,整体维持在 94 以上。不同行驶方向、不同车道路面破损状况衰减存在差异,常州方向第三车道和第二车道路面破损状况年均衰减程度最大,PCI 年均衰减分别为 0.27、0.20,上海方向第一车道路面破损状况衰减程度最小,历年年均衰减约 0.13。

(2)路面平整度状况:沿江高速各车道路面平整度指数(RQI)总体发展较稳定,由于养护历史不同,路面平整度指数存在波动,整体均维持在 93 以上。不同行驶方向、不同车道路面平整度指数衰减幅度存在差异,常州方向第一车道路面平整度指数衰减幅度最大,RQI 年均衰减 0.07,上海方向第一车道平整度指数衰减幅度最小。

(3)路面车辙状况:2016 年之前,沿江高速各车道路面车辙深度(RD)随专项养护情况的差异呈现周期性波动;2016年之后,总体发展趋势随使用年限逐步上升,整体均维持在10mm以下;不同行驶方向、不同车道车辙深度(RD)状况增幅存在差异,整体上海方向车辙增长幅度大于常州方向,常州方向第三车道路面车辙深度增长程度最大,年均增幅0.23mm。

(4)路面抗滑性能状况:沿江高速各车道路面抗滑性能指数(SRI)总体发展趋势随使用年限逐步降低,随着养护历史的差异呈现周期性波动,整体均维持在82分以上;2022年,由于针对路面抗滑不足问题,进行了大量超薄磨耗层类和铣刨回铺处治,2022年路面抗滑性能指数(SRI)较上一年得到明显提高。不同行驶方向、不同车道路面抗滑性能衰减存在差异,整体常州方向抗滑性能衰减程度大于上海方向。如图3.1-12~图3.1-15所示。

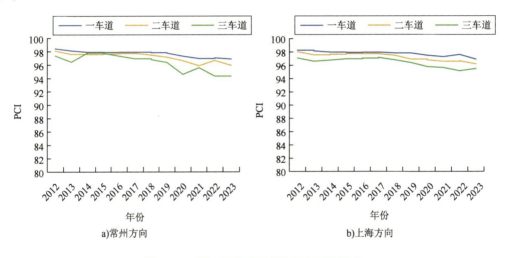

图3.1-12 沿江高速路面破损状况总体发展趋势

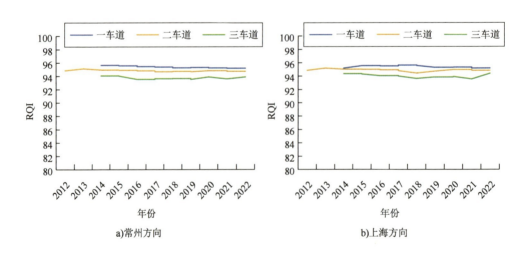

图3.1-13 沿江高速路面平整度状况总体发展趋势

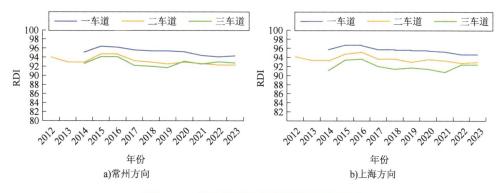

图 3.1-14　沿江高速路面车辙状况总体发展趋势

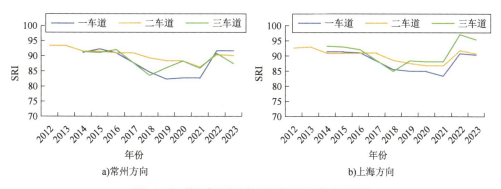

图 3.1-15　沿江高速路面抗滑性能状况总体发展趋势

3.1.5　典型病害

沿江高速全线病害中，以横缝修补、纵缝修补、横向裂缝为主，分别占病害总数量的 80.62%、5.98%、5.20%，其他病害仅占 8.20%；第二车道病害数量高于第一车道，第三车道由于路段长度较短，病害总数少于第一、二车道；除横向裂缝、纵向裂缝等主要病害外，局部路段存在少量的划痕、块状修补、松散、坑槽、龟裂等。如图 3.1-16、图 3.1-17 所示。

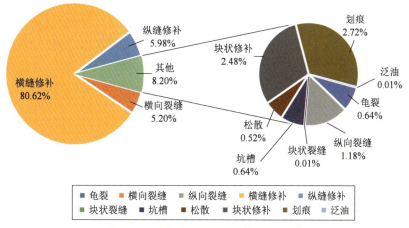

图 3.1-16　沿江高速全线病害类型分布统计

图 3.1-17　沿江高速各车道病害类型统计

（1）裂缝病害

沿江高速横向裂缝现状表现为整体裂缝密集度较低，整体而言，沿江高速裂缝间距基本在 33m/km 以上，其中，G15 段裂缝相对密集，平均裂缝间距为 57m/km。2022 年，董浜枢纽—苏沪省界常州方向及上海方向分别进行了 25.1 车道公里及 16.5 车道公里铣刨重铺及表处类养护，路表横向裂缝数量相对减少。如表 3.1-5 和图 3.1-18、图 3.1-19 所示。

目前沿江高速横向裂缝数量统计　　　　　　　　　　　表 3.1-5

横向裂缝数量	常州方向			上海方向		
	一车道	二车道	三车道	一车道	二车道	三车道
合计（条）	1161	2203	659	1519	2216	635
每公里裂缝数量均值（条）	9	16	19	11	16	19
最大值（条）	47	50	38	42	47	65

图 3.1-18　通道上方横向裂缝病害

图 3.1-19 裂缝密集路段（未处治前）

沿江高速历年横向裂缝不断增长，管养部门积极开展养护工作，横向裂缝得到了有效抑制。2016 年之前通过专项养护，横向裂缝状况基本稳定，2016 年之后裂缝数量随通车时间的增长而逐年增加，2019 年之后增长趋势开始变大；双向第二车道裂缝数量增长最快，年均裂缝增长速度为 144 条/年；2019—2020 年，双向第一车道横向裂缝数量增加，常州方向、上海方向分别增加了 447 条、749 条；2022 年，沿江高速进行了大规模的路面养护，使裂缝数量较上一年显著减少。下一步沿江公司将持续关注路面技术状况与横向裂缝发展情况，并开展有效的养护工作。如表 3.1-6、图 3.1-20 所示。

沿江高速路面裂缝条数总体发展趋势统计表　　　　表 3.1-6

方向	车道	年份											
		2012	2013	2014	2015	2016	2017	2018	2019	2020	2021	2022	2023
常州	一车道	559	691	750	883	759	826	829	927	1374	1623	1007	1161
	二车道	744	1020	959	806	824	976	1130	1340	1707	2046	1504	2203
	三车道	374	486	278	277	188	401	453	539	660	703	443	659
上海	一车道	625	967	767	767	769	825	870	869	1618	1572	750	1519
	二车道	811	1112	993	870	828	959	1092	1235	1722	2089	1392	2216
	三车道	380	509	448	432	432	383	452	523	710	801	498	635

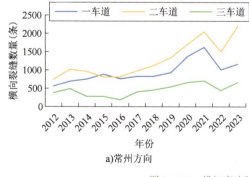 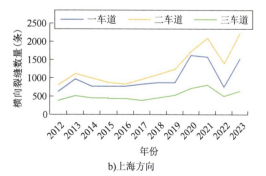

a) 常州方向　　　　　　　　　　　　b) 上海方向

图 3.1-20　沿江高速路面横向裂缝总体发展趋势

目前，沿江公司所辖高速公路横向裂缝发展形态以上下发展、局部贯穿或完全贯穿为主，说明横向裂缝正在往中后期状态发展。其具体发展方式如下：①裂缝以基层反射裂缝为主，从目前沥青面层低温抗裂性能及基层强度状况可以看出，目前基层强度较高，基层状况较好，因此基层开裂主要以早期反射裂缝为主。当基层反射裂缝出现后，沥青上面层受到温度应力＋荷载应力的综合作用产生材料老化，从而引起抗裂性能不断下降，导致表层裂缝产生，因此形成裂缝由两头向中间发展的状况。②从裂缝发展速率、裂缝形态、中低温材料性能来看，局部路段每公里裂缝发展速率达到了 6 条/年，存在上面层低温抗裂性能以及上、中面层中温耐久性能评级为 C 级，说明面层疲劳裂缝逐渐发展，需要进一步关注疲劳裂缝的发展情况。

（2）车辙病害

沿江高速公路各车道路面车辙状况指数（RDI）总体呈逐年下降趋势，由于养护历史不同，车辙状况指数存在波动，整体维持在 90 以上。路面车辙深度呈现逐年增长趋势，历年养护之后，不同车道路面车辙深度增长率存在差异，整体而言，车辙深度符合第三车道＞第二车道＞第一车道的规律。如图 3.1-21 所示。

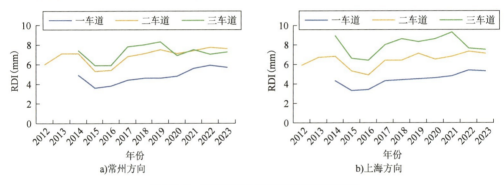

图 3.1-21　沿江高速各车道车辙状况发展情况

车辙病害成因如下：当车辙深度小于 12mm 时，路面处于压密阶段，属于压密型车辙；当车辙深度处于 12～15mm 时，路面开始出现剪切流动，中面层抗车辙性能随车辙深度增加而衰减；当车辙深度≥15mm 时，中面层抗车辙性能衰减至最低并保持稳定，但路面仍然持续发生流动变形。

3.1.6　路面养护资金投入分析

自通车以来，沿江公司积极开展道路节约化养护，倡导养护科学决策和精细化养护，大力提升年度养护资金的利用效率，相较于省内同期开通的其他高速公路，沿江公司管辖高速公路历年养护资金投入相对较少，养护的针对性更强，在有限资金投入的情况下，路面技术状况指标仍保持在优良水平。

从历年投入情况来看，沿江高速自通车至 2019 年的 15 年间，平均每年养护资金投入约为 600 万元，多数年份保持在 500 万元以内，部分年份在 200 万元以内，其中 2015 年交通运输部国检前后，根据江苏交控年度统一安排，养护资金投入相对较多，达到阶段峰值，约为 1800 万元，整体养护经费投入也在可控范围以内，占公司年度支出比例较低。

随着沿江高速车流量的增长以及道路老龄化的加剧，全线路面病害持续发展，尤其是车辙、纵横向裂缝、桥头跳车、坑槽等病害的影响较大,2020—2023年养护规模相对于前15年有所增长,道路专项养护资金投入加大,平均每年养护投入约为3000万元,其中2023年养护资金投入达到阶段峰值,约为4000万元。

此外,由于沿江高速路龄较老,抗滑性能持续衰退,存在一定的安全隐患,近年来沿江公司重点关注路面行车安全性,并加大专项养护资金投入,采用精细抗滑磨耗层、冷拌超薄抗滑磨耗层(TFC)、复式精表处、抛丸等技术对部分路面抗滑性能相对偏低路段(SFC小于40)进行及时处治,沪苏浙路段集中处理沉降严重路段,这也导致近3年养护资金支出超过往年。

综合来看,沿江公司2020—2023年平均每年养护资金投入约为3000万元,其中,G15段在2022年养护资金投入最多,约为1400万元;G4221段在2023年养护资金投入最多,约为2600万元。从通行费收入占比来看,投入养护资金最多的2022年和2023年,专项养护资金占当年通行费收入的比例约为2.01%和1.91%,整体比例相较省内同期通车其他高速而言(5%~8%)较低,充分体现了沿江公司节约化养护的成果。

沿江公司历年养护资金投入情况如图3.1-22所示。

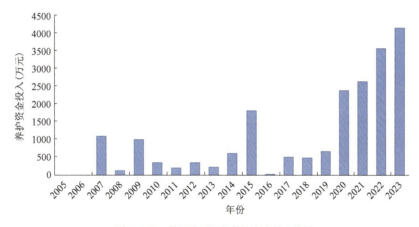

图3.1-22 沿江公司历年养护资金投入情况

3.2 养护新技术研究及应用

3.2.1 沥青路面预防性养护

沿江公司以"路面整体结构不破坏、提高行车安全性和舒适性"为目标,积极开展"江苏省高速公路沥青路面预防性养护关键技术研究"课题研究,该课题为江苏交控参与江苏省交通运输科技项目"江苏省高速公路养护技术体系和决策支持体系研究"中的子课题二。课题调研江苏省高速公路沥青路面养护历史和路面使用状况,总结预防性养护主要对象及目标,提出预防性养护理念及车辙处治建议方案,并对江苏已实施过的预防性养护措施进行适用性分析,开展各养护措施使用寿命分析和效益费用评价,并对预防性养护关键技术进行评估,总结预防性养护技术指南和施工技术指南,以达到延长路面使用寿命、提高路面质量、降低路面养护成本和延长大中修期限的目的。

课题研究侧重于预防性养护理念、预防性养护时机、预防性养护适用性、预防性养护实施管理及费用效益分析等，重点围绕典型病害开展处治方案、技术、工艺等研究，开发适宜的预防性养护评价指标体系，建立完整的预防性养护管理体系，确定适合江苏省高速公路预防性养护的关键技术等。

结合江苏省"十二五"规划纲要提出的养护思想，研究"技术上合理、经济上优化"的公路养护技术，提高省内公路养护资金的利用效率，节省路面寿命周期内的养护资金，有效保证公路的使用品质，延长路面的使用寿命，降低公路全寿命周期养护成本，提高公路服务水平和资源利用效率。

基于构建的江苏省高速公路路面预防性养护管理体系，围绕"检测、分析、决策、实施和评估"五个关键环节，细化了各个阶段相适应的实施内容。针对江苏省高速公路养护需求和预防性养护对策分析，提出典型养护技术方案，明确在实施过程中的施工关键技术。结合成本单价和能耗、碳排放指标计算结果，分析了"十二五"期间的典型预防性养护技术推广应用工程的经济效益和环境效益，以达到开展预防性养护"进一步延缓大修时间，基本实现新建路面十五年不大修"的总体目标。

3.2.1.1 SUPREME 雾封层

为延长路面使用寿命、降低路面养护成本，沿江公司结合工程养护实际需求，积极开展"新型沥青路面预防性养护材料（SUPREME 雾封层）在高速公路上的应用研究"课题研究。课题对 SUPREME 材料的防水性能、防油性能、黏附性能、抗老化性能及环保等进行相关实验研究，综合考虑不同路面结构、交通量、材料比例和材料用量对 SUPREME 雾封层使用性能的影响，并铺筑 SUPREME 雾封层实验段，得到切实可行的施工工艺，同时分析测试指标随时间、涂层层数、不同车道、交通量大小等的变化规律，得到其适用条件及使用寿命。

SUPREME 雾封层（图 3.2-1）利用沥青喷洒车直接将乳化沥青喷洒于路表，可封闭路表出现的微小裂缝及空隙，裹覆松散集料，提高路面防水性能，具有施工速度快、成本低等优点，是一项沥青路面预防性养护技术，对延长路面使用寿命、降低养护成本、维持路面良好使用性能具有较高实用价值，社会意义、经济意义显著。

图 3.2-1 SUPREME 雾封层

沿江公司在沿江高速首次应用SUPREME雾封层技术,并于施工过程中总结分析了SUPREME雾封层喷洒的施工要求、施工程序和施工注意事项等。SUPREME雾封层施工步骤及施工流程如图3.2-2、图3.2-3所示。

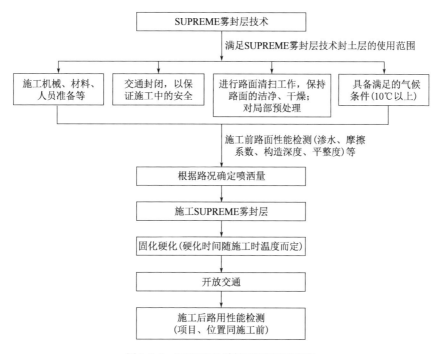

图3.2-2　SUPREME雾封层施工工艺流程

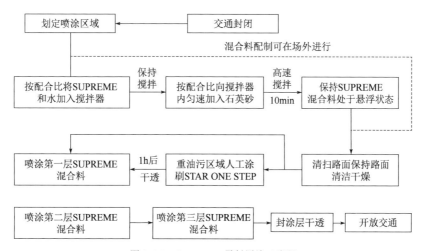

图3.2-3　SUPREME雾封层施工流程

SUPREME雾封层实施初期,路面抗滑性能有所下降,但开放交通一段时间后抗滑性能逐渐恢复,同时雾封层封闭了原路面的微小裂缝,可阻止水分进入路面基层,渗水现象得到改善。经测算,原路面单位面积费用现值为247.74元,采取SUPREME雾封层后,费用现值为226.85元,SUPREME雾封层预防性养护措施可获得较好的经济效益。

目前,SUPREME 雾封层主要用于收费广场、桥面等易产生油污染、水损坏路段以及存在 2mm 以内的细微裂缝、空隙率达到 6% 或者渗水系数达到 60mL/min 的沥青混凝土路面。通常,开放交通后 1~2 年喷涂可以达到最佳效果,运营期可根据情况再次喷涂。

3.2.1.2 开级配抗滑磨耗层

为提升路面排水、抗滑功能,沿江公司结合工程养护实际需求,积极开展"OGFC 在沥青路面养护中的应用研究"课题研究。课题对现有开级配抗滑磨耗层(Open Graded Friction Course,OGFC)试验路的使用状况和经济效益进行评估,结合调研、实体工程检测以及试验路研究,开展 OGFC 养护技术对各种病害不同处治方式的适用性,并提出系统的技术要求和施工工艺。

OGFC 是采用大空隙沥青混合料铺筑的沥青路面磨耗层,设计空隙率大于 18%,具有较强的排水能力,适用于多雨地区沥青路面的表层或磨耗层。如图 3.2-4 所示。

图 3.2-4　OGFC 磨耗层

OGFC 作为路面预防性养护措施,具有排水降噪的优点。其可减少雨天车辆滑移,提高雨天行车安全性,同时改善路面平整度状况,解决路面出现的车辙、松散、坑槽等病害。可延长道路使用寿命 8~10 年,施工速度快,开放交通时间短,摊铺后约 20min 即可恢复交通。

OGFC 主要有以下功能:

①抗滑与安全性能。OGFC 的宏观构造与微观构造对路面抗滑性能大有好处,在雨天可提升道路的抗滑性能,干燥路面条件下,在中、低车速时,OGFC 路面的抗滑阻力略低于传统的密实沥青路面,而在高速行驶下,OGFC 具有较高的抗滑阻力。由于 OGFC 路面具有良好的排水功能,雨天不产生水花和水雾,降低雨天行车反光,提高了交通安全性。

②排水功能。OGFC 提供了排水通道,使雨水能迅速下渗,从路边缘排走。另外,其具有较高的宏观纹理,能够储存一部分尚未排走的雨水,减少水膜对行车带来的危害。

③吸音降噪性能。OGFC 通过较大的连通孔隙减轻轮胎/路面的泵吸作用,破坏轮胎噪声声源,故行车噪声小;同时,其大孔隙的路面结构改变了噪声传播途径,车辆机械运转所发出的噪声扩散至路面时,OGFC 路面吸收一部分噪声,噪声反射量减小,故行车噪声也降低。

结合课题研究成果,沿江公司在沿江高速部分路段首次铺筑 OGFC 试验路,对养护后的路面渗水性能、抗滑性能、环境噪声、轮胎噪声及车内噪声进行检测,整体效果较好。

综合来看,实施后的 OGFC 路面渗水系数可达 1000mL/min,具有良好的排水效果,抗滑系数均达到了 60BPN(摆值)及以上,提供了足够的抗滑能力,保证路面的行车安全。通过环境噪声、轮胎噪声和车内噪声测试,OGFC 路面噪声相对于其他路面更低,取得了良好的降噪效果,至今路面状况良好。如图 3.2-5、图 3.2-6 所示。

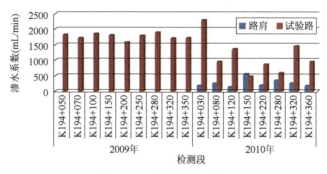

图 3.2-5 渗水性能检测结果

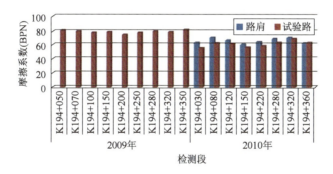

图 3.2-6 抗滑性能检测结果

运营期内,OGFC 养护试验段路面状况良好,减少了持续养护工作,确保了道路畅通后带来的运营收益。经寿命费用周期分析,OGFC 罩面 10 年净现值比 SMA-13、AR-AC-13、Sup-13 罩面分别减少 42.1 元/m、61.0 元/m、25.8 元/m,具有可观的经济效益。

3.2.1.3 超黏磨耗层

为提升高速公路抗滑性能及防水性能,沿江公司结合工程养护实际需求,积极开展"超黏磨耗层冷拌沥青混合料设计及施工关键技术研究"课题研究,该课题建立加铺薄层罩面的沥青路面弹性层状体有限元模型,计算在标准荷载与超载条件下层间力学的响应参数,开展超黏磨耗层关键材料、指标优选,进行超黏磨耗层冷拌沥青混合料设计研究,比选确定最佳试验方案,开展超黏磨耗层的施工工艺和质量控制研究,形成《超黏磨耗层施工技术指南》。

超黏磨耗层技术(图 3.2-7)采用专用设备,可同时完成沥青洒布、纤维切割掺入、混合料拌和、摊铺的所有过程,同步完成超黏磨耗层施工,极大地缩短了沥青道路养护时间。

图 3.2-7 超黏磨耗层技术

结合课题研究成果,沿江公司于沿江高速常太方向 K1237+150~K1238+300、K1238+900~K1239+300、K1239+300~K1239+950 铺筑超黏磨耗层试验路,施工长度总计 3.5km。超黏磨耗层施工前,原路面存在集料轻微脱落、沥青膜剥落等情况,施工完成后,路面构造恢复明显,原路面病害及修补得到完整覆盖。超黏磨耗层试验段通车运行一段时间后,平整度保持较好水平,IRI 值始终小于 2.3m/km,横向力系数 SFC 大于 60,表明超黏磨耗层技术可显著提升原路面的抗滑性能。如图 3.2-8 所示。

a)原路面　　　　　　　　　　　　　b)施工后路面

图 3.2-8 施工前后路面情况

采用净年值法计算使用年限内平均每年的养护费用,超黏磨耗层净年值比普通微表处要低 21.5%。通过能耗计算,超黏磨耗层能耗为 11.53MJ/m²,而 SMA-10、ECA-10 及普通罩面能耗分别为 57.98MJ/m²、43.64MJ/m² 和 85.64MJ/m²,可看出,超黏磨耗层具有明显的节能减排效益。

3.2.1.4 超薄抗滑磨耗层

为改善沥青路面抗滑性能,沿江公司结合工程养护实际需求,积极开展"高速公路沥青路面超薄耐久性抗滑磨耗层应用研究"课题研究,课题总结沥青路面抗滑性能的衰减原因及发展规律,调查路面车辙、裂缝等病害状况,评价各种路况对超薄抗滑表层技术的适用性及实施超薄抗滑表层前的处治措施,并提出超薄抗滑磨耗层(TFC)的设计指标。

TFC 是一种新型的沥青路面抗滑性能提升技术。TFC 采用专用乳液作为胶结料,采用 3~5mm 单一粒径玄武岩作为集料,并加入水泥作为填料,经专用的设备拌和均匀后,摊铺于已洒布黏层油的原道路表面,待强度基本形成后,经钢轮压路机碾压成型的抗滑薄层,最终成型厚度为 5mm 左右。如图 3.2-9 所示。

图 3.2-9　TFC 超薄抗滑磨耗层

课题开展 TFC 专用乳液性能评价、集料的性能评价及选择、专用乳液与集料用量的确定,同时对磨耗层抗滑性能、耐久性能、黏结强度、抗渗性能以及车内噪声水平进行评价,对比抗滑型雾封层、微表处等技术,评价 TFC 的技术特点。针对 TFC 的原材料性能及施工条件要求,初步确定 TFC 施工方法,依托沿江高速公路养护维修工程,选择有代表性的路段铺筑 TFC 试验段,基于试验段的施工,总结分析 TFC 的施工工艺及质量控制指标要求。根据试验段的使用状况,总结 TFC 的各项路用性能表现。综合实际使用效果,对抗滑表层进行全寿命周期费用分析,并对经济效益、社会效益进行评价。

TFC 具有优异的黏结性能、抗滑性能、抗裂性能及耐久性能,能够一次性恢复沥青路面的长期抗滑性能。同时,5mm 的厚度对路面整体高程影响较小,能够在原有沥青路面上直接施工。具体来说,TFC 的主要性能优势包括以下方面:

①封水。TFC 专用乳液能够渗透进路表的微裂缝,阻断水的侵入,增加防水面,阻止水分下渗至原路面。

②耐磨。优质的玄武岩集料可改善原路面磨光、磨耗的情况。

③防滑。玄武岩集料为间断级配,成型后表面构造深度较大,抗滑水平较高,能显著改善原路面的抗滑性能,提高行驶的安全性。

④美观。施工后路面颜色均匀一致,能提高路面平整度和美观度。

⑤耐高温。乳液软化点大于 80℃,不会产生高温泛油病害。

⑥环保。在常温下施工,无毒烟雾、粉尘、噪声污染,无废水外排。

⑦低噪声。相对微表处,行车噪声显著降低,与正常路面无差异。

⑧防松散。填补路面掉落的细集料,同时专用乳液能够稳定松散的集料,防止路面的老化与松散。

⑨作为预防性养护技术的超薄抗滑磨耗层,也可直接用于新建道路的表面磨耗层,从而减少昂贵石料的使用,降低工程造价,显著降低早期水损坏的发生。

沿江公司结合课题研究成果,提出 TFC 施工工艺,并于沿江高速铺筑 TFC 试验路,对试验路跟踪调研发现,TFC 路段噪声、构造深度、渗水性能、弯沉与普通路段无明显差别;摆式摩擦系数由 63 增大至 70,抗滑性能得到明显的提升。TFC 施工工艺如图 3.2-10 所示。

图 3.2-10　TFC 施工工艺

2022—2023 年沿江公司加大对 TFC 的应用,在沿江高速南京方向 K69+200~K73+340、K79+200~K83+400 第一车道实施 TFC,施工段落总长度 8340m。TFC 施工后,构造深度为 0.8mm,摆值摩擦系数为 67。该结果表明,TFC 施工后具有优异的抗滑性能。该路段开放交通半年后仍表现出较好的路用性能,体现为路面抗滑性能显著改善,车辆行驶安全性提高。此外,2022 年夏季出现罕见连续高温天气,TFC 养护路段在这种极端天气下,仍然表现出良好的性能,无泛油、车辙等高温病害出现,说明 TFC 具有良好的高温稳定性。

TFC 超薄磨耗层最突出的优点便是常温施工,同时阳离子改性乳化沥青乳液与碱性和酸性集料都有良好的黏附效果,从而扩大了集料的来源,便于就地取材,减少材料的运输费用,降低工程造价。据初步调查,对于酸性集料的地区,一般铺筑工程可降低造价 35%,同时可节省大量运输成本。

课题成果后续在控股系统内其他高速公路,如京沪、宁杭、沿海等高速进行推广,均取得良好效果,并纳入控股系统四新技术推广应用目录。

3.2.1.5　精细抗滑保护层

为提高路面抗滑性能,积极探索高速公路预防性养护新技术,沿江公司在江苏交通控股系统首次引进精细抗滑保护层技术,并于沿江高速首次实施应用。精细抗滑保护层技术采用同步碎石封层车施工,同步洒布改性黏结材料及单一粒径的精细碎石,采用轮胎压路机碾压,使结合料与碎石充分接触,达到最大限度黏结,经养护并清扫浮石后,再进行上层黏结料的洒布,起到稳固集料的作用,形成具有良好防水及抗滑性能的路面磨耗层,其施工高效,可快速开放交通。如图 3.2-11 所示。

精细抗滑保护层技术采用的黏层材料具有优异的黏结性能、抗滑性能、抗裂性能以及耐久性能,可以很好地渗透到原路面中,封闭路面微细裂缝,有良好黏结作用,还可抑制或延缓沥青路面病害的进一步发展,厚度为 5mm 左右,可直接铺筑于路面表层,充分保留原路面结构,行车噪声相对较小。

图 3.2-11　精细抗滑保护层

沿江公司在 2022 年专项养护过程中,针对沪武高速(G4221)和沈海高速(G15)抗滑性能不足(百米值 SFC<40)的路段实施精细抗滑保护层技术,累计实施 139342.53m²。如图 3.2-12 所示。

图 3.2-12　精细抗滑保护层施工工艺

跟踪观测发现,实施精细抗滑保护层后 SFC 由 38 提升至 57,提升了近 50%;PCI 均值由 94.00 提升至 95.83;RQI 由 95.44 提升至 95.33,与实施前相比,路面平整度状况基本相当。

3.2.1.6　复式精表处

为有效解决路面划痕、微裂缝、麻面、松散等病害及路面抗滑能力不足等问题,达到改善道路综合性能、延长道路使用寿命、减少路面周期养护费用的目的,沿江公司在沿江高速采用复式精表处技术。复式精表处通常用于抗滑不足且无其他明显病害的路段,车辙不宜超过 8mm,也可以作为一种预防性养护技术对路面进行保护。如图 3.2-13 所示。

复式精表处技术采用树脂对沥青进行改性、乳化,制备高强乳化沥青作为胶结料,并利用专门的同步封层设备将高强乳化沥青均匀喷洒到沥青路面上,并配套撒布相应规格的集料,再洒布一层保护剂,通过材料和旧路面的一系列物化反应,使其形成"三油两石一纤维"的密实嵌挤薄层结构。如图 3.2-14 所示。

图 3.2-13 复式精表处

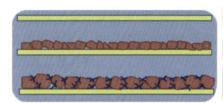

图 3.2-14 复式精表处"三油两石一纤维"结构

复式精表处技术具有以下特点：

①施工快速。全部采用机械化施工,分层实施,精准控制各层撒布量,有效缩短养护时间,施工结束后的养护时间仅需 2～3h。

②适用性强。对气温要求不高,15℃以上都可以施工。

③抗滑。施工后 SFC≥54,构造深度>0.9mm,较养护前提升 30%,摆值>75BPN,较养护前提升 45%。

④环保。无须铣刨原路面或加热,低碳环保。

⑤耐久。耐久性好、密水(≤10mL/min),4～6 年内保持良好的路用状况。

⑥经济。与单层铣刨回铺 SMA-13 相比,节约养护成本 49.1%。

⑦降噪。通车后与 SMA-13 路面噪声基本一致,较微表处降低 5dB 以上。

沿江公司在沿江高速部分路段采用复式精表处技术,共计应用 19917m²。施工工艺如图 3.2-15 所示。

图 3.2-15 复式精表处施工工艺

复式精表处施工完成后,对路面质量进行外观评价与试验评价。外观级配均匀,无泛油、脱落现象,整体结构嵌挤密实;现场渗水系数良好,基本控制在 0～10mL/min,呈不渗或轻微侧渗状态。构造深度均大于0.55mm,表面纹理明显;摩擦系数基本控制在65~75,抗滑效果良好。通过后期对精表处施工路段跟踪观测可知,通车1.5年后断面内无质量缺陷,质量稳定性较好。

3.2.1.7 就地热再生

为提升沥青路面废旧材料循环利用率,沿江公司在沿江高速积极采用就地热再生技术进行路面性能综合提升。该技术是一种新旧材料融合的绿色技术,通过对旧路面进行加热、耙松、添加再生剂、加入新料复拌,并通过摊铺碾压,形成崭新的沥青路面。就地热再生技术的应用能够有效减少资源的浪费和环境的污染,具有很高的经济效益和环境效益。如图3.2-16、图3.2-17所示。

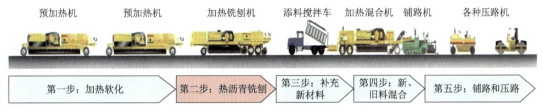

图3.2-16 就地热再生机组

图3.2-17 就地热再生路段

就地热再生技术具有环保、优质、快速三大特点,原路面旧料能全部就地循环利用,避免了资源浪费,减少新料用量;因拌和、运输等中间环节减少,还极大地降低了施工中的碳排放和燃料消耗,节能减排效益显著。就地热再生层间及施工接缝均为热融合,层间抗剪切能力得到了极大的提高,再生混合料抗车辙能力增强,更适用于高温地区路面。路面维修施工为一次成型,维修速度一般为2m/min,作业时间灵活,拆除、转场快,受季节影响小。交通组织一般采取占道施工,边施工边恢复通车,能极大缓解施工中的交通压力,适合于大流量路面的快速养护,符合"快速、安全、耐久、经济、绿色"的公路养护需求。

沿江公司于2012年首次在沿江高速应用就地热再生技术,并在其后的路面专项养护工程中扩大应用,就地热再生可改善路面平整度、车辙深度和抗滑性能,可使中等交通、重交通和特重交通路段延长路面使用寿命5~7年、4~7年和3~6年。同时,目前使用预铣刨1m新添料不超过30%的就地热再生施工方案,相较于铣刨重铺一层的施工方案,节约新料280t/km,降低碳排放45t,成本降低40%。

3.2.2 沥青路面修复性养护

3.2.2.1 非开挖注浆

随着高速公路交通流量的不断增长,高温雨季等因素作用,半刚性基层材料固有的干缩、温缩特性容易导致沥青路面产生裂缝,以往的灌缝、局部挖补等处治方法日渐捉襟见肘。因此,沿江公司采用非开挖注浆技术对裂缝进行绿色快速养护,有效解决沥青路面裂缝发展速度快、常规处治技术效果欠佳的问题。

该技术利用专门注浆设备,将耐水型高聚物注浆材料注入路面裂缝,双组分注浆材料在枪头充分混合后,发生剧烈反应,在设备设定压力作用下将注浆材料挤入裂缝深处,对裂缝进行充分的渗透。如图3.2-18所示。

图3.2-18 非开挖注浆施工工艺

同时,双组分注浆材料具有高强活性基团,能够与基层活泼氢发生快速而激烈的反应,并且能够在短时间内完成,产生强度,从而实现基层裂缝修复。其修补增强机理一是主剂和固化剂反应生成的改性聚氨酯材料,具有优异的柔韧性及强度,黏结性能优秀;二是固化剂中的NCO基团同时会与半刚性基层中的活性氢基团发生反应,进一步增加黏结强度。半刚性基层裂缝非开挖式修补技术适用于高速公路沥青路面裂缝以及其他隐性病害的非开挖式修复。

非开挖注浆技术具有以下特点:

①快速。注浆材料为快凝材料,5min 基本完成固化,强度可达最终强度的 90% 以上,可以实现随做随走,施工结束后即可开放交通。

②经济。与传统的裂缝局部挖补+抗裂贴相比,裂缝非开挖注浆可节约 50% 的费用。

③环保。旧路利用率 100%,材料环保。

④微创。注浆孔径 2cm,对路面结构损伤小,路面结构能够完全保留。

⑤耐久。注浆材料能够渗入微小缝隙,固化成型后原路面基层恢复率达到 70% 以上,且耐酸、耐碱、耐水,长期力学性能及体积性能稳定。

2022—2023 年,沿江高速专项养护工程中扩大应用了非开挖注浆技术,实施过程中,注浆材料填充了半刚性基层的裂缝,修复裂缝处的层间不良、基层松散等病害,基层裂缝的填充度超过 90%,抗压强度恢复率达到 85%,目前在沿江高速使用状况良好,实施路段未出现裂缝复发的情况,注浆修补裂缝的整体效果较好。采用道路非开挖式注浆技术,可为道路"补钙",填补道路面层和基层搭接缝,同时能起到良好的黏接效果,降低后期反射裂缝的产生和水的下渗,提高道路使用耐久性,避免道路产生较大面积的破坏。完成路面基层隐性病害的快速化处治,有助于延长路面的使用寿命,不仅环保高效,更节约资金,实现经济效益和社会效益的双提升。

3.2.2.2 ECA 抗车辙

随着沥青路面使用年限的不断增长,路面养护技术也在不断创新与发展,以提高路面使用性能及延长路面使用寿命为主要目的的预防性养护技术也被更广泛地应用于养护工程。易密实沥青混合料(Easy Compact Hot Mix Asphalt,ECA)是一种间断级配热拌沥青混合料。其出料温度相对热拌沥青混合料降低 10~60℃,现场施工温度约低 40℃,可显著降低拌和及施工过程中的有害气体与温室气体的排放,同时温度下降速率减缓,保证了充分的碾压时间,使混合料更易达到预期密实度。ECA 技术主要用于处治路面车辙病害,具有超薄沥青混合料的优点,克服了压实度不足的缺点。ECA 技术主要用于填补车辙或对原路面进行罩面以恢复路面使用功能,提高路面的服务水平和行车舒适性。

ECA 抗车辙技术拥有如下特点:

①增设 6.7mm 的筛孔,粗集料约占集料总质量的 50%,采用主集料空隙填充法设计级配,提高细粒式沥青混凝土的构造深度,保证路表抗滑性能。

②改性沥青胶结料有 PG76-22 和高强沥青两种指标,可提高薄层沥青混合料的抗高温性能,避免新铺筑沥青混凝土路面出现车辙变形。

③高黏改性乳化沥青作为黏层,可以提高层间黏结强度,确保薄层罩面体系不易脱落。

④聚酯纤维添加剂,可提高沥青混合料的柔韧性和抗裂性能。

⑤易密实添加剂可拓宽薄层沥青混合料的碾压温度范围,使密级配沥青混合料易于压实,保证其压实度可以达到设计要求。

综合考虑路面抗车辙技术的经济性和技术方案的合理性后,沿江公司部分车辙路段采用 ECA 抗车辙技术。与其他技术相比,ECA 抗车辙技术可采用常规拌和楼、摊铺机等设备进行施工,效益相对显著。通过对实验段跟踪观测发现,实施 ECA 抗车辙技术后,原路面平整度、车辙深度、抗滑性能均得到改善,提高了行车安全性;实体工程跟踪观测下来,虽然造价高于其他薄层,但其预期使用寿命可达4年以上,费益比约12.5元/(m²·年),最为经济。

3.2.2.3 高模量抗车辙

为进一步提高抗车辙性能,并实现温拌效果,降低施工温度,实现路用性能与施工性能的综合提升,沿江公司在沿江高速中面层应用了复合高模量沥青混合料(High Modulus Asphalt Concrete),高模量沥青混合料是一种整体模量较高,抗疲劳性能良好的路面材料,旨在解决沥青路面在使用过程中出现的面层抗车辙能力不足及基层刚度不够的问题。如图3.2-19所示。

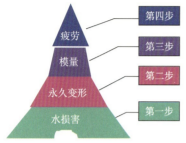

图3.2-19 高模量沥青混合料设计流程

高模量抗车辙技术通过提高沥青混合料的模量,降低车辆荷载作用下沥青混合料产生的变形,减少混合料内部的细微损伤,来提高路面的整体强度。根据高模量沥青混合料的性能,将其设置在交通量繁重路段,能够显著改善路面结构的承载能力,延长路面的使用寿命。如图3.2-20所示。

图3.2-20 高模量沥青混合料摊铺

高模量沥青混合料具有以下优势:

①改善路面结构整体性能。混合料具有高模量效果,可以有效分散并承担车辆荷载,减轻老路下面层和基层的受力,改善老路结构整体受力状态,延长使用寿命。

②抗车辙性能突出,比传统高模量混合料高温性能更加突出。考虑到中面层作为车辙主要层位,高模量混合料可以大幅度提升中面层抗车辙能力,进而提升路面结构整体抗车辙能力。

③施工和易性好。高模量沥青混合料设计空隙率小,便于压实,可以改善混合料施工和易性,路用性能好。

④性价比高。相对于常规SBS改性沥青混合料,可以减少SBS改性沥青用量,材料组成简单,且造价与SBS改性沥青混合料相当。

沿江公司将高模量沥青混合料成功应用于沿江高速,从性能试验及工程实践可看出,高模量抗车辙技术动稳定度可以达到10000次/mm以上,远大于一般沥青混合料,且由于空隙率低,其低温试验可以满足大于2000με的要求,有效分散车辆荷载,提高面层与基层或者桥面的变形协调性,综合提高沥青混合料的抗车辙性能和刚度,有效改善路面结构整体性能。与常规处治方案相比,采用耐久性高模量技术进行大中修养护可推迟处治时间一倍以上。如图 3.2-21 所示。

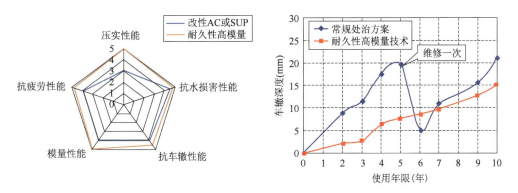

图 3.2-21 高模量抗车辙技术与常规处治方案对比

3.2.2.4 I-Pave 灌入式高性能抗车辙路面

为提高路面抗车辙性能,沿江公司率先将 I-Pave 灌入式高性能抗车辙路面技术应用于部分高速公路收费站服务区养护工程,I-Pave 灌入式高性能抗车辙路面技术是在柔性大空隙沥青混合料中灌入刚性高性能树脂类灌浆材料的方式,形成"刚柔并济"的新型路面结构。

I-Pave 灌入式高性能抗车辙路面技术具有以下优势:

①超强抗车辙性能。路面抗车辙指标是普通道路的 4 倍以上,养护次数由每年 2～3 次降为 3～5 年养护 1 次。

②灌注效率高。I-Pave 高性能树脂灌浆料流动度只有 10s,流动性非常好,可以渗入沥青混合料最深处超过 12cm,无须压力和振捣灌注,能较好地解决传统灌浆料灌注效率差的问题。

③强度形成快。普通的水泥混凝土路面有 28d 的养护期,特种水泥铺装的路面也需至少 10d 的养护期,I-Pave 灌入式高性能抗车辙路面施工后 2h 即可通行,提高了养护的效率。

④成型后路面美观耐久,安全抗滑,与普通沥青路面无色差。

普通的 SMA、AC 等沥青路面的动稳定度指标不到或者接近 5000 次/mm,而采用这种技术铺筑的路面动稳定度指标可达 20000 次/mm。

3.2.2.5 铣刨重铺沥青混凝土超早期车辙防治

为了改善沥青路面铣刨重铺工程中的超早期车辙现象,改善养护维修工程的处治效果,沿江公司开展"铣刨重铺沥青混凝土超早期车辙形成机理及防治技术研究"课题研究。本课题依托沿江高速公路路面专项养护维修工程,在重铺沥青混凝土实际工作状况调研的基础上,通过室内试验模拟不同的温度场、荷载场,采用多级加载的单轴动态蠕变试验,研究不同应力水平和温度场条件下,蠕变应变随时间的关系曲线,并以此为基础研究铣刨重铺实际工况下沥青混合料的高温性能,分析其超早期车辙的形成机理并提出与之相对应的改善措施。

铣刨重铺技术是采用铣刨机械挖除出现病害的原有路面,随后采用沥青混合料铺筑的方式进行摊铺、碾压,形成新的路面结构形式。铣刨重铺可处治多数路面病害,且处治效果较好,是一种常用的养护技术。如图 3.2-22 所示。

图 3.2-22　沥青路面铣刨、重铺

沿江公司通过室内研究发现,目前《公路沥青路面施工技术规范》(JTG F40—2004)将表面温度降至 50℃作为开放交通时机的统一标准容易导致新铺沥青混凝土出现超早期车辙;通过洒水可加快新铺沥青混凝土的降温速度,但内部温度降至 50℃依旧需一段时间,洒水后立刻开放交通,在重载作用下很可能产生超早期车辙。在实体工程中,即使采取洒水措施,依旧需要一定的降温时间才能开放交通。

新铺沥青混凝土较轮迹带旧沥青混凝土的动态模量小,高温稳定性小,沥青路面铣刨重铺时面临较高速公路新建初期数量更多、轴载更重的交通荷载作用,容易产生超早期车辙;新铺沥青混凝土一年内的永久变形主要产生在开放交通的前两个月,存在超早期车辙现象,总体而言,开放交通时的路表温度越高,其超早期车辙深度越大。

早期循环荷载阶段,在相同温度条件的同一循环阶段,1.0MPa 荷载作用下蠕变速率约为 0.7MPa 荷载作用下的 10 倍,重载作用是超早期车辙产生的主要原因之一;随着循环次数的增加,重载对累计变形影响增加,道路运营后期重载对车辙的影响较早期更为显著。

沿江公司在室内研究结论的基础上,通过改进碾压工艺提高新铺沥青混凝土压实程度;通过在沥青混合料中直接掺加(不改变原有沥青混合料的材料组成)Sasobit 抗车辙剂的方式改善新铺沥青混凝土的高温稳定性。2018 年度沿江高速路面专项养护维修工程中,在南京方向 K83+198~K83+294(桥面)、大仓方向 K98+180~K98+150 铺筑试验路,并取芯测试,结果表明掺加添加剂和改进碾压工艺的方法均能改善其高温稳定性,尤其是早期应变明显更小,说明能改善新铺沥青混凝土产生超早期车辙的状况。

添加 Sasobit 抗车辙剂能有效减少超早期车辙的产生,与不添加抗车辙剂混合料相比,累计应变可减少 50%以上;随着温度的升高,沥青混合料高温性能降低,相比较而言,在 45~55℃温度段范围内,单位温度对累计应变的影响明显小于 40~45℃、55~60℃温度段,综合考虑,温度越高时,降温速率越高,可以将开放交通温度定在 50℃附近。

3.2.2.6　桥面铺装维修处治

针对桥面铺装的养护维修技术,沿江公司结合工程养护实际需求,积极开展"江苏省高速公路水泥混凝土桥面沥青铺装养护关键技术研究"课题研究。本项目依托沿江高速,通过对沿江高速公路桥面铺装病害的调查,分析病害产生的深层原因,建立桥面铺装性能状况的评价方法和养护决策体系,总结桥面铺装养护措施的施工工艺和质量控制标准及水泥混凝土桥面铺装养护技术规程,对促进桥面养护技术的不断发展、提高公路桥梁桥面铺装的养护质量具有重要的社会意义和经济意义。

江苏省高速公路水泥混凝土桥梁沥青混凝土铺装的主要病害为车辙、坑槽、修补、唧浆和局部推移,桥面铺装横向及纵向裂缝均较少出现。同时,桥面铺装病害存在很多"补中补"现象,即养护通车后不久,原修补处再次出现病害需维修的情况,说明桥面养护质量仍需多加强重视。根据上述数据,课题分别建立桥面破损状况综合评价指标和典型病害评价指标,并根据已有路面养护决策体系建立适合江苏省高速公路水泥混凝土桥面铺装养护决策体系。

防水黏结层失效是导致桥面铺装层病害的重要原因之一,铣刨重铺养护费用较高,因此需重视防水黏结层的选型和施工质量,养护工程中防水黏结层需选性能优异且便于实施的材料和技术。水性环氧乳化沥青作为防水黏结层,性能优异且为常温施工,不需加热和撒布碎石,具有良好的施工性能和操作方便性,环保性能突出,且具有一定的渗透性能,适用于桥面养护工程;橡胶沥青 SMA-13 综合性能优异,尤其是高温稳定性,且具有良好的经济效益,适用于桥面养护工程。如图 3.2-23 所示。

a)水性环氧防水黏结层

b)橡胶沥青防水黏结层

图 3.2-23　桥面铺装维修处治

沿江公司在 K39+090～K39+270 桥面维修中应用水性环氧沥青防水黏结层,于 K69+300～K69+590 桥面维修中应用橡胶沥青防水黏结层。实施后桥面渗水系数为 0,混合料铺筑效果较均匀,可见其在桥面养护工程中具有良好的适应性。

3.3　路面养护决策与后评估

沿江公司在路面养护过程中秉持"精、准、先、实",在"检测、评定、决策、评估"四大环节持续创新,历年来通过构建并不断完善路面养护决策及后评估体系,实现了所辖路网养护的高质量发展。

3.3.1　精细检测,打造多维数据集链

围绕提高普遍检测质量、专项检测及长期监测精度和数据采集准确度开展技术研究,建立

了以建养历史情况、车辆荷载指标、路面使用性能指标、材料性能指标、结构内部状态指标、运行环境指标为核心的路面数据库,构建了路面养护全要素数据体系,深入挖掘高速公路运营数据价值,为科学化、智慧化养护打下坚实基础。

3.3.1.1 路面建设及养护历史调查

基于沿江公司所辖高速的建设及养护历史调查分析,充分掌握路面结构类型、厚度及建设期设计参数,为养护处治层位深度确定、路面力学结构验算参数获取提供支撑,同时根据对历史养护数据的挖掘分析,对历史养护方案适用性进行评价,为后续养护决策提供参考。

(1)设计路段基本情况

调查统计通车里程、服务年限,对多条高速公路组成的网级项目,统计超过10年、15年路段的比例,掌握管辖高速公路服役年限,为后期养护路段优先级提供依据。如图3.3-1所示。

图 3.3-1 沿江公司所辖高速通车年限

(2)路面结构形式

①建设期路面结构调查。

查阅原路面设计及建设资料,统计分析建设期路面结构形式、设计当量轴载以及设计弯沉,掌握建设期路面相关参数,针对性进行检测、取芯、评估并结合路面技术状况制订更加科学、合理的养护方案。如图3.3-2所示。

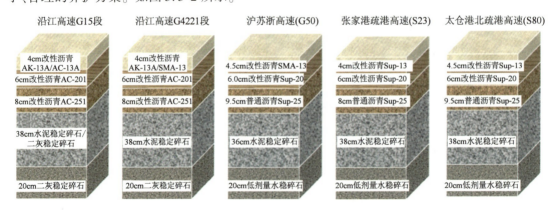

图 3.3-2 建设期路面结构

②现状路面结构分析。

历年养护后,沿江公司所辖高速路面结构形式发生改变,结合养护历史,逐段梳理现状路面结构形式,便于在制定后续养护决策及养护方案时"对症下药"。

3.3.1.2 交通量调查与统计分析

通过对近五年甚至更长时间段的交通量的调查统计分析,判断沿江公司所辖高速公路现状交通基本情况及交通组成,确定重载路段方向,同时根据累计当量轴次分析,确定当前路面达到设计轴载的程度,预测路面发生结构性风险的情况,并根据规范要求确定道路交通等级,为养护决策过程中力学计算相关参数选取提供依据。

(1) 交通量状况分析

根据路面管理系统(PMS)、高速公路运营管理报表,统计历年交通量发展变化,同时通过沿线互通、枢纽,分段、分方向统计交通量分布,分析各路段及不同方向的交通量差异。

(2) 交通组成状况分析

基于历年交通量数据,分析各路段的交通组成及各种车型所占比例随时间的变化状况。根据车型比例统计结果,分析判断占主导比例的车型,并分析各类车型的发展趋势。同时,对各路段、分方向的货车比例进行统计,初步判断重载交通的路段及方向。

(3) 累计当量轴载作用次数分析

通过计算得出高速公路的累计当量轴载作用次数(ESAL),分析通车以来不同交通量断面累计当量轴载作用次数的发展趋势。同时,将累计当量轴载作用次数与设计当量轴载作用次数进行对比,判断目前沥青路面的轴载作用水平。

(4) 交通等级分析

依据现行规范,计算前15年累计轴载作用次数交通等级L_1,以及前15年设计车道累计大型客车和货车交通量计算交通等级L_2,取严重者作为设计路段的交通等级L。

3.3.1.3 路面技术状况检测及评价

运用自动化检测设备对路面技术状况进行检测、评价、分析,确定路面技术状况水平,为后期养护决策提供数据支撑。

(1) 路面技术状况总体评价

路面技术状况包括路面损坏状况、路面行驶质量、路面车辙深度、路面抗滑性能、路面跳车指数、路面弯沉等指标,依据现行《公路技术状况评定标准》(JTG 5210—2018)方法对整体路面技术状况进行"初步体检"。

(2) 路面技术状况深入评价

在路面技术状况总体评价的基础上,开展涵盖路面破损指标、路面集度指标、百米值评价、路面结构状况等指标的深入评价,对路面技术状况进行"深入化验"。

①路面破损状况指数。

采用路面破损状况指数(PDCI),表征高速公路沥青路面损坏状况。将路面横向裂缝、路面修补列为独立的检测评价指标,并用路面横向裂缝状况指数(TCEI)、路面修补状况指数(PPCI)表示。

$$PDCI = \omega_{TCEI} \times TCEI + \omega_{PPCI} \times PPCI + \omega_{PSCI} \times PSCI$$

式中：TCEI——路面横向裂缝状况指数；

　　　PPCI——路面修补状况指数；

　　　PSCI——路面表面损坏状况指数；

　　　ω_{TCEI}——TCEI 在 PDCI 中的权重，取值为 0.618；

　　　ω_{PPCI}——PPCI 在 PDCI 中的权重，取值为 0.259；

　　　ω_{PSCI}——PSCI 在 PDCI 中的权重，取值为 0.124。

　　其中，TCEI 按下式计算：

$$TCEI = \begin{cases} 100 & （无裂缝） \\ 100 - a_0 \exp(a_1 TCCI^{a_2}) & (TCCI > 1) \\ 0 & (TCCI \leq 1) \end{cases}$$

$$TCCI = \frac{TCS}{TWR}$$

式中：TCS——横向裂缝间距，m；

　　　TWR——横向裂缝贯穿度。

　　标定系数 a_0 取 115.022，a_1 取 -0.1397，a_2 取 0.5475。

　　PPCI 按下式计算：

$$PPCI = 100 - a_0 PPR^{a_1}$$

$$PPR = 100 \times \frac{\sum_{i=1}^{n} A_i}{A}$$

式中：PPR——路面修补率，定义为各类修补的折合面积之和与路面调查面积的百分比，%；

　　　A_i——第 i 类路面损坏的面积，m²。

　　标定系数 a_0 取 15.634，a_1 取 0.4032。

　　参照 PCI 的评价方法，PSCI 按下式计算：

$$PSCI = 100 - a_0 SDR^{a_1}$$

$$SDR = 100 \frac{\sum_{i=1}^{n} \omega_i A_i}{A}$$

式中：SDR——表面破损率，定义为除横向裂缝和已存在的修补外，各种损坏的折合面积之和与路面调查面积之百分比，%。

　　标定系数 a_0 取 15.0，a_1 取 0.412。

　　②典型病害类型分析。

　　典型病害类型是在路面损坏评价的基础上，根据折算病害的面积比例确定主要病害类型，典型病害比例按照下式进行计算。

$$R_i = \frac{w_i A_i}{\sum_{i=1}^{n} w_i A_i}$$

式中：w_i——第 i 类路面损坏的权重，具体见《公路技术状况评定标准》(JTG 5210—2018)。

③横向裂缝间距。

采用横向裂缝间距等指标反映横向裂缝的严重程度,计算方法如下所示:

$$TCS = \frac{评价路段长度}{横缝条数} \quad (m)$$

④集度。

a.平整度。平整度集度即各评价段内 10m IRI 平均值不小于某一数值的累计个数,集度与 10 的乘积即为相应公里段内平整度超过阈值的累计长度,反映了评价段内整体的路面行驶质量的优劣。集度越大表明该评价公里段内行驶质量越差。公里段平整度集度按如下公式计,公里段集度最大值为 100。

$$平整度集度 = \sum_{i=1}^{100} 10m \text{ IRI 值大于阈值的段落数}$$

b.车辙。车辙集度即各评价段内 10m 车辙平均值不小于某一数值的累计个数,集度与 10 的乘积即为相应公里段内车辙超过阈值的累计长度,反映了评价段内整体的车辙病害严重程度。集度越大表明该评价公里段内车辙越严重。公里段车辙集度按如下公式计,公里段集度最大值为 100。

$$车辙集度 = \sum_{i=1}^{100} 10m \text{ 车辙大于阈值的段落数}$$

c.抗滑性能。横向力系数集度即各评价段内 10m SFC 平均值低于某一数值的累计个数,集度与 10 的乘积即为相应公里段内横向力系数低于阈值的累计长度,反映了评价段内整体的路面抗滑性能的优劣,集度越大表明该评价公里段内抗滑性能越差。公里段横向力系数集度按如下公式计,公里段集度最大值为 100。

$$抗滑性能集度 = \sum_{i=1}^{100} 10m \text{ SFC 值小于阈值的段落数}$$

(3)路面结构内部状况评价

利用探地雷达高频电磁波对路面内部缺陷进行检测评价。依据雷达图谱、时域图、经傅立叶变换的频域图等手段对病害进行识别,并结合现场病害情况,建立典型病害图谱库,挖掘路面结构内部隐性病害,为制订养护方案、实施精准决策提供依据。如图 3.3-3 所示。

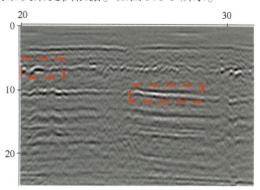

图 3.3-3　探地雷达检测及特征图谱

3.3.2　精确评定,掌握真实服役工况

围绕结构内部技术状况评估技术开展研究,建立了路表性能、结构强度、材料性能三位一

体的路面技术状况评定体系,建立了结构内部状态、面层分层变形、结构分层模量三位一体的整体结构技术状况评定体系,形成了"分层+整体"的路面状况评定模式,揭示了路面状况发展本质及沥青路面真实服役状况,为科学决策、精准决策奠定了基础。

3.3.2.1 特征病害补充调查及分析

在精细检测的基础上,结合路面结构、交通量、路面技术状况、养护历史,对特征病害进行取样,了解各结构层厚度分布、混合料、层间黏结,初步判断病害产生层位。

(1)典型路段取芯

①横向裂缝处取芯。

通过裂缝位置、完好位置芯样特征比对,判断路面开裂后面层、基层性能的变化情况。同时,分析路面裂缝处面层与基层的性能状况。如图3.3-4所示。

图3.3-4 横向裂缝处取芯

②车辙处取芯。

通过车辙位置芯样,分析路面车辙在各结构层的分布情况。如图3.3-5所示。

图3.3-5 车辙取芯

(2)裂缝形态分析

通过现场取芯直观了解裂缝形态,同时对裂缝进行归类划分,主要包括"上下发展、中间未开裂"横缝、"上下发展、局部贯穿"横缝、"完全贯穿"横缝、"自上而下"横缝,为后期制订典型病害处治方案提供依据。

①"上下发展、中间未开裂"横缝,如图 3.3-6 所示。

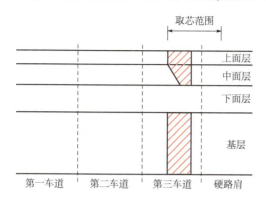 

图 3.3-6 "上下发展、中间未开裂"横缝

②"上下发展、局部贯穿"横缝,如图 3.3-7 所示。

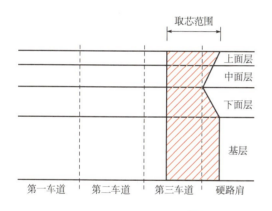 

图 3.3-7 "上下发展、局部贯穿"横缝

③"完全贯穿"横缝,如图 3.3-8 所示。

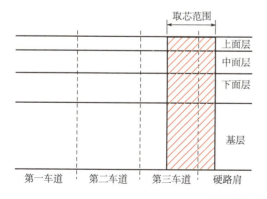 

图 3.3-8 "完全贯穿"横缝

④"自上而下"横缝,如图 3.3-9 所示。

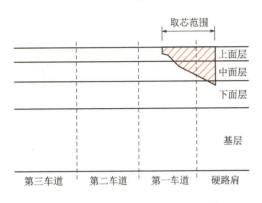

图 3.3-9 "自上而下"横缝

(3) 车辙形态分析

采用车辙贡献率指标来评价车辙的层位分布,对车辙断面各结构层的车辙分布情况进行分析。如图 3.3-10 所示。

图 3.3-10 车辙表观形态测量

3.3.2.2 整体材料性能评价

采用局部多序列加载动态蠕变试验来评价现状路面整体高温稳定性,对整体材料高温稳定性进行评价、分级。如图 3.3-11 所示。

图 3.3-11 整体蠕变试验

3.3.2.3 分层材料性能评价

(1)面层沥青老化状况

通过沥青回收,三大指标(针入度、软化点和延度)试验,评价沥青路面在长期的运营过程中,材料的性能衰变程度。

(2)分层高温稳定性

采用局部多序列加载动态蠕变试验来评价现状路面分层高温稳定性,对不同层位进行分层材料高温稳定性评价、分级。如图3.3-12所示。

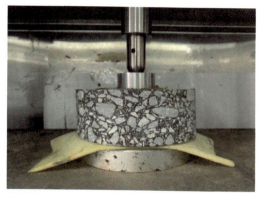

图 3.3-12 分层蠕变试验

(3)分层中温耐久性

采用沥青混合料半圆弯曲(Semi Circular Bending,SCB)试验评价沥青混合料的中温(15℃)耐久性能,对不同层位进行分层材料中温耐久性评价、分级。如图3.3-13所示。

图 3.3-13 半圆弯曲试验(15℃)

(4)分层低温抗裂性

采用沥青混合料半圆弯曲(Semi Circular Bending,SCB)试验评价沥青混合料的低温(-10℃)耐久性能,对不同层位进行分层材料低温抗裂性评价、分级。如图3.3-14所示。

(5)基层材料性能

采用无侧限抗压强度试验评价原路面基层抗压强度,并结合相关研究成果对不同芯样基层抗压强度进行评价、分级。如图3.3-15所示。

图 3.3-14　半圆弯曲试验(-10℃)

图 3.3-15　基层无侧限抗压强度试验

3.3.3　精准决策,提升科学决策水平

围绕多因素、多目标网级路面养护智慧决策技术开展研究,建立沥青路面养护案例库。利用现代计算机与数据处理技术构建路面性能发展模型,准确掌握路面性能发展趋势。开发网级路面养护决策系统,结合路面实际运营条件和结构状况,通过性能指标下限、性能指标优先级、多年度资金预算等约束条件优化方案,实现路面养护精准决策。

3.3.3.1　路面技术状况预测

采用短期与中长期移动平均值以及离差值,对各项性能的短期、中长期性能演变趋势进行综合分析,进一步量化、挖掘路面技术状况的发展规律。

移动平均值,是一种趋向类指标,以指数式递减加权的移动平均值。

$$EMA(n) = EMA(n-1) \times (n-1)/(n+1) + E(n) \times 2/(n+1)$$

式中:$EMA(n)$——PCI、RDI 等性能指标第 n 年移动平均值;

$E(n)$——PCI、RDI 等性能指标第 n 年数值。

分别以 3 年、5 年作为短期、中长期年限,二者移动平均值差值为离差值 DIF,进一步准确反映性能指标的近期发展趋势。

$$DIF = EMA(3) - EMA(5)$$

（1）车辙预测模型

车辙预测采用基于历史路况及交通量因素的组合式修正预测模型。

$$Y = F_{1(y,t)} + (y_n - y_f) + 4.86 \times 10^{-7} ESAL + 1.3 \times 10^{-4}$$

式中：Y——车辙预测值；

$F_{1(y,t)}$——前一性能衰变期基于历史路况车辙预估模型；

基于历史路况车辙预估模型修正参数 ε；

$$\varepsilon = y_n - y_f$$

式中：y_n——现阶段性能指标起变值（本次衰变期最高值）；

y_f——前一衰变期性能指标起变值（前一衰变期最高值）。

（2）平整度、抗滑预测模型

$$Y = F_{1(y,t)} + \varepsilon$$

式中：Y——平整度、抗滑预测值

$F_{1(y,t)}$——前一性能衰变期基于历史路况平整度、抗滑预估模型；

ε——基于历史路况平整度、抗滑预估模型修正参数；

$$\varepsilon = y_n - y_f$$

式中符号意义同前。

3.3.3.2 路面养护科学决策

结合《江苏高速公路沥青路面养护设计指南》（Q/SJKG YH B2-001—2020），重点考虑路面结构强度、既有路面混合料性能、路面技术状况、路龄影响和在路网的重要性等因素，确定路网中路面养护对策及优先级。如表3.3-1、图3.3-16所示。

高速公路路面养护决策指标的分级排序 表3.3-1

决策等级	响应指标	满足养护标准值	不满足养护标准值
一级决策	路面结构强度指标	进入二级决策	补强处理
二级决策	既有路面混合料材料性能	进入三级决策	针对性处理
三级决策	路面使用性能（抗滑性能、车辙、横缝、破损、平整度）	不养护或进行预防性养护	病害针对性处理
四级决策	在路网的重要性	—	重要等级高的路段，养护优先级越大
五级决策	路龄	≥15年	路龄越大，优先采用"路面结构长期保存"技术方法

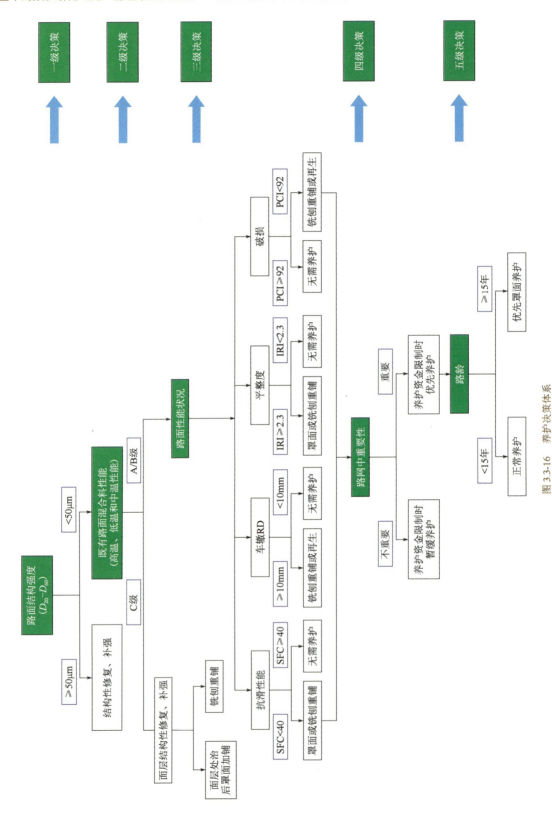

图 3.3-16 养护决策体系

(1) 一级决策指标——路面结构强度

将路面结构强度作为一级决策指标,以路面结构强度 $D_{20}-D_{60}$ 作为决策指标,且决策阈值为:①当 $D_{20}-D_{60}<50\mu m$ 时,认为沥青路面结构强度较好,进入二级决策指标;②当 $D_{20}-D_{60}\geqslant 50\mu m$ 时,认为沥青路面结构强度存在不足,需采取一定的措施进行补强修复。在路面结构补强修复时,需考虑各结构层位状况的差异,采取针对性补强措施,如采取面层或基层铣刨重铺、厚罩面等方式进行补强,在决策过程中需根据沥青路面各层高温稳定性能、基层强度等具体评价结果辅助补强措施决策。

(2) 二级决策指标——既有路面混合料性能

将既有路面混合料性能作为二级决策指标,重点考虑沥青面层的高温稳定性能。①首先判断芯样的整体高温性能,具体采用复合蠕变速率 CCSR 指标。当 CCSR 评价为 C 级时,认为沥青面层整体抗变形能力不足,对应的路面材料极可能进入了加速破坏阶段。②若整体高温性能不足时,尚需要考虑沥青路面各层位的高温稳定性能,特别是中、下面层的高温稳定性能,根据局部多序列加载动态蠕变试验结果进行高温性能分级,判断沥青面层高温性能薄弱层位。分层高温性能评价为 C 级时,即认为该层位材料已进入了加速破坏阶段或该层位高温性能存在不足,具体处治层位需根据分层试验结果综合确定。

(3) 三级决策指标——路面性能状况

将路面性能状况作为三级决策指标,主要考虑路面车辙、平整度、破损、抗滑等,主要养护目标是针对性提升各项路面性能指标,改善路况条件和服务质量。各项性能指标养护决策条件为:①当路面使用性能评价为优良时,路面可不处治或采取预防性养护措施;②当路面使用性能评价为中及以下时,可根据养护目标进行针对性性能提升修复。

(4) 四级决策指标——路网中重要性

将在路网中的重要性作为四级决策指标,主要是在养护资金投入有限制的条件下,根据在路网中的重要性确定优先养护路段。

(5) 五级决策指标——路龄

将路龄作为五级决策指标,随着通车时间的增长,路况性能衰减速率不断加快,因此对于路龄较长的高速,特别是尚未开展养护的路段,应优先考虑"路面结构长期保存"的养护技术方案。

3.3.3.3 路面养护方案

基于五级养护决策体系,总结养护需求,针对不同病害类型系统地提出不同处治方案。

(1) 车辙病害处治方案(表 3.3-2)

车辙病害处治方案　　　　表 3.3-2

处治类型	铣刨单层处治	就地热再生	铣刨双层处治
设计结构图	铣刨回铺上面层 4cm SMA-13	上面层 4cm SMA-13 就地热再生	铣刨回铺上面层 4cm SMA-13
	原中、下面层	原中、下面层	铣刨回铺中面层 6cm 高模量混合料
			原下面层
造价	121 元/m²	88 元/m²	285 元/m²

续上表

适用条件	(1)中面层高温性能评价A、B1、B2； (2)公里值12mm≤RD≤15mm； (3)路段处治长度<600m	(1)中面层高温性能评价A、B1、B2； (2)公里值12mm≤RD≤15mm； (3)路段处治长度≥600m	(1)中面层高温性能评价B3、C； (2)公里值RD≥15mm

(2)抗滑不足处治方案(表3.3-3)

抗滑不足病害处治方案　　　　　表3.3-3

处治类型	封层类表处	超薄类表处	超薄热拌铺装	抛丸处治
设计结构图	封层类表处	超薄类表处	超薄热拌铺装	抛丸
	原路面	原路面	原路面	原路面
造价	45元/m²	55元/m²	60元/m²	15元/m²
适用路段	(1)公里值SFC<40； (2)处治路段长度≥1000m			(1)公里值SFC<40； (2)处治路段长度<1000m； (3)高程抬升段范围内路段，改扩建先导段

(3)破损病害处治方案(表3.3-4)

破损病害处治方案　　　　　表3.3-4

处治类型	铣刨单层处治
设计结构图	铣刨回铺上面层4cm SMA-13
	原中、下面层
造价	121元/m²
适用条件	公里值PCI<92或裂缝间距≤15m

(4)平整度较差病害处治方案(表3.3-5)

平整度较差病害处治方案　　　　　表3.3-5

处治类型	铣刨单层处治
设计结构图	铣刨回铺上面层4cm SMA-13
	原中、下面层
造价	121元/m²
适用条件	公里值RQI<90

(5)裂缝病害处治方案(表3.3-6)

裂缝病害处治方案　　　　　表3.3-6

名称	局部挖补	非开挖注浆裂缝修补
造价	945元/m	400元/m
优缺点分析	针对局部出现次生病害的横向裂缝，仅通过非开挖注浆难以解决面层混合料材料性能问题	采用非开挖方式对裂缝由下而上进行注浆修补，处置深度深，原路面材料利用率高，且造价较低
推荐形式	适用于伴随次生病害裂缝	适用于仅开裂、不伴随次生病害裂缝

3.3.4 精深评估，促进技术持续发展

围绕沿江高速改扩建开展相关路况性能衰变规律、病害发展规律评价及原路面结构层利

用策略研究,沿江公司联合苏高技术积极开展"沿江高速公路路面结构状况评价及利用策略研究"课题研究,基于路面结构响应与剩余寿命预测理论、建养技术回溯及数据挖掘、路面结构材料状态多维度评估等研究成果,研判道路剩余性能及预期寿命,为改扩建既有路面再利用提供科学指导和策略储备,以"安全、舒适、经济、耐久"为原则,打造高品质、高质量、高水平的新沿江高速。

3.3.4.1 主要评估对象

沪武高速太仓至常州段是 G4221 的重要组成部分,其中苏沪省界至董浜枢纽段为与 G15 沈海高速共线段。于 2000 年开工建设,2004 全线建成通车,已服役 20 年,超过设计年限。扩建评估范围路线起自 G15 苏沪省界,向西经太仓、常熟、张家港、江阴、惠山、武进,终于常州南互通,路线全长 134.865km。

全线拟采用两侧拼宽为主的总体扩建方案,仅特殊桥梁段采用单侧加宽方案,总结扩建工程路面方案设计原则及扩建工程评估需求,开展具体路段及层位的评估工作。

①四车道改八车道,既有第一、第二车道路面结构层,硬路肩中下面层及以下层位。
②六车道改八车道,既有第一、第二车道路面结构层,第三车道、硬路肩中下面层及以下层位。
③六车道改十车道,既有第一、第二车道路面结构层,第三车道、硬路肩中下面层及以下层位。

3.3.4.2 计划评估目的

评估项目拟通过对沿江高速公路既有路面结构性能、路况性能、材料性能开展系统的评估,从而为老路路面的方案设计提供支撑。

①提供老路面结构层利用建议:通过现场补充调查、检测、取芯以及室内性能试验评估,充分了解既有沥青路面结构与材料性能状况及典型病害成因,为老路面、硬路肩提供相应建议。

②提供老路病害处治建议:结合调查及评估结果,总结改扩建项目关于老路面病害处治的相关经验,进一步提高病害处治的针对性、彻底性,提高资金使用效益,实现路面结构长期保存以及公路资产的保值。

③提供长寿命路面结构利用建议:对沿江高速公路既有 5 种长寿命路面试验段的路况性能、主要病害现状、养护历史进行梳理,对其材料性能及主要路况指标现状进行深入评价,提出既有长寿命路面结构利用建议。

④打造高速精细化改扩建样板工程:通过本项目的研究,达到高速公路改扩建项目"实施更有依据、方案更有针对、利用更有保障"的目的,打造控股系统高速公路改扩建旧路面科学利用的样板工程。

3.3.4.3 预期评估内容

(1)沿江高速基础资料调研分析

重点对沿江高速原建设期资料、养护历史资料、已完成或正在开展的科研项目资料、已有扩建工程案例资料、沿江高速扩建工程工可及施工图资料等进行收集、整理和分析,为后续研究及检测方案的制订、扩建方案的研究提供基础资料。

(2)沿江高速路面现状调研及检测

对沿江高速全线进行路段划分,便于后续分路面单元进行检测及评价。对沿江高速现场进行踏勘调研,对沥青路面的技术状况、结构性能、主要病害类型及形式进行检测。开展现场取芯工作,并进行室内试验,对路面材料性能进行评价。结合沿江扩建项目的特点,对长寿命路面试验段、硬路肩路面性能进行检测。

(3) 沿江高速路况性能衰变规律、病害发展规律评价

基于前述基础资料分析、现场踏勘、路况性能及主要病害检测、室内材料性能试验的结论,对沿江高速公路既有路面的结构性能、路况性能和材料性能进行系统的分析和评价,对主要病害类型及其发展层位进行评价。对长寿命路面试验段、硬路肩路面性能的发展规律和现状进行系统的分析和评价。

(4) 沿江高速路面结构层利用策略研究

综合考虑沿江高速路面扩建的实际需求,开展老路路面结构层利用原则、老路病害处治方案、硬路肩路面结构层利用建议、长寿命路面试验段利用建议等相关研究。

评估实施技术路线如图 3.3-17 所示。

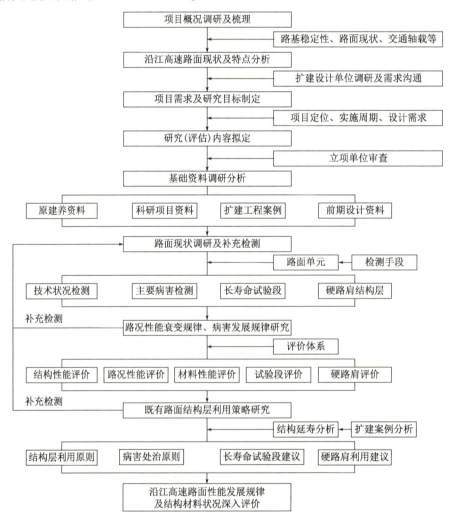

图 3.3-17　评估实施技术路线

3.4 道路综合性能提升实践

3.4.1 交安设施提质升级

3.4.1.1 背景

近年来,全国公路重大及以上交通事故不仅给国家及人民财产造成了很大的损失,也给道路交通运营企业带来了极大的安全责任压力。由于江苏省高速公路建设早,绝大部分高速公路交通安全设施按早期规范设计实施,已无法满足日益增长的交通安全要求,高速公路交通安全设施提质升级工程亟待进行。为此,江苏交控分别于 2019 年 10 月 27 日、2020 年 11 月 13 日、2021 年 7 月 6 日和 2021 年 8 月 13 日下发了《江苏交控系统高速公路交通安全设施提质升级实施意见》《江苏交控系统高速公路护栏提质升级技术指南》《关于进一步明确护栏提质升级相关要求的通知》和《关于明确护栏提质升级相关要求的补充通知》,决定在江苏交控系统实施高速公路交通安全设施提质升级专项工作。

本着"科学评估、管控风险、充分利旧、分类施策"的原则,以交通强国和人民满意交通建设为指导思想,以提高江苏交控系统高速公路安全运营水平为核心目标,全面提升高速公路重大安全管理责任风险防控能力、重点提升高速公路重大交通安全风险防控等级、逐步改善高速公路一般性风险防控等级。

沿江公司分阶段、逐步完成交控系统高速公路交通安全设施提质升级工作,对所管辖高速公路路桥搭接处的护栏、ETC 门架、中央分隔带开口护栏、缓冲设施、中央分隔带桥墩等分别进行提质升级。

3.4.1.2 实施方案

针对交安设施提质升级工作,沿江公司首先对所辖高速交安设施现状进行评估,发现大部分交安设施满足建设期设计标准,但对比《公路交通安全设施设计规范》(JTG D81—2017)的要求,需要进一步优化及提升。相关问题如图 3.4-1 所示。

a) 桥梁路侧混凝土与PL3级护栏(未搭接)   b) 中央分隔带插拔式活动护栏

图 3.4-1 交安设施存在的问题

因此，针对相关问题，开展交安设施提质升级工作，对所管辖高速公路路桥搭接处的护栏、ETC 门架、中央分隔带开口护栏、缓冲设施、中分带桥墩等分别进行提质升级。具体升级方案如下。

(1) 中央分隔带护栏提质升级方案

①一般路基段：拆除现有中央分隔带护栏，新护栏采用 SBm 级波形梁护栏，护栏型号为 Gr-SBm-2E。

②障碍物路段：拆除现有中央分隔带护栏，门架式标志、电子情报板等障碍物路段中分带护栏设置等级与一般路基段相同，护栏采用 SBm 级波形梁护栏，护栏型号为 Gr-SBm-2E。

③构造物路段（小桥、通道、明涵处）：拆除现有中央分隔带护栏，小桥、通道、明涵处中分带护栏与路基段等级相同，护栏型号采用 Gr-SBm-1B2。

④构造物路段（大、中桥路段）：拆除现有中央分隔带护栏，设置 SAm 级波形梁护栏，护栏型号为 Gr-SAm-1.5B2。

(2) 中央分隔带桥墩防护方案

针对桥梁独墩防护方案采用 SAm 级低变量护栏防护桥墩，针对多桥墩防护方案按护栏连续防护设置。

(3) 缓冲设施提质升级方案

将高速公路的主线分流端、匝道分流端的防撞桶更换为可导向防撞垫。

3.4.1.3 实施效果

为实现公路"安全保障能力系统提升、安全管理水平显著提升、交通事故明显下降"的目标，为人民群众出行创造更加安全的公路交通环境，沿江公司完成所管辖高速公路［包括沪苏浙高速、沿江高速（常州至太仓段）、太仓港疏港高速、张家港疏港高速］交安设施提质升级相关工作，以"高质量、长寿命、可持续、稳发展"为愿景，为高速行车再加一道"安全栓"，此次交安设施升级改造工作为社会公众出行提供了安全保障，传递了"苏式养护"品牌内涵。如图 3.4-2 所示。

图 3.4-2 交安设施提质升级

在此基础上，沿江公司将继续秉承"人民至上、生命至上"理念，进一步完善高速交安设施，确保高速公路处于优良的运行状态，持续为驾乘人员提供安全舒适的出行环境。

3.4.2 沪苏浙高速沉降处治

3.4.2.1 背景

沪苏浙高速在车辆荷载及环境因素的综合作用下,部分路段路面出现了车辙、不均匀沉降等病害,影响了路面的行车舒适性及安全性,尤以路面的不均匀沉降较为严重。近几年,维修养护措施以铣刨重铺为主,路面整体服务质量保持在相对较好的水平。但由于交通流量的不断增长、不均匀沉降的发展,路面每年仍会出现不同程度的车辙及平整度较差问题,影响了道路性能。

沪苏浙高速自建成以来一直存在着路基沉降的问题。自 2016 年 9 月开始进行沉降观测以来,双向累计沉降量基本低于 40mm,存在局部路段沉降量超出 40mm,主要集中在浙江方向 K68+400~K77+378(汾湖枢纽—黎里收费站)、上海方向 K78+550~K88+780(黎里收费站—平望服务区)。因此,沿江公司重点解决局部路段路基不均匀沉降引起的行车安全隐患,同时改善道路行车舒适性,提高服务水平。

3.4.2.2 实施方案

(1)沉降路段高程加密测量分析

沿江公司综合考虑纵向、横向不均匀沉降以及沿线明式构造物、净空等问题,展开更密集精准的测量工作,本次沉降路段加密测量工作,在沉降较大路段纵向测量间距为 10m,沿线桥头及特殊沉降路段加密至 5m,每个断面横向位置包括中分带边缘(距路缘石 0.55m),第一、二车道分界线左侧(距路缘石 4.425mm),第二、三车道分界线右侧(距路缘石 9.5mm)以及应急车道边缘(距路缘石 15.25mm)处,通过纵、横向加密测量,准确获取纵向及横向不均匀沉降数据。如图 3.4-3 所示。

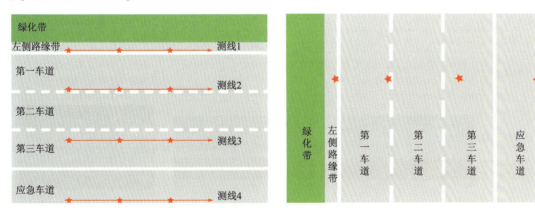

图 3.4-3 纵、横向测线加密布置

(2)沉降路段处治原则

纵断面处治原则:根据既有路基、路面病害的情况,结合既有桥涵改造利用方案、路面维修方案,采用半幅拉坡处治。

①路基沉降段,不均匀沉降段(桥梁—路基、路基—路基)引起纵向跳车,降低行车舒适

性,对沉降段与非沉降段做平缓调坡过渡。

②为确保结构物安全,大、中桥面高程基本维持既有高程,纵坡设计顺接构造物,进行纵面调整设计。

③路基段(桥头位置除外)最小直坡段长度和最小坡度在尊重原设计、控制填挖方的前提下,尽量满足规范和0.3%的坡度要求。

④下穿桥梁净空按照5m控制;重要的桥梁尽量按照零填挖处理;具体设计时结合实际情况进行局部调整。

⑤无竖曲线路段,前后纵断面坡度变化不超过0.3%。

横断面处治原则:路面横坡的目的是及时将降水排出路面,以保证行车安全。部分软基路基沉降段,中心处沉降量将大于路基边缘的沉降量,不均匀沉降呈盆状,横坡有一定衰减。具体设计时,按照以下原则进行:

①路面横坡维持较好(1.7%~2.3%)的段落,维持既有路拱坡度,路面加铺采用等厚加铺方式。

②路面横坡较差(<1.7%或>2.3%)的段落,通过路面横向的铣刨摊铺调整路面横坡。

③桥梁等明式结构物横坡与路基横坡不同坡处,相接路基段采用横坡渐变,渐变率按现行规范取值。根据《公路路线设计规范》(JTG D20—2017)第7.5.4条要求,渐变率采用1/250。

(3)现场沉降处治

沿江公司针对路基不均匀沉降路段,处治方案以加铺调平为主,以沉降路段两端原路面高程为主要控制高程,恢复沉降路段路面高程,根据超填挖数据不同,分别针对性提出设计方案,并在处治路段起点和终点设置铣刨回铺过渡段。具体沉降处治方案如表3.4-1所示。

沉降处治方案　　　　　　　　　　　　　　　　　　　　　　　　　　表3.4-1

沉降处治方案	方案一	方案二	方案三
适用路段	沉降路段起、终点过渡段	上面层调平过渡段	中面层调平过渡段
超填挖	<4.5cm	≥4.5cm,<10.5cm	≥1.5cm
方案描述	铣刨原路面0~4.5cm上面层后回铺4.5cm改性沥青SMA-13	直接加铺SMA-13,采用SMA混合料进行调平	直接加铺4.5cm SMA-13,采用高模量混合料进行调平
路面结构形式	4.5cm 改性沥青SMA-13 0~4.5cm 原路面上面层 6.5cm 原路面中面层 9.0cm 原路面下面层 36.0cm 水泥稳定碎石 20.0cm 低剂量水稳底基层 土基	4.5~10.5cm 改性沥青SMA-13 4.5cm 原路面上面层 6.5cm 原路面中面层 9.0cm 原路面下面层 36.0cm 水泥稳定碎石 20.0cm 低剂量水稳底基层 土基	4.5 改性沥青SMA-13 ≥6.0cm 高模量沥青混合料 4.5cm 原路面上面层 6.5cm 原路面中面层 9.0cm 原路面下面层 36.0cm 水泥稳定碎石 20.0cm 低剂量水稳底基层 土基

3.4.2.3 实施效果

沪苏浙高速通过沉降处治后,通过测量调坡、线形拟合,以加铺调平为主,以沉降路段两端原路面高程为主要控制高程,恢复沉降路段路面高程,保证路段纵断面线形进行恢复,最大限度恢复行车舒适性、安全性。如图 3.4-4 所示。

图 3.4-4 沉降处治后效果图

3.4.3 路域环境改善

3.4.3.1 背景

2017 年江苏省政府开启"五清三化"整治行动,对全省交通沿线路域环境进行综合整治,省政府印发的《全省交通干线沿线环境综合整治五项行动方案》对全省高速公路沿线环境提出了"五清三化"要求,即清除垃圾、清除非法堆积物、清除非法搭建物、清除非法种植物、清除违法广告设施,绿化彩色化、珍贵化、效益化;沿线广告设施设置和发布全部合法,做到安全、美观。为了贯彻落实全省交通干线沿线环境综合整治"五项行动"方案和控股系统高速公路沿线用地范围内环境综合整治实施方案的精神,工程部结合沿江高速和沪苏浙高速实际情况,制定沿江公司"五清三化"环境整治工作任务。

沿江公司全面改善全线路容路貌,确保辖段沿线"畅、安、舒、美",对沿线绿化保洁、交安设施、边坡边沟、桥下空间等多项内容进行普查,对标线、桥栏杆油漆、防撞墙涂装、路侧杂树清理、桥下空间杂物清理等情况进行及时整改。

3.4.3.2 工作方案

沿江公司历年来针对路域环境提升的主要工作方案如下:
①致力于高速公路用地范围内的白色垃圾、生活垃圾、施工垃圾等各类垃圾清除工作,并重点完成沪苏浙高速公路苏沪主线站绿化景观提升改造工作。
②对边坡、桥头以及互通区域内的非法堆积物、非法种植物进行清理,重点对沿线中分带因事故造成损毁、枯死的绿植进行补植。
③组织实施了京杭运河特大桥桥下围网项目,对桥下的残余建筑垃圾进行清理,回填土方

并种植八角金盘,同时砌筑0.5m高混凝土墙进行围挡,并在围墙上加装隔离栅,共砌筑围挡约1100m。

④完成沿江高速、沪苏浙高速全线收费站收费岛头油漆出新工作。

⑤完成沪苏浙高速公路中央分隔带、路肩、边坡以及互通区域绿化修剪和杂树清理工作。

⑥针对标线、桥栏杆油漆、防撞墙涂装、路侧杂树清理等规模较大的项目,统筹组织专项实施整改。除道桥主体外,工程部还制订了全线大棚油漆出新、收费导头油漆出新、站区外立面出新等一系列形象整治工作计划。

3.4.3.3 实施效果

沿江公司常态化保持"畅、安、舒、美"的高速公路路域环境,进一步加强所辖区域路容路貌管理,进一步优化公众出行体验感,全面开展路域环境集中整治行动,致力于为公众营造舒适、美好的出行环境。如图3.4-5所示。

图 3.4-5 路域环境提升

3.4.4 噪声整治工程

3.4.4.1 背景

随着沿江高速公路车流量的逐年增加,车辆行驶产生的噪声越来越严重。据专业检测单位测量,在距离高速公路隔离栅以外近百米的居民均会受到噪声影响,而沿江高速周边有相当部分的住宅离隔离栅只有10余米。再加上近年来沿线居民的法律意识、维权观念越来越强,沿江高速的噪声投诉事件逐年增加,因此沿江公司应采用不同降噪措施,多方面解决噪声污染问题。

为解决好噪声污染问题,沿江公司会同专业检测单位对各年度投诉路段进行全天候噪声监测工作,并现场勘察实地情况,视检测结果分别对不同路段采用不同的噪声整治措施。

3.4.4.2 工作方案

历年来,沿江公司针对不同噪声整治路段,采用高效合理的处治方案。近年针对噪声整治的主要工作方案包括:

①针对凤凰金谷村等居民密集区域,采用了玻璃钢复合吸声结构的设计方案,外观形式及色调与沿江高速已建成的声屏障保持一致。

②针对太仓、常熟、江阴等居住不密集区域采用加装隔音窗、新增隔音墙等办法。

③针对距离沿江高速较近、居民反响较大的段落,沿江公司根据年初经费情况制定了隔音墙专项工程,对常州武进区、江阴霞客镇、常熟支塘镇等多个段落增设了隔音墙。

④针对沿线居民反映较多的路段进行了排查,在与当地政府协商后,沿江公司对其中多个噪声敏感点进行现场勘查,确定声屏障的建设桩号及方案,采用降噪效果较明显的蜂窝铝与夹胶玻璃组合的方式。

⑤筛选出多处噪声敏感点进行现场勘查并赴宁常镇溧公司进行调研,采用以蜂窝铝、混凝土墙为主要形式的两种类型的隔音墙。

⑥沿江公司进一步推动噪声污染治理工作,组织参加沿线地方政府"两治一提升"专项行动,开展实地考察座谈;采取设置声屏障、隔音窗等措施,减小沿线噪声污染,组织启动太仓港疏港高速等声屏障增设工程。

3.4.4.3 实施效果

沿江公司通过噪声整治工作,较大程度上缓解了沿江高速的社会舆论压力,防止矛盾的进一步激化,进一步提升沿线人民群众获得感,有效地达到了服务民生、减少社会矛盾且与沿江高速环境相融合的目的。

3.4.5 近零感养护探索

3.4.5.1 背景

沿江公司为加快推进"近零感养护"工程,服务人民美好出行,依据《江苏交控高速公路"近零感养护"工程实施方案》及《"近零感养护"评价指南(试行)》的相关要求,开展近零感养护探索与实践。

①社会零影响:强化精细养护管控,让养护路段"通行拥堵感"归零。

以集中养护、快速养护为核心,科学整合路段全年养护任务,提高养护作业机械化水平,合理降低养护对道路通行的时空影响范围,不断提升公众畅行高速的体验感,实现"三降一升",即常规养护作业占道总时长、总次数、单次作业平均效能时长逐年降低、养护路段通行服务水平较以往显著提升。

②预期零改变:强化精准信息发布,让出行预期"不可预见感"归零。

以智慧养护、智能调度为核心,基于作业现场和路网调度中心的实时数字化信息互动,强化作业区周边高速路网信息的实时监控和动态引导,实现养护现场作业信息、周边路网交通信息、高速路网信息发布和交通诱导实时互通、动态调整,避免公众获取路网信息的失真,增强公众通行效能的预期性。

③环境零触动:强化绿色安全举措,让作业区域"环境不安感"归零。

以绿色养护、严格管控为核心,聚焦养护作业区绿色低碳及污染治理,推广应用绿色低碳、低微污染的养护技术及设施装备,减少养护作业全过程的污染物和碳排放,降低对路域环境的

"扰动"。聚焦作业现场的规范性,强化作业区安全风险识别能力和管控水平,通过智能手段提高临近作业区车辆的警觉性,降低安全风险。

3.4.5.2 工作方案

(1)构建评价工作机制

沿江公司配合江苏控股工程技术部,开展具体评价工作,做好数据采集和分析工作,定期编制"近零感养护"工程建设综合评价报告。

(2)完善数据采集工作

提升数据采集质量,充分发挥现有养护信息系统作用,探索采用先进数据采集技术,提升数据获取能力和质量。

(3)强化评价结果运用

加强指标体系的宣传,综合考虑年度养护工程实施,通过以评促建、以评提质,推动"近零感养护"工程落地。

(4)构建评估调整机制

加强评价和验证工作,配合完善指标测算和评价方法。根据"近零感养护"工程建设进展、技术迭代和行业变化,视情况对指标体系提出合理化建议。

3.4.5.3 预期成果

通过"近零感养护"工程,实现养护计划更精准、养护组织更集约、养护实施更快捷、养护管控更智能、养护技术更绿色、养护安全更放心。

形成"1136N"成果,即一套考评体系,一个智能平台,三类技术突破,六套体系成果,N项示范工程。

一套考评体系:"近零感养护"考核评价指标体系。

一个智能平台:高速公路养护实施智慧决策及管控系统。

三类技术突破:快速化养护关键技术、标准化养护关键技术、低微污染养护关键技术。

六套体系成果:养护实施计划精准编制体系成果、养护集约组织体系成果、养护快捷实施体系成果、养护智能管控体系成果、养护绿色技术体系成果、养护实施安全提升体系成果。

N项示范工程:结合分年度目标,组织开展示范工程建设。

第4章 桥梁养护管理实践

4.1 基本现状

4.1.1 桥梁基本情况

4.1.1.1 桥梁历史发展变化情况

沿江公司自2004年成立以来,所辖桥梁包含沈海高速(G15)41座和沪武高速(G4221)138座,合计179座桥梁;2013年10月,太仓港疏港高速建成通车,新增20座桥梁;2016年11月,张家港疏港高速建成通车,又新增33座桥梁;同年,沿江公司合并江苏沪苏浙高速公路有限公司[沪渝高速(G50)江苏段],新增桥梁73座。截至2023年,沿江公司所辖高速公路全线共包含308座桥梁,其中G15沈海高速44座、G4221沪武高速138座、S23张家港疏港高速33座、S80太仓港疏港高速20座和G50沪苏浙高速73座。

4.1.1.2 桥梁基础数据分析

截至2023年,沿江公司所辖桥梁各路段桥梁分类汇总如表4.1-1和图4.1-1所示。经分析,特大桥共计16座,占桥梁总数的5.2%;大桥共计152座,占桥梁总数的49.4%;中小桥共计140座,占桥梁总数的45.5%。各类桥梁均主要分布在沿江高速(G15、G4221)和沪苏浙高速上,两条高速共有桥梁255座,占桥梁总数的82.8%。

沿江公司所辖桥梁各路段桥梁分类汇总表　　　　表4.1-1

线路	分类(座)及汇总			
	特大桥	大桥	中、小桥	合计
沿江高速(G15、G4221)	7	84	91	182
张家港疏港高速	2	21	10	33
太仓港疏港高速	1	9	10	20

续上表

线路	分类(座)及汇总			
	特大桥	大桥	中、小桥	合计
沪苏浙高速	6	38	29	73
合计	16	152	140	308

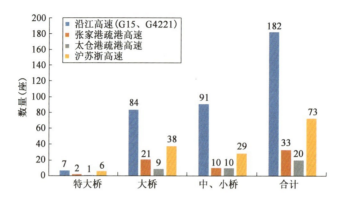

图 4.1-1　沿江公司所辖桥梁各路段桥梁分类分布

各路段涵盖主要桥型如表 4.1-2 和图 4.1-2 所示,特殊结构桥梁主要分布在沿江高速(G4221)上,包含 1 座矮塔斜拉桥(戚墅堰互通主线桥)、1 座下承式系杆拱桥(锡澄运河大桥)和 2 座钢箱梁桥(峭岐枢纽主线桥和峭岐枢纽 B 匝道跨锡澄高速公路桥)。经统计分析,预应力空心板梁桥占比最大,共有 141 座桥梁,占桥梁总数的 45.8%,主要分布在沿江高速和沪苏浙高速上。共有 143 座桥梁含有连续箱梁,包括 PC 等截面箱梁、PC 变截面箱梁和钢筋混凝土连续箱梁,占桥梁总数的 46.4%,共有 76 座桥梁含有组合箱梁,占桥梁总数的 24.7%,桥型均主要分布在沿江高速上。

沿江公司所辖桥梁各路段桥型分类汇总　　表 4.1-2

涉及路段	沿江高速(G15、G4221)	张家港疏港高速	太仓港疏港高速	沪苏浙高速	合计
预应力空心板	94	9	9	29	141
PC 等截面箱梁	27	16	7	32	82
PC 变截面箱梁	3	—	1	2	6
组合箱梁	40	11	5	20	76
钢筋混凝土连续箱梁	53	1	1	—	55
钢箱梁	2	—	2	—	4
系杆拱	1	—	—	—	1
斜拉桥	1	—	—	—	1
其他	2	—	—	—	2

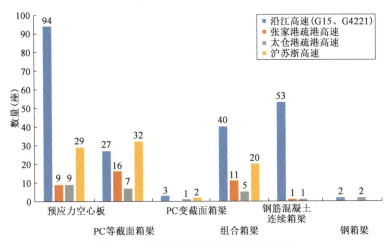

图 4.1-2　沿江公司所辖桥梁各路段桥型分类

4.1.2　桥梁养护管理概况

沿江公司自2004年成立以来,依据相关桥涵养护规范要求,对高速桥梁开展日常巡查、经常检查、定期检查和特殊检查。其中,日常巡查和经常检查一般由沿江公司自行或养护队伍实施,定期检查和特殊检查一般委托有资质、有能力的专业单位负责实施。

(1) 日常巡查

全线范围内每天巡查不少于1次,遇地震、地质灾害或极端气象时,会增加检查频率。

(2) 经常检查

经常检查须抵近桥涵结构,以目测结合辅助工具进行检查。经常检查每月不得少于一次,在汛期(每年5月至9月)、台风、冰冻等自然灾害频发期,会提高经常检查频率,现场填写"桥梁经常检查记录表"。支座的经常检查每季度不应少于一次,对于人工不易到达位置可以采用无人机等检测设备进行检查。

(3) 定期检查

根据规范要求,养护检查等级为Ⅰ级的桥梁,定期检查周期为每年1次,养护检查等级为Ⅱ级、Ⅲ级的桥梁,定期检查周期不得超过3年。定期检查会接近各部件,仔细检查其缺损情况,现场校核桥梁基本数据,填写或补充完善"桥梁基本状况卡片",现场填写"桥梁定期检查记录表",记录各部件缺损状况并绘制主要病害分布图。对桥梁永久观测点进行复核,对桥面高程及线形、变位等检测指标进行量测。对单孔跨径不小于60m的桥梁设立了永久观测点,定期进行控制检测。

(4) 特殊检查

2007年11月,对月城—桐岐公路分离式立交开展特殊检查,以评估槽罐车爆炸对桥梁结构的影响;2011年9月和2014年11月,分别对锡澄运河主桥系杆拱进行专项检查,包括外观检查、吊杆上锚头开锚检查和吊杆下锚头开锚检查。同年11月,对戚墅堰互通主线桥进行特殊检查,包括外观检查、斜拉索上下锚头检查和索力测试。2020年,根据《关于立即开展桥梁隧道安全生产检查严防重大事故的通知》(苏交传〔2019〕427号)和《关于明确独柱墩桥梁抗倾覆验算的通知》等相关文件要求,对沿江高速和沪苏浙高速公路 24 座桥梁、共计 30 联独柱墩结构进行抗倾覆稳定性评估工作。2021 年,根据《省交通运输厅关于印发江苏省船舶碰撞桥梁隐患治理专项行动实施方案的通知》(苏交执法〔2021〕1 号)等相关通知,对沿江公司所辖 15 座桥梁进行通航安全风险及抗撞性能评估;2022 年对峭岐枢纽主线桥和峭岐枢纽 B 匝道跨锡澄高速公路桥钢箱梁箱室内焊缝进行详细检查。

根据戚墅堰互通主线桥运行状况,沿江公司于 2023 年开展全桥综合性能检测评估,主要通过建管养历史调查,结合理论分析、数值仿真、荷载试验、现场检测、专项短期监测、换索工程和室内试验等技术手段,对圩墩大桥服役性能、病害成因、发展规律进行综合评估,为养护科学决策提供支撑。以下列举 2018—2023 年桥梁主要养护工作开展情况如表 4.1-3 所示。

桥梁主要养护工作开展情况 表 4.1-3

检查项目	2018 年	2019 年	2020 年	2021 年	2022 年	2023 年
日常巡查	1 次/天	1 次/天	1 次/天	1 次/天	1 次/天	1 次/天
经常检查	1 次/月	1 次/月	1 次/月	1 次/月	1 次/月	1 次/月
汛期检查	汛期、极端天气均开展巡查及经常检查工作					
定期检查	1 次/年	1 次/年	1 次/年	1 次/年	1 次/年	1 次/年
特殊检查	钢箱梁桥专项检查	—	独柱墩稳定性评估	通航安全风险及抗撞性能评估	钢箱梁桥专项检查	戚墅堰互通主线桥综合检测评估/钢箱梁桥专项检查
修复养护	1 次/年	1 次/年	1 次/年	1 次/年	1 次/年	1 次/年
应急养护	—	—	新丰路桥受车撞损坏	—	—	—

4.2 桥梁监测与评估

4.2.1 定期检查情况

沿江公司高度重视桥梁的养护检查工作,定期组织检测单位对本辖区内桥梁开展定期检查工作,表 4.2-1 汇总了近些年各路段的检测单位情况。

各年度定期检查检测单位一览表 表 4.2-1

年份(年)	沿江高速(G15、G4221)	张家港疏港高速	太仓港疏港高速	沪苏浙高速
2013	江苏省交通规划设计院	—	江苏华通工程检测有限公司	江苏现代工程检测有限公司
2014	江苏省交通规划设计院	—	江苏华通工程检测有限公司	江苏现代工程检测有限公司
2015	江苏省交通规划设计院	—	江苏华通工程检测有限公司	江苏现代工程检测有限公司
2016	江苏华通工程检测有限公司	—	江苏华通工程检测有限公司	江苏现代工程检测有限公司

续上表

年份(年)	沿江高速（G15、G4221）	张家港疏港高速	太仓港疏港高速	沪苏浙高速
2017	中设设计集团股份有限公司	中设设计集团股份有限公司	中设设计集团股份有限公司	江苏现代工程检测有限公司
2018	中设设计集团股份有限公司	中设设计集团股份有限公司	中设设计集团股份有限公司	江苏现代工程检测有限公司
2019	中设设计集团股份有限公司	中设设计集团股份有限公司	中设设计集团股份有限公司	江苏现代工程检测有限公司
2020	华设设计集团股份有限公司	华设设计集团股份有限公司	华设设计集团股份有限公司	江苏现代工程检测有限公司
2021	华设设计集团股份有限公司	华设设计集团股份有限公司	华设设计集团股份有限公司	江苏现代工程检测有限公司
2022	华设检测科技有限公司	华设检测科技有限公司	华设检测科技有限公司	江苏现代工程检测有限公司
2023	江苏现代工程检测有限公司/苏交科集团检测认证有限公司	苏交科集团检测认证有限公司	江苏现代工程检测有限公司	建研院检测中心有限公司

4.2.1.1 定期检查主要成果

截至2023年，沿江公司所辖桥梁各路段桥梁技术状况等级汇总如表4.2-2和图4.2-1所示。经分析，一类桥17座，占桥梁总数的5.5%；二类桥291座，占桥梁总数的94.5%。全线一、二类桥占比为100%，无三类及以上桥梁。

各路段桥梁技术状况等级汇总表（单位：座）   表4.2-2

线路	一类	二类	合计
沿江高速（G15、G4221）	3	179	182
张家港疏港高速	6	27	33
太仓港疏港高速	3	17	20
沪苏浙高速	5	68	73
合计	17	291	308

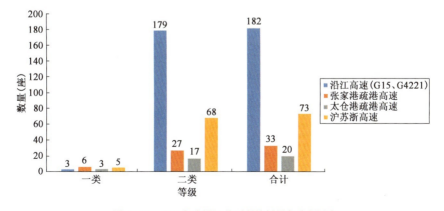

图4.2-1　2023年度沿江公司所辖桥梁各路段评定

4.2.1.2 常规桥型主要病害变化趋势

通过沿江公司桥型数据统计分析,预应力空心板梁桥所占比重最大,桥梁单孔跨径多采用13m、16m及20m,各跨径类型空心板梁数量分布如图4.2-2所示,各类型连续箱梁数量分布如图4.2-3所示。

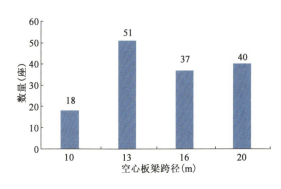 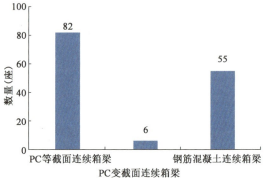

图 4.2-2　空心板梁跨径分类汇总表　　　　　图 4.2-3　连续箱梁分类汇总表

本辖区内空心板梁主要病害包含:预应力混凝土空心板梁梁端腹板斜向裂缝、跨中腹板竖向裂缝、底板横向裂缝、底板纵向裂缝、铰缝渗水白化现象等。

本辖区内空心板梁腹板斜向裂缝宽度一般为0.06~0.20mm,腹板斜向裂缝呈倒"八"字形,主要分布在墩顶附近。裂缝总体发展变化趋势较为稳定,但仍有少量桥梁裂缝数量存在发展,如梅古公路分离式立交、新北立交和周长公路分离式立交等(图4.2-4和图4.2-5)。新北立交腹板端部斜向裂缝数量2022年变化趋于稳定,2023年度增幅比例达43.6%,华陆西路分离式立交裂缝数量于2022年有大幅增长,2023年数量变化趋于稳定(图4.2-6、图4.2-7)。

本辖区内空心板梁底板横向裂缝宽度一般为0.04~0.15mm,裂缝主要分布在梁端附近。裂缝总体发展变化趋势较为稳定,既有裂缝长度和宽度变化较为稳定,但仍有少量桥梁裂缝数量存在发展(图4.2-8、图4.2-9),如新北立交板梁底板端部横向裂缝数量在2021年为150条,2022年数量增幅比例达93.3%,2023年增幅比例达12.1%,裂缝发展速度有所减缓。坂上—遥观公路分离式立交2022年裂缝数量增幅比例达152.9%,于2023年裂缝数量趋于稳定,未有增加(图4.2-10、图4.2-11)。

 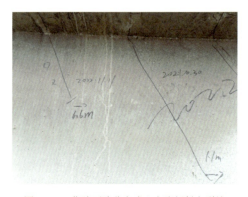

图 4.2-4　梅古公路分离式立交腹板斜向裂缝　　　图 4.2-5　华陆西路分离式立交腹板斜向裂缝

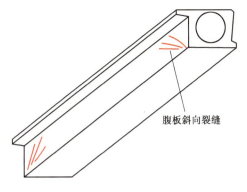
图4.2-6 腹板斜向裂缝分布示意图

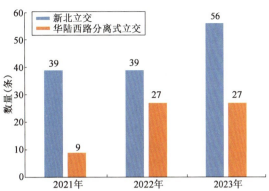
图4.2-7 腹板斜向裂缝发展趋势

图4.2-8 梅古公路分离式立交底板横向裂缝

图4.2-9 新北立交底板横向裂缝

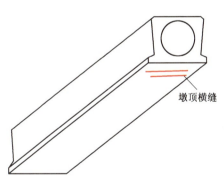
图4.2-10 腹板斜向裂缝分布示意图

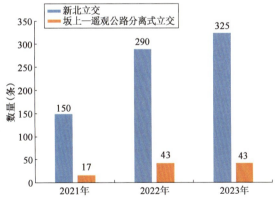
图4.2-11 底板横向裂缝发展趋势

本辖区内桥梁空心板梁底板纵向裂缝宽度一般为0.10~0.15mm,最宽约为0.20mm。裂缝主要分布在梁底板横向中心附近。裂缝总体数量和宽度变化较为稳定,部分梁板纵向裂缝数量存在发展,如赵市线中桥、西平河大桥、新北立交和周长公路分离式立交等(图4.2-12、图4.2-13)。新北立交底板纵向裂缝数量发展速度较快,在2023年增幅比例达到最大值,为113.1%,2022年增幅比例达50.0%。周长公路分离式立交裂缝发展速度较缓,2023年增幅比例最大值为20.0%(图4.2-14、图4.2-15)。

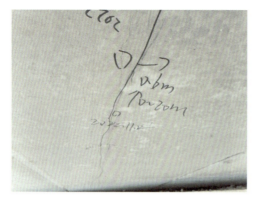

图 4.2-12 赵市线中桥底板纵向裂缝

图 4.2-13 西平河大桥底板纵向裂缝

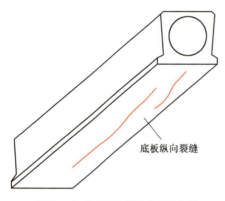

图 4.2-14 底板纵向裂缝分布示意图

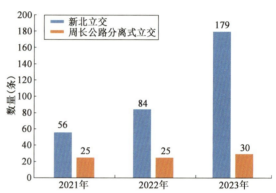

图 4.2-15 空心板梁底板纵向裂缝发展趋势

本辖区内部分空心板梁桥铰缝存在渗水白化现象,对应桥面未发现明显的纵向开裂。部分桥梁渗水白化问题发展较为明显,如青洋路分离式立交、禅寺路中桥、新北立交和华陆西路分离式立交等(图4.2-16～图4.2-18)。新北立交铰缝渗水白化问题发展较快,最大增幅发生在2023年度,为68.8%。华陆西路分离式立交渗水白化问题2022年增幅大,2023年增幅较小,发展趋势有所减缓(图4.2-19)。

图 4.2-16 青洋路分离式立交铰缝渗水白化

图 4.2-17 新北立交铰缝渗水白化

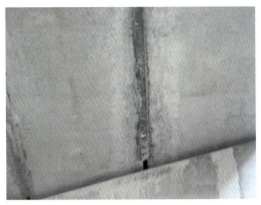

图 4.2-18　归虹公路分离式立交铰缝渗水白化

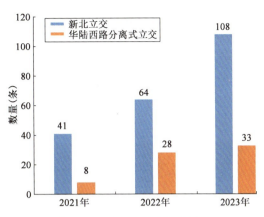

图 4.2-19　铰缝渗水白化发展趋势

本辖区内钢筋混凝土连续箱梁的主要缺损有腹板竖向裂缝、底板横向裂缝及翼缘板横向裂缝等。腹板竖向裂缝基本出现在距墩顶 1/4 跨～3/4 跨以内的范围,缝宽一般小于 0.15mm 且裂缝的宽度最大值多出现在腹板的中间位置,呈中间宽两头细的枣核形,一般竖向贯通,部分裂缝与底板横向裂缝相接。部分桥梁腹板竖向裂缝有较明显发展趋势,如西环路分离式立交、横林枢纽主线桥和峭岐枢纽主线桥等(图 4.2-20、图 4.2-21),西环路分离式立交竖向裂缝数量最大增幅达 29.9%,峭岐枢纽主线桥竖向裂缝数量最大增幅达 113.4%(图 4.2-22、图 4.2-23)。

图 4.2-20　峭岐枢纽主线桥腹板竖向裂缝

图 4.2-21　横林枢纽主线桥钢筋混凝土
连续箱梁腹板竖向裂缝

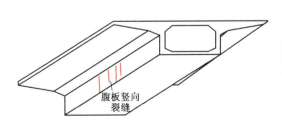

图 4.2-22　普通混凝土连续箱梁腹板竖向裂缝分布示意图

图 4.2-23　普通混凝土连续箱梁腹板竖向裂缝发展趋势

本辖区内钢筋混凝土箱梁底板横向裂缝宽度普遍较小,检查发现大多数裂缝出现在距墩(台)顶5.0m以外的区域,部分裂缝有断续出现的现象,缝宽基本小于0.15mm。通过对比发现,部分桥梁底板横向裂缝有较明显的发展趋势,如西环路分离式立交、青阳互通主线桥、锡澄运河大桥和峭岐枢纽主线桥等(图4.2-24、图4.2-25),峭岐枢纽主线桥横向裂缝数量多,增长速度快,最大增幅发生在2023年,达39.6%,锡澄运河大桥横向裂缝数量增幅较为缓慢(图4.2-26、图4.2-27)。

图4.2-24 峭岐枢纽主线桥钢筋混凝土连续箱梁底板横向裂缝

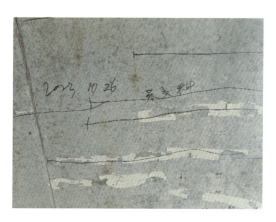

图4.2-25 锡澄运河大桥钢筋混凝土连续箱梁底板横向裂缝

图4.2-26 普通混凝土连续箱梁底板横向裂缝分布示意图

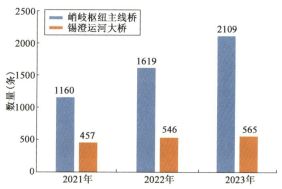

图4.2-27 普通混凝土连续箱梁底板横向裂缝发展趋势

本辖区内预应力混凝土等截面连续箱梁多设置在桥梁跨路或跨河位置,单孔跨径多为20~40m,预应力混凝土等截面连续箱梁需关注的缺损有腹板竖向裂缝、腹板斜向裂缝、底板横向裂缝及翼缘板斜向裂缝等。

预应力混凝土等截面连续箱梁腹板竖向裂缝缝宽为0.06~0.12mm,裂缝分布零散,无明显规律且多呈枣核形。少量预应力混凝土等截面连续箱梁腹板存在斜向裂缝,裂缝缝宽在0.10mm左右。裂缝分布形态分两类:一类均出现在过渡墩顶附近,以横林枢纽主线桥为主;另一类分布在1/4L附近,多为正"八"字形裂缝。通过近些年的历史数据对比发现,预应力混凝土等截面连续箱梁普遍存在裂缝数量增长缓慢,且原有裂缝长度、宽度未见明显变化发展。

例如,青阳互通主线桥、青阳互通 C 匝道跨锡澄公路桥和长虹东路分离式立交等桥腹板竖向裂缝数量增幅均较为缓慢(图 4.2-28 ~ 图 4.2-31)。横林枢纽主线桥和戚墅堰互通 C 匝道跨 312 国道桥于 2023 年无新增腹板斜向裂缝,横梁枢纽主线桥和横林枢纽 D 匝道跨沪宁高速公路桥底板仅存在少量新增底板横向裂缝。

图 4.2-28　青阳互通主线桥腹板竖向裂缝

图 4.2-29　长虹东路分离式立交腹板竖向裂缝

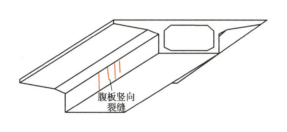

图 4.2-30　预应力混凝土连续箱梁腹板
竖向裂缝分布示意图

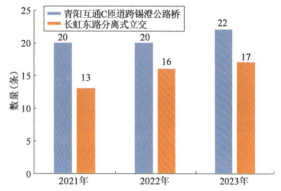

图 4.2-31　预应力混凝土连续箱梁腹板
竖向裂缝发展趋势

预应力混凝土变截面连续箱梁桥需关注的缺损主要有腹板斜向裂缝、顶板纵向裂缝及底板纵向裂缝等。以沿江高速(锡常段)申张线大桥为例,申张线大桥存在箱室外腹板斜向裂缝,裂缝主要分布在墩顶附近,裂缝缝宽多为 0.06 ~ 0.14mm。裂缝与水平交角为 30°~ 60°,均为倒八字形裂缝(图 4.2-32)。与历史资料比对发现,原有少量裂缝均已维修,未见明显发展。箱室内腹板斜向裂缝与箱室外腹板斜向裂缝分布形态相似,裂缝缝宽多为 0.06 ~ 0.14mm,均为倒八字形裂缝(图 4.2-33)。与历史资料比对发现,原有少量裂缝均已维修。箱室底板纵向裂缝在各节段底面均有分布,分布范围无明显规律,裂缝长度具有节段性,一般不同节段纵向裂缝无明显连续性。箱梁顶板纵向裂缝在各节段顶板底面均有分布(图 4.2-34),分布范围主要位于顶板倒角与倒角之间的箱室中间,裂缝长度较长,部分裂缝在不同节段间存在连续性。与往期相比,新增裂缝较少(图 4.2-35)。

图 4.2-32　申张线大桥箱室外腹板斜向裂缝

图 4.2-33　申张线大桥箱室内腹板斜向裂缝　　　　图 4.2-34　申张线大桥箱室内顶板纵向裂缝

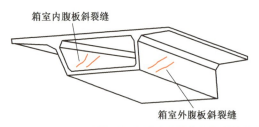
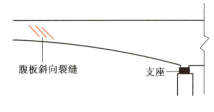

图 4.2-35　预应力混凝土连续箱梁箱室内外斜向裂缝分布示意图

4.2.1.3　特殊桥型主要病害变化趋势

（1）斜拉桥

本区域所辖 1 座矮塔斜拉桥,为戚墅堰互通主线桥,桥梁中心桩号为 K89+044,主桥（第 33 孔至第 35 孔）为(70.15+120+70.15)m 三跨双塔单索面预应力混凝土斜拉桥,桥长 260.3m。当时的桥梁设计荷载等级:汽车-超 20,挂车-120 级。

该桥主要关注的缺损有腹板斜向裂缝,箱室内腹板共 5 条斜向裂缝、箱室外腹板共 1 条斜向裂缝,裂缝缝宽主要为 0.04~0.10mm。裂缝与水平交角为 30°~135°。裂缝主要分布在箱梁两侧箱室边腹板上,多集中出现在 $L/4 \sim 3L/8$ 的范围内,均为倒"八"字形裂缝(图 4.2-36)。通过经常检查、定期检查及长期在线监测裂缝变化发展情况,发现原有腹板斜向裂缝未见明显发展,此外斜拉桥还存在锚头钢护筒锈蚀等缺损(图 4.2-36)。

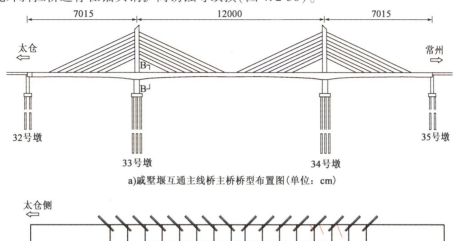

a)戚墅堰互通主线桥主桥桥型布置图(单位:cm)

b)圩墩大桥腹板斜向裂缝分布图

图 4.2-36 戚墅堰互通主线桥主桥腹板裂缝分布图示

(2)系杆拱

本区域所辖 1 座下承式系杆拱桥为锡澄运河大桥,主桥第 12 孔为钢管混凝土系杆拱结构,采用"刚性系杆刚性拱"体系,计算跨径为 71.96m,拱轴线为二次抛物线,矢跨比为 1/5,矢高 14.392m。当时的桥梁设计荷载等级:汽车-超 20,挂车-120 级。

该桥主要关注的缺损有系梁侧面竖向裂缝、底板横向裂缝。此外,系杆拱桥还存在横梁横向裂缝、系梁纵向裂缝等缺损。检查发现,系梁存在少量新增裂缝(图 4.2-37),系梁裂缝缝宽为 0.04~0.1mm。近些年,系梁横向裂缝和竖向裂缝数量变化趋势如图 4.2-38 所示。自 2016 年以来,裂缝数量呈线性增长趋势,最大增幅 53.3%,其中 2020 年上半年已组织修复养护,对裂缝进行维修,故 2020 年和 2021 年度无新增裂缝,2022 年和 2023 年有少量增加。

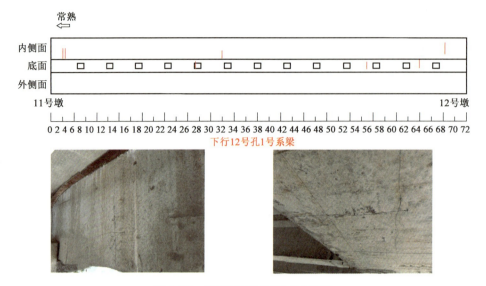

图 4.2-37 系梁腹板竖向裂缝分布图示

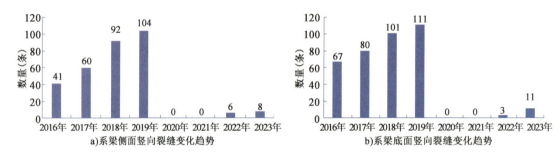

a) 系梁侧面竖向裂缝变化趋势　　　　b) 系梁底面竖向裂缝变化趋势

图 4.2-38 系梁裂缝数量变化趋势

(3) 钢箱梁

沿江全线总计包含4座钢箱梁桥,分别为峭岐枢纽主线桥、峭岐枢纽B匝道跨锡澄高速公路桥、沙溪枢纽A匝道跨沿江高速大桥(第七跨和第八跨)和沙溪枢纽B匝道跨沿江高速大桥(第九跨和第十跨)。其主要问题包括钢箱梁梁体表面均存在不同程度的涂装脱落和局部锈蚀等(图4.2-39)。峭岐枢纽主线桥钢箱梁梁体共38处涂装脱落,累计面积约16.6m²;梁体共11处局部锈蚀,累计面积约0.55m²,其中以翼缘板锈蚀较为严重。峭岐枢纽B匝道跨锡澄高速公路桥钢箱梁防撞墙、翼板共5处涂装脱落,累计面积约1.2m²。沙溪枢纽A匝道跨沿江高速大桥(第七跨和第八跨)和沙溪枢纽B匝道跨沿江高速大桥(第九跨和第十跨)钢箱梁涂装脱落和局部锈蚀病害相对较少。

4.2.1.4 其他典型病害

沿江高速定期检查中发现,板式橡胶支座主要缺损有环向开裂、偏位、脱空及较大的剪切变形,如戚墅堰互通主线桥、青阳互通主线桥、支何公路分离式立交、杨林塘大桥、北塘河大桥和采菱港大桥开裂支座较多。除上述外,部分支座还存在轻微偏位、被包裹、垫石开裂破损等缺损。盆式橡胶支座主要缺损有转角超限,限位块断裂和四氟板滑出,如横林枢纽主线桥、峭岐枢纽 B 匝道跨锡澄高速公路桥和戚墅堰互通主线桥等。检查过程发现,近些年原有缺损支座未见明显发展。桥面伸缩缝缺损主要有伸缩缝垃圾填塞、两侧型钢存在高差、位移异常、型钢变形和型钢断裂,此外,部分桥梁伸缩缝还存在锚固混凝土开裂、橡胶条破损等缺损。

图 4.2-39　峭岐枢纽 B 匝道跨锡澄高速公路桥钢箱梁防撞墙涂装剥落

4.2.2　健康监测情况

桥梁定检通常能精准识别目标桥梁结构的各种变化,如混凝土裂缝和钢桥的锈蚀等。然而,对于桥梁结构响应(位移、应变和振动等)及外部作用(如温度和湿度),定检结果只能提供零散、碎片化的有效信息,这些信息难以全面、真实反映桥梁结构的状态。因此,需要进一步改进和完善桥梁检测方法与手段,以更准确地掌握桥梁的运行状况,确保其安全稳定。近年来,在 AI 技术加持下,桥梁结构健康监测(SHM)系统大量兴建于重点及特殊桥梁。SHM 系统能够及时发现桥梁结构的异常变化、裂缝、位移等问题,提前预警潜在的结构安全隐患,从而避免可能的灾害事故,保障人员和车辆的安全。桥梁健康监测系统还能够降低维护人员的巡检频率和工作强度,节约维护成本,预防灾害事故,为科学决策提供支持,促进桥梁管理的科学化、精细化和智能化发展。

4.2.2.1　背景概况

自 2021 年以来,沿江公司针对 4 座特殊桥梁(戚墅堰互通主线桥、申张线大桥、锡澄运河大桥和 205 省道分离式立交)的监测数据进行了详细统计。4 座桥梁分布于无锡、常州和苏州,结构形式分别为矮塔斜拉桥、连续梁桥、系杆拱桥和连续梁桥。监测指标包括结构温度、挠度、索力、应变和裂缝等,以实现对桥梁结构及运行状态的实时监测和评估(表 4.2-3)。

桥梁健康监测　　　　　　　　　　　　　　　表 4.2-3

序号	名称	建成年	区域	结构形式	监测指标
1	戚墅堰互通主线桥	2004	常州	矮塔斜拉桥	温度、应变、振动、索力、位移、裂缝
2	申张线大桥	2004	无锡	连续梁桥	温度、应变、位移、裂缝
3	锡澄运河大桥	2004	无锡	系杆拱桥	温度、应变、裂缝
4	205 省道分离式立交	2004	苏州	连续梁桥	温度、位移

戚墅堰互通主线桥和205省道分离式立交分别位于常州市和苏州市。申张线大桥和锡澄运河大桥均位于无锡市。

4.2.2.2 测点布置图

结合4座大桥的结构特点和实际情况,针对性选取桥梁上合适的点位测点布置不同类型传感器,通过对桥梁不同指标的监测,为桥梁的安全性分析提供科学依据,具体布置如下所叙述。

(1)结构温度

结构温度对结构安全至关重要,结构温度变化会导致工程结构热膨胀和热应力,影响结构内部的应力分布和稳定性。通过对结构温度的持续监测,可以准确掌握结构在不同环境条件下的温度变化情况,进而预测和评估结构热膨胀、热应力等可能带来的风险。这有助于及时采取必要的措施,防止结构因温度变化引发的事故和损失,确保结构的安全性和稳定性。图4.2-40～图4.2-43分别为戚墅堰互通主线桥、申张线大桥、205省道分离式立交和锡澄运河大桥四座典型桥梁的结构温度测点布置图,横向切面布置多个测点,可以有效识别桥梁断面的温度分布,对结构内部的温度场实现定性感知甚至量化分析。

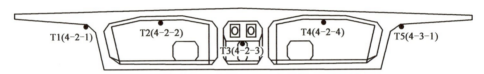

图4.2-40 戚墅堰互通主线桥局部温度测点布置

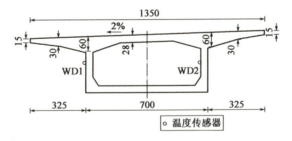

图4.2-41 申张线大桥局部温度测点布置图(尺寸单位:cm)

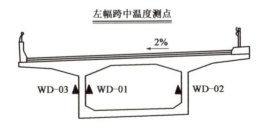

图4.2-42 205省道分离式立交局部温度测点布置

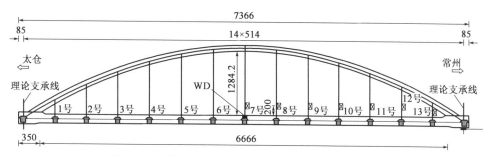

图 4.2-43　锡澄运河大桥局部温度测点布置(尺寸单位:cm)

(2)位移

位移对桥梁结构安全至关重要。位移是桥梁结构在使用过程中受外力作用而产生的相对变形,它直接反映了桥梁结构的稳定性和健康状况。通过实时监测桥梁的位移情况,可以及时发现并预警结构潜在的安全隐患,如裂缝、变形等,从而确保桥梁的安全运行。图 4.2-44 ~ 图 4.2-46分别为戚墅堰互通主线桥、申张线大桥和 205 省道分离式立交三座典型桥梁的竖向挠度测点布置图,除 205 省道分离式立交外,另两座桥不考虑横向变形差异。

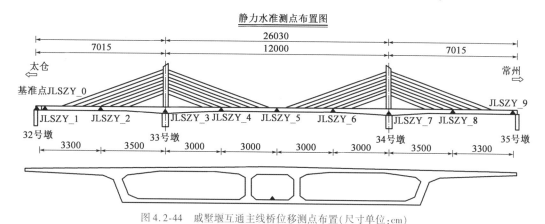

图 4.2-44　戚墅堰互通主线桥位移测点布置(尺寸单位:cm)

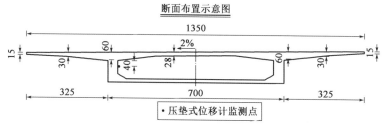

图 4.2-45　申张线大桥位移测点布置(尺寸单位:cm)

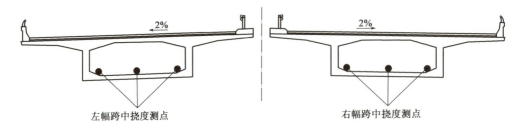

图 4.2-46　205 省道分离式立交位移测点布置

(3) 应变

桥梁应变是评估桥梁结构安全的关键指标,直接反映桥梁在荷载作用下的受力状态与破坏风险。通过监测与分析应变数据,可实时预警潜在损伤,为桥梁维护加固提供科学依据,确保桥梁在各种环境下安全稳定运行。图 4.2-47～图 4.2-49 分别为戚墅堰互通主线桥、申张线大桥和锡澄运河大桥三座典型桥梁的应变监测测点布置图,横向切面布置多个测点。

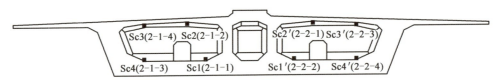

图 4.2-47　戚墅堰互通主线桥局部应变测点布置

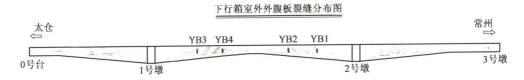

图 4.2-48　申张线大桥局部应变测点布置

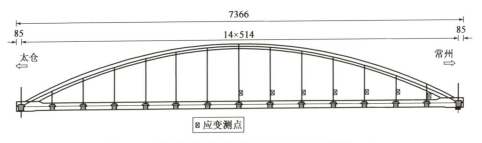

图 4.2-49　锡澄运河大桥局部应变测点布置(尺寸单位:cm)

(4) 裂缝

钢筋混凝土结构的裂缝反映了结构承载能力的降低,必须要对裂缝的发展进行及时监测。通过在混凝土结构主要裂缝处布设 LVDT 裂缝传感器,监测识别裂缝宽度的变化情况。图 4.2-50～图 4.2-52 分别为戚墅堰互通主线桥、申张线大桥和锡澄运河大桥三座典型桥梁的横向裂缝测点布置图。

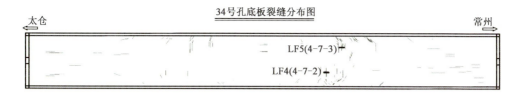

图 4.2-50　戚墅堰互通主线桥局部裂缝测点布置

图 4.2-51　申张线大桥局部裂缝测点布置

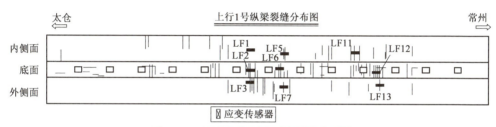

图 4.2-52　锡澄运河大桥局部裂缝测点布置

(5) 振动

大桥结构的动力特性与桥梁结构的刚度、质量、阻尼值及分布有关,对大桥结构的动力特性进行监测,鉴于桥梁的活载与恒载相比较小以及桥梁的正常交通无法中断,故动力特性监测主要在桥面一般交通荷载和桥址附近无规则振源的情况下,测定桥跨结构由于桥址处风荷载、地脉动等引起的结构微小振动响应。图 4.2-53 为戚墅堰互通主线桥的振动测点布置图。

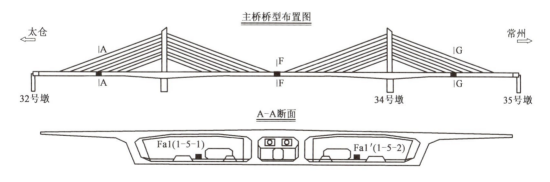

图 4.2-53　戚墅堰互通主线桥振动测点布置

(6) 索力

斜拉桥结构的受力特点是斜拉索对主梁提供弹性支承,将主梁承受的竖向荷载通过拉索轴力传向主塔,主梁的弯矩大大减小。因此,主梁从以受弯为主转化为以受轴力为主,索力大小将直接影响主梁受力状态。桥梁建成后,拉索是特别容易产生疲劳和腐蚀损伤的构件,其寿命往往比桥梁其他构件的寿命都短,因此准确及时地掌握拉索的内力及其变化特征对于判断结构安全、确定换索时机等至关重要。振动法测索力作为已建成桥梁的健康监测系统安装具有明显优势,并广泛用于工程中。戚墅堰互通主线桥在线监测系统的索力监测,采用高灵敏度加速度传感器,拾取拉索的固有频率,并利用频率法测量索力计算公式。采用索力计对斜拉索索力监测,采用间隔式布置,选取全桥 8 根索进行长期监测。图 4.2-54 为戚墅堰互通主线桥拉索索力测点布置图。

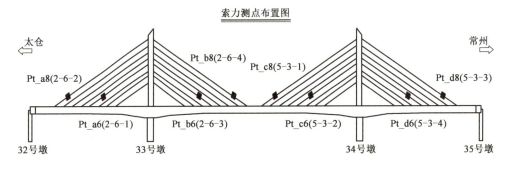

图 4.2-54 戚墅堰互通主线桥拉索索力测点布置

4.2.2.3 监测系统完整率

沿江高速 4 座大桥监测系统总体运营稳定,但在实际运行过程中,偶尔会受到断电、断网等外部因素影响,导致系统短暂停止数据采集,甚至出现数据丢失的情况。为确保系统的高效稳定运行,2023 年,沿江公司多次深入系统现场,针对网络、供电、存储等可能出现的故障进行了及时排查与修复。2023 年,戚墅堰互通主线桥、申张线大桥、锡澄运河大桥和 205 省道分离式立交的数据完整率分别为 88%、92%、95% 和均 89%(表 4.2-4 ~ 表 4.2-7)。4 座大桥监测系统的在线率均保持在 90% 左右,可满足系统数据的完整程度要求。

戚墅堰互通主线桥在线监测系统运行状态汇总　　　　表 4.2-4

时间	总天数(d)	正常运行(d)	完全缺失(d)	完整率(%)
2023 年 1 月	31	30	1	97
2023 年 2 月	28	19	9	68
2023 年 3 月	31	31	0	100
2023 年 4 月	30	30	0	100
2023 年 5 月	31	27	4	87
2023 年 6 月	30	30	0	100
2023 年 7 月	31	23	8	74
2023 年 8 月	31	31	0	100
2023 年 9 月	30	24	6	80

续上表

时间	总天数(d)	正常运行(d)	完全缺失(d)	完整率(%)
2023年10月	31	31	0	100
2023年11月	30	25	5	83
2023年12月	31	22	9	71
合计(d)	365	323	42	88

申张线大桥在线监测系统运行状态汇总　　　　　　　　　　表 4.2-5

时间	总天数(d)	正常运行(d)	完全缺失(d)	完整率(%)
2023年1月	31	28	3	90
2023年2月	28	27	1	96
2023年3月	31	26	5	84
2023年4月	30	27	3	90
2023年5月	31	27	4	87
2023年6月	30	30	0	100
2023年7月	31	30	1	97
2023年8月	31	31	0	100
2023年9月	30	30	0	100
2023年10月	31	26	5	84
2023年11月	30	30	0	100
2023年12月	31	25	6	81
合计(d)	365	337	28	92

锡澄运河大桥在线监测系统运行状态汇总　　　　　　　　　　表 4.2-6

时间	总天数(d)	正常运行(d)	完全缺失(d)	完整率(%)
2023年1月	31	28	3	90
2023年2月	28	28	0	100
2023年3月	31	31	0	100
2023年4月	30	30	0	100
2023年5月	31	31	0	100
2023年6月	30	28	2	93
2023年7月	31	31	0	100
2023年8月	31	31	0	100
2023年9月	30	25	5	83
2023年10月	31	24	7	77
2023年11月	30	30	0	100
2023年12月	31	31	0	100
合计(d)	365	348	17	95

205 省道分离式立交在线监测系统运行状态汇总　　　表 4.2-7

时间	总天数（d）	正常运行（d）	部分缺失（d）	完整率（%）
2023 年 1 月	31	28	3	90
2023 年 2 月	28	26	2	93
2023 年 3 月	31	26	5	84
2023 年 4 月	30	26	4	87
2023 年 5 月	31	31	0	100
2023 年 6 月	30	30	0	100
2023 年 7 月	31	26	5	84
2023 年 8 月	31	27	4	87
2023 年 9 月	30	25	5	83
2023 年 10 月	31	24	7	77
2023 年 11 月	30	28	2	93
2023 年 12 月	31	28	3	90
合计（d）	365	325	40	89

4.2.2.4　典型桥梁监测数据

戚墅堰互通主线桥作为典型矮塔斜拉桥桥梁，监测指标较为全面，以下为其 2023 年不同指标全年统计分析，包括温度、应变、频率、裂缝、索力、位移。

（1）结构温度监测

表 4.2-8 为该桥 2023 年温度传感器数据统计表。基于 2023 年的温度监测数据分析，桥梁温度场季节性变化特征明显。主桥全年最高温度约为 42.85℃，最低温度约为 -5.73℃，全年温差约 48.58℃。箱室外全年最高温度约 38.3℃，最低温度为 -5.73℃；箱室内全年最高温度约 42.85℃，最低温度为 5.03℃。在日照辐射下，戚墅堰互通主线桥由于正温差所产生的横向最大正温度梯度为 15.37℃；由于负温差所产生的横向最大负温度梯度为 -9.48℃。若以合龙温度近似为 25℃，得到戚墅堰互通主线桥最不利整体升降温荷载工况为整体降温 21.04℃。

戚墅堰互通主线桥温度监测（℃）　　　表 4.2-8

| 统计值 | 测点 | | | | | 均匀温度 |
	t_1	t_2	t_3	t_4	t_5	
年均值	21.39	22.85	22.94	23.66	20.72	22.83
年最大值	37.36	41.02	32.32	42.85	38.30	36.23
年最小值	-5.65	5.03	5.62	5.92	-5.73	4.01
年温差	49.80	32.01	28.14	31.76	43.50	34.57
标准差	9.99	8.37	7.95	8.50	10.09	8.39

2023 年主桥各温度测点监测数据全年变化情况及全年温度概率分布情况如图 4.2-55 所示。从图中可以看出，一年中的温度表现出明显的季节性升降变化。箱室内的温度变化比箱室外的温度变化较小。

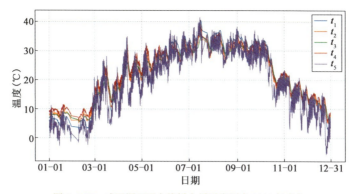

图 4.2-55 戚墅堰互通主线桥主桥温度测点 2023 年变化

(2) 结构应变监测

2023 年度，主桥各截面应变测点的监测数据统计情况如表 4.2-9、表 4.2-10 所示。其中，表 4.2-9 为拉应变监测数据分析统计表，表 4.2-10 为压应变监测数据分析统计表。

拉应变监测数据分析统计表　　　　　表 4.2-9

统计值	下行					上行				
	Sa1	Sb1	Sb2	Sb3	Sb4	Sa1′	Sb1′	Sb2′	Sb3′	Sb4′
年均值	3.24	1.02	0.62	1.46	0.65	3.53	1.37	1.51	0.33	0.98
年最大值	38.12	6.79	11.33	27.96	7.97	45.48	22.42	18.94	3.40	10.17
标准差	4.01	0.73	0.62	1.45	0.09	4.30	1.19	1.56	0.41	0.28

统计值	下行					上行				
	Sb5	Sb6	Sc1	Sc4	Sd1	Sb5′	Sb6′	Sc1′	Sc4′	Sd1′
年均值	0.95	1.06	1.80	4.43	1.10	0.56	0.35	2.19	2.35	1.05
年最大值	11.68	14.46	27.34	42.66	23.54	11.27	46.53	27.75	42.77	24.16
标准差	0.78	1.06	1.87	3.51	1.16	0.83	0.83	2.11	2.30	1.10

统计值	下行					上行				
	Sd4	Se1	Se2	Se3	Se4	Sd4′	Se1′	Se2′	Se3′	Se4′
年均值	0.63	3.54	4.34	4.01	2.58	1.22	1.27	3.29	1.27	2.17
年最大值	21.37	51.12	49.37	47.65	34.91	19.47	10.43	29.13	19.26	39.34
标准差	0.80	4.36	4.43	4.79	2.59	0.80	0.48	1.80	1.59	2.69

统计值	下行					上行				
	Se5	Se6	Sf1	Sf4	—	Se5′	Se6′	Sf1′	Sf4′	—
年均值	2.87	2.11	2.92	4.70	—	1.45	1.06	2.58	4.39	—
年最大值	31.22	36.61	38.17	24.22	—	10.51	24.70	8.85	14.26	—
标准差	2.13	2.31	2.10	1.94	—	0.56	1.23	0.86	1.49	—

统计值	下行					上行				
	Sf5	Sg1	Sy1	Sy2	—	Sf5′	Sg1′	Sy1′	Sy2′	—
年均值	1.53	1.57	3.26	3.76	—	0.88	0.93	4.77	4.79	—
年最大值	25.16	11.34	20.90	45.67	—	13.75	9.41	36.97	33.20	—
标准差	1.90	0.67	1.16	3.35	—	0.68	0.71	3.61	4.64	—

压应变监测数据分析统计表 表 4.2-10

统计值	下行					上行				
	Sa2	Sb1	Sb2	Sb3	Sb4	Sa2′	Sb1′	Sb2′	Sb3′	Sb4′
年均值	-2.35	-1.32	-1.78	-1.55	-0.89	-3.15	-2.02	-2.41	-0.37	-1.61
年最小值	-17.78	-9.21	-18.9	-23.1	-5.58	-43.3	-18.4	-23.3	-5.67	-8.53
标准差	0.88	0.41	0.60	1.57	0.30	3.95	0.95	1.45	0.35	0.34

统计值	下行					上行				
	Sb5	Sb6	Sc2	Sc3	Sd2	Sb5′	Sb6′	Sc2′	Sc3′	Sd2′
年均值	-1.85	-1.15	-1.53	-5.40	-1.13	-1.95	-0.73	-1.36	-0.86	-1.90
年最小值	-10.71	-15.1	-22.5	-21.4	-13.2	-9.11	-37.1	-17.5	-19.4	-20.7
标准差	0.62	1.02	1.36	1.44	1.10	0.81	0.69	1.20	0.87	1.64

统计值	下行					上行				
	Sd3	Se1	Se2	Se3	Se4	Sd3′	Se1′	Se2′	Se3′	Se4′
年均值	-0.86	-3.62	-4.03	-3.95	-2.56	-1.38	-0.92	-1.65	-1.04	-2.40
年最小值	-11.5	-46.7	-48.9	-52.3	-43.2	-12.8	-10.6	-29.9	-18.9	-43.8
标准差	0.34	3.90	4.76	4.61	2.55	1.09	0.65	2.21	1.45	2.46

统计值	下行					上行				
	Se5	Se6	Sf2	Sf3	—	Se5′	Se6′	Sf2′	Sf3′	—
年最小值	-1.92	-1.90	-3.14	-2.95	—	-0.59	-0.85	-2.28	-2.27	—
标准差	-33.24	-40.2	-25.2	-28.5	—	-9.77	-16.1	-7.68	-6.91	—

统计值	下行					上行				
	Sf6	Sg2	Sy1	Sy2	—	Sf6′	Sg2′	Sy1′	Sy2′	—
年均值	-0.60	-0.74	-4.38	-4.52	—	-0.68	-0.83	-5.48	-5.47	—
年最小值	-39.64	-5.90	-37.3	-42.3	—	-15.1	-8.38	-54.1	-51.5	—
标准差	1.84	0.41	1.03	3.13	—	1.02	0.51	3.71	4.39	—

（3）主梁振动监测

斜拉桥的主梁既是形成桥的主要构件之一，又直接承受着车辆荷载的作用，通过对主梁各控制截面应力（应变）进行监测，不仅能直接了解各测点处的应力（应变）状态，为总体评判桥梁的安全性和耐久性提供依据，而且能通过控制点应力（应变）状态变化发现桥梁结构状态的变异（表4.2-11）。

主梁振动频率数据统计表 表 4.2-11

统计值	一阶频率					
	Fa1_1	Fa1′_1	Ff1_1	Ff1′_1	Fg1_1	Fg1′_1
年均值	0.69	0.69	0.73	0.69	0.69	0.66
年最大值	0.75	0.80	0.81	0.79	0.80	0.83
年最小值	0.66	0.71	0.66	0.75	0.63	0.64

续上表

0.95 分位值	0.71	0.77	0.78	0.78	0.72	0.77
0.05 分位值	0.64	0.76	0.70	0.77	0.73	0.66
最大变化量	0.10	0.11	0.09	0.10	0.09	0.09
标准差	0.01	0.01	0.01	0.01	0.01	0.02
统计值	二阶频率					
	Fa1_2	Fa1′_2	Ff1_2	Ff1′_2	Fg1_2	Fg1′_2
年均值	1.30	1.34	2.02	1.96	1.44	1.41
年最大值	1.52	1.35	2.11	2.00	1.58	1.35
年最小值	1.39	1.40	1.67	1.71	1.16	1.38
0.95 分位值	1.27	1.58	2.01	1.92	1.51	1.55
0.05 分位值	1.26	1.30	1.72	1.71	1.33	1.33
最大变化量	0.17	0.18	0.19	0.20	0.15	0.15
标准差	0.03	0.03	0.03	0.03	0.03	0.03
统计值	三阶频率					
	Fa1_3	Fa1′_3	Ff1_3	Ff1′_3	Fg1_3	Fg1′_3
年均值	1.87	2.05	2.68	2.96	1.94	1.67
年最大值	1.94	1.79	3.22	2.95	1.90	1.97
年最小值	1.99	1.85	2.72	2.68	1.95	1.81
0.95 分位值	1.81	1.96	2.94	2.86	1.81	2.03
0.05 分位值	1.66	1.88	2.90	2.51	1.76	1.69
最大变化量	0.18	0.18	0.46	0.47	0.19	0.15
标准差	0.03	0.03	0.05	0.04	0.03	0.03

大跨度斜拉桥桥梁由于其材料和约束的复杂,由监测数据识别得到的模态频率不仅与结构自身刚度和质量等参数相关,还会受到温度、车辆荷载及风荷载等环境因素影响。车辆荷载由于其自身的非平稳性对频率的影响呈现瞬时颤动变化;此外,温度对模态频率的影响所占比重最大,有学者研究表明,温度致模态频率昼夜变化幅度可达5%,因此由时程图表现出的频率波动属于正常情况。

(4) 裂缝监测

钢筋混凝土结构的裂缝反映了结构承载能力的降低,必须要对裂缝的发展进行及时监测。在混凝土结构主要裂缝处布设 LVDT 裂缝传感器,可监测识别裂缝宽度的变化情况。典型裂缝宽度变化统计如表 4.2-12 所示。

裂缝宽度变化统计表　　　　表 4.2-12

统计值	LF1	LF2	LF3	LF4	LF5
年均值(mm)	−0.006	0.008	−0.010	−0.008	−0.004
年最大值(mm)	0.019	0.044	0.017	0.008	0.009
年最小值(mm)	−0.063	−0.051	−0.038	−0.024	−0.012

续上表

0.95 分位值(mm)	0.012	0.028	0.006	0.004	0.005
0.05 分位值(mm)	−0.033	−0.024	−0.027	−0.017	−0.011
最大变化量(mm)	0.081	0.099	0.061	0.035	0.025
标准差	0.013	0.015	0.010	0.006	0.007
统计值	LF6	LF7	LF8	LF9	LF10
年均值(mm)	−0.028	−0.008	0.012	−0.025	0.001
年最大值(mm)	0.012	0.018	0.024	−0.016	0.026
年最小值(mm)	−0.102	−0.055	−0.001	−0.041	−0.030
0.95 分位值(mm)	−0.003	0.010	0.021	−0.019	0.018
0.05 分位值(mm)	−0.065	−0.029	0.005	−0.036	−0.016
最大变化量(mm)	0.114	0.082	0.028	0.022	0.058
标准差	0.017	0.012	0.005	0.004	0.011

2023 年度监测的 10 条裂缝的缝宽变化受温度影响较大。34 孔底板的 LF4、LF5 测点最大宽度变化量未超过 0.05mm，变化较为稳定；右幅箱室内右腹板的 LF3 测点最大宽度变化量为 0.061mm，LF9 测点最大宽度变化量未超过 0.05mm，LF8 测点缝宽有变宽趋势，需要加强关注；左幅箱室内左腹板的 LF1、LF2 测点的最大宽度变化量均超过 0.05mm，LF2 测点达到了 0.099mm；顶板的 LF6、LF7、LF10 测点的最大宽度变化量均超过 0.05mm，LF6 测点缝宽变化较大，达到了 0.114mm；基于全年的裂缝监测数据可知，缝宽受温度影响较为显著，全年缝宽变化基本能恢复，建议后续加强对裂缝变化的跟踪观测。

（5）索力监测

斜拉索监测常用的方法是振动频率法，其原理是首先通过振动测试，识别出索的自振频率，由于索力与其振动频率之间存在着特定的关系，索力可由频率换算而间接得到。戚墅堰互通主线桥各监测拉索的索力统计如表 4.2-13、表 4.2-14 所示。

索力测点原始参数表 表 4.2-13

索力测点	Pt_a8	Pt_a6	Pt_b6	Pt_b8	Pt_c8	Pt_c6	Pt_d6	Pt_d8
测点位置	1#−A8	5#−A6	12#−B6	16#−B8	17#−C8	19#−C6	28#−D6	30#−D8
设计索力(kN)	3300	3250	3250	3300	3300	3250	3250	3300
计算索长(m)	62.10	48.53	48.70	60.23	59.21	49.04	48.36	61.28
线密度(kg/m)	41.89	41.89	41.89	41.89	41.89	41.89	41.89	41.89
基频(Hz)	2.26	2.87	2.86	2.33	2.37	2.84	2.88	2.29

2023 年斜拉索索力变化统计表　　　　　表 4.2-14

统计值	Pt_a8	Pt_a6	Pt_b6	Pt_b8	Pt_c8	Pt_c6	Pt_d6	Pt_d8
均值(kN)	3415.33	3050.18	3562.29	3152.91	3350.42	3032.38	2981.99	3142.88
最大值(kN)	3649.74	3125.37	3683.45	3747.41	3414.39	3762.98	3550.59	3766.87
最小值(kN)	3141.91	3539.68	3342.00	3416.28	3053.70	3338.35	3099.40	3324.61
0.95 分位(kN)	3104.52	3290.23	3239.91	3436.79	3189.09	3071.19	3619.63	3303.57
0.05 分位(kN)	3049.61	3572.02	3568.62	3552.58	3226.71	3215.54	3053.79	2980.85
最大变化(kN)	264.74	164.29	194.83	182.72	243.90	216.55	196.07	199.17
标准差	33.86	23.66	35.74	25.43	28.23	32.78	20.16	30.37

根据图 4.2-56、图 4.2-57 可知，2023 年主桥斜拉索索力受温度影响较为明显，33 号主塔与 34 号主塔相同位置的斜拉索索力大致相同，与设计索力偏差基本不超过 2%。全年拉索索力变化基本能复位，拉索较为稳定，建议继续长期监测，对监测数据进行累计分析。

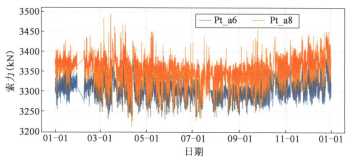

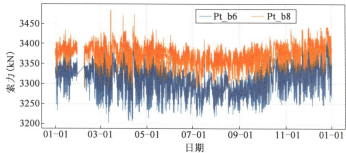

图 4.2-56　33 号主塔斜拉索索力变化

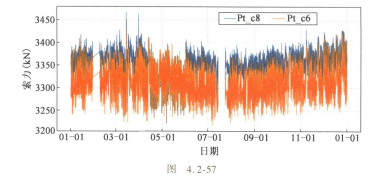

图 4.2-57

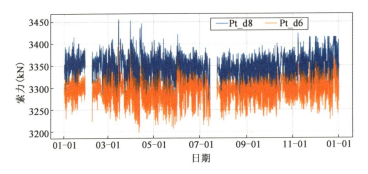

图 4.2-57　34 号主塔斜拉索索力变化

(6) 挠度监测

2023 年主桥各静力水准仪测点变化统计情况如表 4.2-15 所示,规定静力水准仪测点向下移动为负值,向上移动为正值。本年度 33 孔跨中挠度最小值为 -12.14mm,最大值为 1.23mm,全年最大变化量为 13.37mm;34 孔跨中挠度最小值为 -25.06mm,最大值为 19.54mm,全年最大变化量为 44.60mm;35 孔跨中挠度最小值为 -16.73mm,最大值为 9.68mm,全年最大变化量为 26.41mm(图 4.2-58)。

2023 年主桥挠度测点变化统计表　　表 4.2-15

统计值	JLSZY_1	JLSZY_2	JLSZY_3	JLSZY_4	JLSZY_5	JLSZY_6	JLSZY_7	JLSZY_8	JLSZY_9
均值(mm)	-6.57	-4.45	-4.92	-5.07	-5.71	-4.70	-3.69	-4.44	-3.45
最大值(mm)	-3.59	1.23	8.42	11.04	19.54	13.68	5.68	9.68	7.34
最小值(mm)	-13.58	-12.14	-17.61	-21.27	-25.06	-20.10	-13.01	-16.73	-13.64
0.95 分位(mm)	-4.32	0.83	6.63	4.44	7.43	5.18	4.47	8.33	6.18
0.05 分位(mm)	-11.48	-9.72	-13.06	-15.16	-17.57	-14.79	-9.68	-14.58	-10.22
最大变化(mm)	9.99	13.37	26.03	32.31	44.60	33.78	18.69	26.41	20.98
标准差	2.04	3.12	6.76	5.68	6.93	6.48	5.16	7.69	5.55

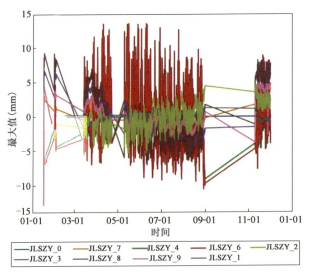

图 4.2-58　主桥全年实测挠度变化

考虑主桥跨度较大,现场受到温度梯度、车辆荷载及其他荷载的耦合影响,挠度指标能够较好地反映桥梁整体的变形情况。基于2023年挠度数据,在夏季温度较高时,桥梁挠度达到全年最小值;在冬季温度较高低时,桥梁挠度达到全年最大值。主桥跨中挠度能大致复位,未有明显下挠。由于挠度随环境影响变化较大,一直处于动态变化中,后续继续进行长期跟踪监测,并对监测数据进行累计分析。

4.2.2.5 相关性分析及结论

(1)戚墅堰互通主线桥

①温度监测:主桥2023年最高温度约为42.85℃,最低温度约为-5.73℃,全年温差约48.58℃。箱室外全年最高温度约38.3℃,最低温度为-5.73℃;箱室内全年最高温度约42.85℃,最低温度为5.03℃。

②应力监测:主桥边跨1/4截面腹板主应力小于主跨1/4截面腹板主应力,表明主跨1/4截面腹板所受的应力较大,主跨1/4截面上下行箱室内外侧腹板应力变化比较符合正态分布。箱室内侧腹板主拉应力大于箱室内外侧腹板主拉应力,上下行腹板相同位置主应力大致相同。

③振动监测:主桥各跨跨中的前三阶次频率整体变化不大,变化较为平稳,未发现结构频率明显减小的趋势,由此可判断结构未出现较大损伤,以致其整体刚度降低的状况。

④裂缝监测:监测的10条裂缝的缝宽变化受温度影响较大。34孔底板裂缝变化较为平稳;右幅箱室内右腹板LF8测点缝宽有变宽趋势,需要加强关注;左幅箱室内左腹板与顶板的缝宽变化较大,最大缝宽达到了0.111mm。缝宽受温度影响较为显著,2023年缝宽变化基本能恢复,建议后续加强对裂缝变化的跟踪观测。

⑤索力监测:主桥斜拉索索力受温度影响较为明显,33号主塔与34号主塔相同位置的斜拉索索力大致相同,与设计索力偏差基本不超过2%。2023年拉索索力变化基本能复位,拉索较为稳定,建议继续长期监测,对监测数据进行累计分析。

⑥挠度监测:2023年33孔跨中挠度最小值为-12.14mm,最大值为1.23mm,全年最大变化量为17.37mm;34孔跨中挠度最小值为-25.06mm,最大值为19.54mm,全年最大变化量为43.98mm;35孔跨中挠度最小值为-16.73mm,最大值为9.68mm,全年最大变化量为29.77mm。

(2)申张线大桥

①温度监测:箱室外2023年最高温度约为39.39℃,最低温度约为-6.76℃,全年温15差约46.15℃;箱室内全年最高温度约为36.36℃,最低温度约为0.92℃,全年温差约35.44℃;在日照辐射下,申张线大桥由于正温差所产生的横向最大正温度梯度为9.98℃;由于负温差所产生的横向最大负温度梯度为-13.44℃。

②裂缝监测:申张线大桥各裂缝测点变化较为稳定,最大缝宽均未超过0.1mm,其中下行箱室外腹板LF12全年缝宽变化最大,约为0.098mm,后期加强对裂缝变化的跟踪观测。

③应变监测:2023年申张线大桥下行箱室外腹板黏钢应变绝对值均不超过60με,标准差均不超过4,应变数据离散程度较低。腹板黏钢应变主要受到温度和车辆荷载的耦合影响,2023年2月受春节假期影响,车辆荷载影响相对较小,腹板黏钢应变相对较低。

④挠度监测:2023年申张线大桥主桥1号孔跨中挠度最大下挠值为3.39mm;全年最大变化量为6.36mm;2号孔跨中挠度最大下挠值为7.15mm,全年最大变化量为12.42mm;3号孔跨中挠度最大下挠值为5.13mm,全年最大变化量为9.14mm。整体变形形态较为正常,挠跨比大体小于1/600。

(3)锡澄运河大桥

①温度监测:2023年最高温度约为41.25℃,最低温度约为-7.98℃,全年温差约49.23℃;全年温度平均值约为19.02℃。

②裂缝监测:2023年锡澄运河大桥裂缝宽度变化大致呈现周期性与相似性变化趋势,缝宽全年变化情况受温度变化影响较大,未出现明显变大趋势。锡澄运河大桥上行1号、2号纵梁各测点裂缝缝宽变化较为稳定。

③刚性吊杆应变监测:2023年锡澄运河大桥上行系杆拱外侧各刚性吊杆应变主要受到温度和车辆荷载的组合影响。

(4)205省道分离式立交

①温度监测:箱室外2023年最高温度约44.92℃,最低温度为-4.36℃;箱室内全年最高温度约40.96℃,最低温度为3.92℃。箱梁内外全年最大温差为11.2℃。

②挠度监测:下行跨中挠度最大值为4.83mm,最小值为-4.81mm,2023年最大变化量为9.64mm。上行跨中挠度最大值为3.34mm,最小值为-9.56mm,全年最大变化量为12.90mm。由于主桥跨径较小,主桥跨中挠度受温度变化的影响不显著。

根据上述监测数据,目前沿江高速4座典型大桥各项指标都在随环境的变化处在正常安全范围内,后续继续对数据进行积累分析。建议:加强在线监测系统日常维护工作,继续对数据进行积累分析。继续加强沿江高速四座典型桥梁日常养护管理工作,按相关要求进行定期检查,特别关注梁体裂缝的发展延伸状况及新增裂缝情况,加强桥面线性测量。

4.2.3　挠度线形监测

基于成本和需求,监测系统只对主梁特殊关键截面进行实时监测,无法对桥梁纵向全跨或横向分布的测点进行全局测量。桥梁下挠是分析桥梁服役性能的关键指标,对于评估桥梁的安全性和稳定性具有重要意义。桥梁线形作为纵向多点监测挠度的连线,也是确保桥梁结构安全、提升通行效率及美观性的关键因素。合理的线形设计不仅能够使桥梁承受设计荷载,满足安全标准,还能确保交通流畅,提升通行能力。同时,优美的线形设计可以增强桥梁的美观性和艺术感。本小节将对采用水准测量的桥梁纵横向多点挠度进行年度跟踪观测分析,追踪观测时间范围为2017—2023年,观测目标为沿江公司负责的12座典型结构形式桥梁。

4.2.3.1　背景概况

自2017年以来,沿江公司对12座特殊桥梁位移指标进行了长期跟踪监测,这12座桥自西向东分布于武进区、江阴市、张家港市、常熟市、太仓市,基本结构形式为混凝土连续箱梁、桩柱式墩台基础,桥梁位移监测概况如表4.2-16所示。

桥梁位移监测概况 表 4.2-16

序号	名称	建成年份	行政区域	结构形式
1	戚墅堰互通主线桥	2004	武进	单箱三室大悬臂变截面 PC 连续箱梁
2	横林枢纽主线桥	2004	武进	装配式部分预应力连续箱梁、预应力混凝土连续箱梁、钢筋混凝土连续箱梁
3	锡澄运河大桥	2004	江阴	钢管混凝土拱桥
4	青阳互通主线桥	2004	武进	装配式部分预应力连续箱梁、钢筋混凝土连续箱梁、预应力混凝土连续箱梁
5	峭岐枢纽主线桥	2004	张家港	装配式部分预应力连续箱梁、预应力混凝土连续箱梁、钢筋混凝土连续箱梁、钢箱梁
6	张家港互通主线桥	2004	张家港	装配式部分预应力连续箱梁、钢筋混凝土连续箱梁、预应力混凝土连续箱梁
7	常福公路分离式立交	2004	常熟	装配式部分预应力混凝土连续箱梁、变截面预应力混凝土连续箱梁、等截面预应力混凝土连续箱梁
8	太仓互通主线桥	2004	太仓	右幅主桥为装配式部分预应力混凝土连续箱梁,左幅主桥为装配式部分预应力混凝土连续箱梁
9	石头塘大桥	2013	太仓	变截面预应力混凝土连续箱梁
10	港城高架桥	2013	太仓	现浇 PC 连续箱梁
11	泗港高架桥	2016	张家港	装配式部分预应力混凝土连续箱梁、现浇预应力混凝土等截面连续箱梁
12	城西新区高架桥	2016	张家港	装配式部分预应力混凝土连续箱梁、现浇预应力混凝土等截面连续箱梁

4.2.3.2 位移监测方案

(1) 测量原理

水准测量是基于几何原理,通过测量两点间的高差来确定未知点的高程。利用水准仪提供的水平视线,在两把水准尺上获取读数,来求得该两尺之间的高差,然后推算出位移,如图 4.2-59 所示。

(2) 基准点布置

桥面基准点布设在桥面下沉影响之外相对稳定的地方,选择在桥头布设 3 个基准点。基准点间高差相互校核,3 个点以确保桥面坐标系稳定。桥面基准点制作好待其稳定后,测量基准点间的位移,相互检校确保准确无误。因采取相对水准测量,故假设桥面基准点的初始位移为 10m,参考点根据高差计算。如图 4.2-60 所示。

桥下基准点选设在变形范围之外不易破坏、地面坚固稳定易于长期保存的地方。主要按照《工程测量标准》(GB 50026—2020)中附录 B.2 节及附录 D.2 节的相关规定进行埋设,如图 4.2-61 所示。

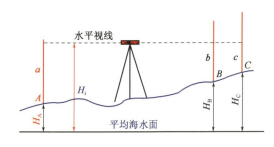

图 4.2-59 位移测量原理示意图

图 4.2-60 桥上基准点布置

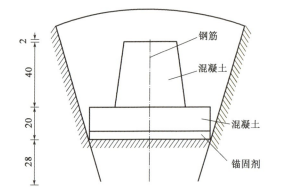

图 4.2-61 桥下基准点布置(尺寸单位:cm)

(3)测点布置

桥面监测点布设时利用冲击钻在外侧护栏内侧打孔,插入 L 形六角钉,用植筋胶固定六角钉,使六角钉一端垂直向上,以方便摆设水准标尺。测点距离桥面 50cm,以免后期桥面维修破坏监测点。监测点如有损坏,需及时补充。如图 4.2-62 所示。

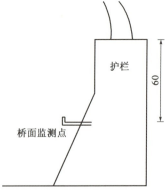

图 4.2-62 桥上测点布置(尺寸单位:cm)

桥下监测点布设(图 4.2-63)时用棉布清洁监测点位置,贴上反光片,并用测钉对位置做标记,以方便脱落后进行补设。部分桥梁需要采用桥梁检测车安装测点。

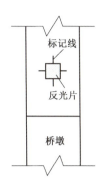

图 4.2-63　桥下测点布置

(4) 实桥布置

下文以戚墅堰互通主线桥、锡澄运河大桥和常福公路分离式立交三个典型桥梁为例进行介绍。

①戚墅堰互通主线桥监测方案:桥面监测点主要是指桥面以上的垂直位移,为防止车辆剐损,本次测量梁桥点位主要布设在四等分点,在桥面两侧护栏距桥面50cm处。左、右幅桥面测点布设在每跨墩顶和四等分点的外侧护栏上。主桥4跨,共40个桥面位移监测点,测点布置如图 4.2-64 所示。桥下监测点布设在主桥墩柱距地面3m左右的位置,主桥16个墩柱共16个位移监测点,具体位置如图 4.2-65 所示。

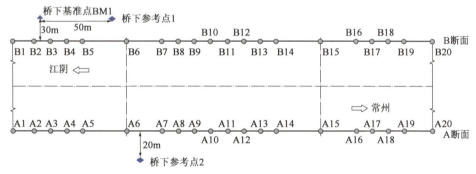

图 4.2-64　戚墅堰互通主线桥主桥基准点布置

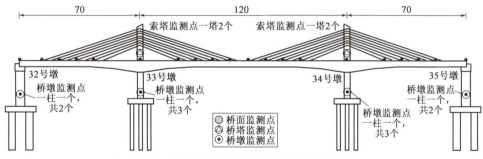

图 4.2-65　戚墅堰互通主线桥主桥测点布置(尺寸单位:m)

②锡澄运河大桥监测方案:桥面监测点主要是指桥面以上的垂直位移,为防止车辆剐损,本次测量梁桥点位主要布设在四等分点,在桥面两侧护栏距桥面50cm处。左、右幅桥面测点

布设在每跨墩顶和四等分点的外侧护栏上。主桥 4 跨,共 34 个桥面位移监测点,测点布置如图 4.2-66 所示。桥下监测点布设在主桥墩柱距地面 3m 左右的位置,主桥 18 个墩柱共 18 个位移监测点,具体位置如图 4.2-67 所示。

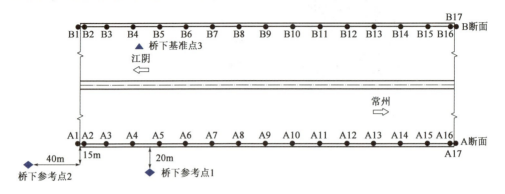

图 4.2-66　锡澄运河大桥主桥基准点布置

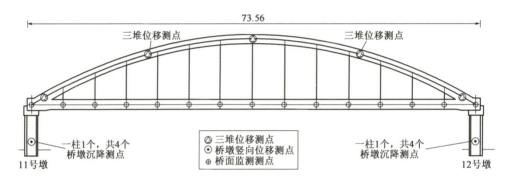

图 4.2-67　锡澄运河大桥主桥测点布置(尺寸单位:m)

常福公路分离式立交监测方案:桥面监测点主要是指桥面以上的垂直位移,为防止车辆剐损,本次测量梁桥点位主要布设在四等分点,在桥面两侧护栏距桥面 50cm 处。左、右幅桥面测点布设在每跨墩顶和四等分点的外侧护栏上。主桥 4 跨,共 34 个桥面位移监测点,测点布置如图 4.2-68 所示。桥下监测点布设在主桥墩柱距地面 3m 左右的位置,主桥 16 个墩柱共 16 个位移监测点,具体位置如图 4.2-69 所示。

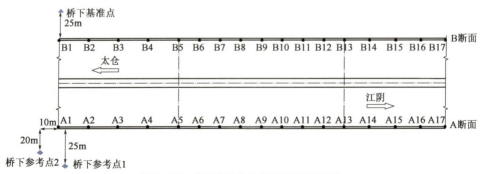

图 4.2-68　常福公路分离式立交基准点布置

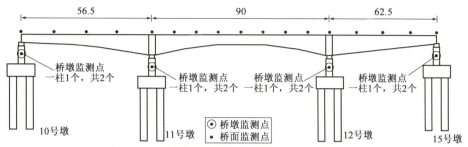

图 4.2-69 常福公路分离式立交测点布置(尺寸单位:m)

4.2.3.3 典型桥梁位移统计

针对 12 座桥的变形统计结果,筛选 3 座具有代表性的典型桥梁:戚墅堰互通主线桥(跨度长)、锡澄运河大桥(服役年限长)和常福公路分离式立交(病害相对严重)。总体来看,三个桥梁的位移都呈现出一种明显波动的变化趋势。戚墅堰互通主线桥的位移在 2017—2023 年期间,从初始的 25.8mm 到最后的较大负位移 -14.45mm。锡澄运河大桥的位移也呈现出类似的变化,虽然初始位移为较小的负值 -3.92mm,但在接下来的几年中,位移正负交替,最终达到了一个负值 -2.29mm。不同桥梁之间的位移变化程度和速率存在差异。戚墅堰互通主线桥的位移变化幅度最大,从正值变为较大的负值,表明该桥梁在这段时间内可能受到了较大的外力影响或结构损伤。相比之下,锡澄运河大桥和常福公路分离式立交的位移变化幅度较小,但仍然呈现出一定的波动趋势(表 4.2-17)。

典型桥梁位移统计　　表 4.2-17

名称	位移(mm)						
	2017 年	2018 年	2019 年	2020 年	2021 年	2022 年	2023 年
戚墅堰互通主线桥	—	25.8	-0.45	-8.16	1.01	-2.27	-14.45
锡澄运河大桥	—	-3.92	-1.39	0.17	0.44	1.14	-2.29
常福公路分离式立交	—	-9.21	0.84	-1.63	0.19	2.2	-5.72

图 4.2-70 中的三条曲线表示戚墅堰互通主线桥单次(累计)位移随时间的变化趋势。三个截面位置的单次位移量呈现明显波动变化的特点,2018 年位移量最大,跨中变形最大超过 25mm。就累计变形而言,跨中波动最大且变形量最大,1/4 跨和 3/4 跨变形相对较小,这种变形情况与该桥的结构形式是相符合的。

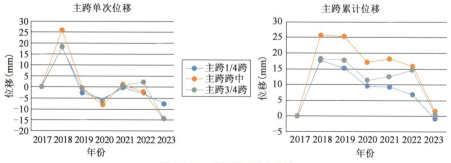

图 4.2-70　戚墅堰互通主线桥

图 4.2-71 和图 4.2-72 表示锡澄运河大桥和常福公路分离式立交的单次(累计)位移随时间的变化趋势。单次位移变化的最大值均出现在 2018 年,主要原因是新建结构初期存在较大的蠕变和自重下的沉降,后续几年变化相对稳定。就累计变形而言,锡澄运河大桥跨中最小,1/4 跨和 3/4 跨最大;而常福公路分离式立交,跨中变形最大,1/4 跨和 3/4 跨变形一致,且远小于跨中。

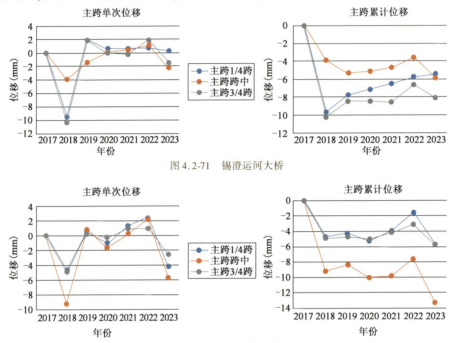

图 4.2-71　锡澄运河大桥

图 4.2-72　常福公路分离式立交

4.2.3.4　典型桥梁数据分析

(1) 横向分析

图 4.2-73 ~ 图 4.2-75 表示三座典型桥梁单次(累计)位移横向测点随时间的变化趋势。单次位移变化的最大值均出现在 2018 年,主要原因是新建结构初期存在较大的蠕变和自重下的沉降,后续几年变化相对稳定。就累计变形而言,戚墅堰互通主线桥和锡澄运河大桥左右幅变形差异较大;而常福公路分离式立交,左右幅变形相对一致。左右幅变形差异的原因是运营阶段左右幅荷载差别较大,导致存在桥面变形发生扭转。

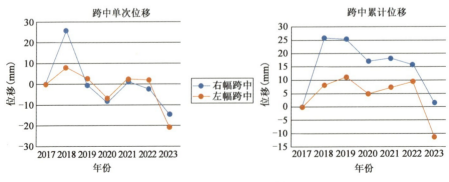

图 4.2-73　戚墅堰互通主线桥

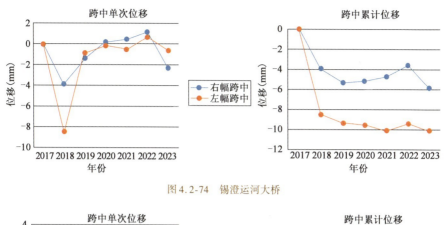

图 4.2-74 锡澄运河大桥

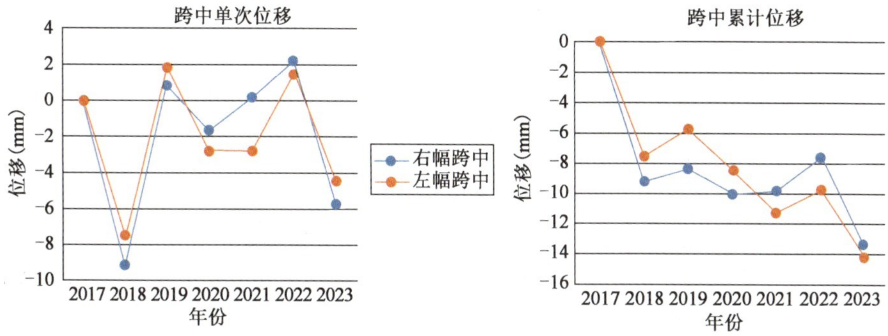

图 4.2-75 常福公路分离式立交

（2）不同桥型

不同桥型的位移特点有所不同，斜拉桥向上位移呈现增大—持平—减小趋势；拱桥向下位移呈现增大—持平趋势；混凝土连续箱梁向下位移呈现持续增大趋势。戚墅堰互通主线桥是三跨预应力混凝土斜拉桥，右幅跨中位移更大，右幅跨中第一年位移上升幅度较大，最后一年下降幅度较小；1/4 跨位移最大、跨中次之、3/4 跨最小；各位置位移变化规律相同，均在第一年增加，后几年缓慢降低，2022—2023 年下降幅度较大。锡澄运河大桥是钢管混凝土拱桥，3/4 跨位移最大、跨中次之、1/4 跨最小；各位置位移均在第一年大幅下降，此后持平；右幅位移较大，第一年下降幅度较小。常福公路分离式立交是三跨变截面预应力混凝土连续箱梁，左右幅位移均缓慢下降，右幅位移较大；3/4 跨位移最大、跨中次之、1/4 跨最小，2017—2022 年位移缓慢增加，2023 年位移加大。

（3）不同地址

不同地址的桥梁位移特点有所不同。戚墅堰互通主线桥位于武进区，右幅跨中位移更大，右幅跨中第一年位移上升幅度较大，最后一年下降幅度较小；1/4 跨位移最大、跨中次之、3/4 跨最小；各位置位移变化规律相同，均在第一年增加，后几年缓慢降低，2022—2023 年下降幅度较大。锡澄运河大桥位于江阴市，3/4 跨位移最大、跨中次之、1/4 跨最小；各位置位移均在第一年大幅下降，此后持平；右幅位移较大，第一年下降幅度较小；常福公路分离式立交位于常熟市，左右幅位移均缓慢下降，右幅位移较大；3/4 跨位移最大、跨中次之、1/4 跨最小，2017—2022 年位移缓慢增加，2023 年位移加大。

4.2.4 戚墅堰互通主线桥综合检测评估

4.2.4.1 桥梁背景

沿江高速公路戚墅堰互通主线斜拉桥(后称圩墩大桥)位于常州市区戚墅堰东,跨越京杭大运河、戚横公路和沪宁铁路,是沪武高速上的一座特大型桥梁,对构筑城市南北通道起到重要作用。圩墩大桥上部结构采用矮塔斜拉桥(斜拉桥+箱梁组合形式),桥面跨径布置为(70+120+70)m;下部结构采用重力式墩、桩柱式墩、钻孔灌注桩基础;桥面系采用沥青混凝土桥面铺装,型钢伸缩缝;当时的设计荷载为汽车-超20级,挂车-120。圩墩大桥实景图如图4.2-76所示。

图 4.2-76 圩墩大桥实景图

根据历年检测情况,桥梁结构出现了斜拉索上锚头钢护筒锈蚀、斜拉索热缩带表面局部开裂、箱室内部分斜拉索下锚具防护罩周围渗油、箱室内腹板斜向裂缝等病害。

通过梳理圩墩大桥设计、施工和运营阶段相关技术资料,汇总其结构特点,从预应力混凝土主梁和斜拉索体系两个角度分析,发现分别存在以下几点问题:

(1)混凝土局部开裂影响结构安全及耐久性

经历了近20年运营的圩墩大桥,主桥箱室内存在腹板斜向裂缝、顶板纵向裂缝、横隔板裂缝、梁体破损露筋等缺损;主桥箱室外存在腹板斜向裂缝、腹板竖向裂缝、底板斜向裂缝等缺损,且裂缝主梁在逐年增加。主桥位移测量发现桥面线形较差,跨中存在下挠现象。

预应力混凝土出现裂缝的危害很大,在《公路钢筋混凝土及预应力混凝土桥梁设计规范》(JTG 3362—2018)规定,全预应力混凝土桥梁不允许带裂缝工作。其原因是预应力钢筋处于高应力工作状态,当其暴露于大气环境影响中,在一定的温度、湿度及有害介质的条件下,极易在钢筋的表面发生"析氢"或"吸氧"的电化学反应,在一定环境条件下可能发生应力腐蚀,在有氧离子的参与下发生氢脆现象。最终,使预应力钢筋在低应力状态下发生脆断,造成结构的突然破坏,且破坏前无任何征兆,危害性很大。桥梁的表面微裂缝潜在危害性依然存在,因为在潮湿的环境中,受有害介质的侵蚀,会加速混凝土的碳化,当碳化至钢筋位置时,钢筋锈蚀,进而加剧微裂缝的扩展,长期作用下,会降低梁体的强度、刚度及耐久性。锈蚀膨胀的恶性循环造成梁体保护层剥落,最终导致梁体的彻底破坏。

混凝土桥梁的裂缝对桥梁性能的影响是多方面的：一是对桥梁使用性能的影响，开裂使桥梁刚度降低变形增大，跨中挠度超标，继而影响其正常使用，严重的开裂问题导致桥梁承载力下降，影响桥梁的安全性能。二是对桥梁的耐久性及使用寿命的影响，裂缝会加速混凝土的碳化和钢筋的锈蚀，钢筋锈蚀又加速了裂缝的进一步扩展，造成桥梁使用性能趋于恶化，降低桥梁的使用寿命。

（2）矮塔斜拉桥主梁局部应力状态复杂

斜拉桥的索梁锚固区作为连接主梁和斜拉索的结构，其主要功能是将斜拉索巨大的索力顺畅、可靠地传递到主梁截面上。斜拉桥索梁锚固区结构复杂、受力集中，是斜拉桥控制设计的关键部位，因此对斜拉桥索梁锚固区进行详细的分析是非常有必要的。

（3）单索面宽幅斜拉桥实际空间应力分布复杂

由于具有优越的跨越能力和美观的造型，矮塔斜拉桥越来越受建设者的青睐，其中宽幅矮塔斜拉桥得到了很大的应用发展，圩墩大桥主梁宽度达到了28m。对于这种宽幅矮塔斜拉桥，实际空间应力分布不均匀现象十分严重，如果仅用初等桥梁理论来分析，不清楚空间应力分布情况，很有可能使得结构应力超限，因而需要应用空间有限元理论对其进行分析。

（4）梁体持续下挠对结构安全威胁大

经历了近20年运营的圩墩大桥，除主梁及索塔裂缝发展、斜拉索护套脱落或锈蚀等病害问题，最为显著的就是梁体长期持续下挠问题。与施工阶段成桥状态对比，在近20年的运营期内，主梁跨中部位产生了较大的下挠，且近6年的变化趋势较为稳定。

（5）锚具局部损伤对拉索防护性能影响大

根据圩墩大桥近年定检报告，该桥上锚具钢护筒出现了普遍的锈穿现象，并伴随下锚具热缩带开裂、下锚头不锈钢护管与喇叭管连接处存在间隙的病害，这对斜拉索体系的防护性能产生较大的影响，一旦有雨水渗入索体，就会对索体的腐蚀性能产生较大的威胁。

（6）斜拉索下锚区内部腐蚀状况不明

拉索下锚固区钢丝长期处在腐蚀性雨水和交变应力的耦合作用下也会发生腐蚀—疲劳病害，致使该处钢丝发生脆性破断。圩墩大桥已安全运营近20年，当前斜拉索内部腐蚀状况仍不清晰，这将给桥梁的安全运营带来一定的安全隐患。

（7）索塔锚固区传递荷载大且受力复杂

矮塔斜拉桥一般采用连续通过桥塔锚固区的贯通式锚固形式，鞍座采用分层式鞍座，目前主要存在双套筒和分丝管两种结构形式，圩墩大桥采用双套筒形式。矮塔斜拉桥索塔锚固区结构受力集中、索鞍锚固区构造复杂，且是斜拉索连接主梁和索塔的主要结构，其受力性能状态是衡量桥梁结构安全与否的重要指标。

（8）斜拉索索力测定较困难

目前，测量拉索索力的方法主要有：油压表读数法、压力传感器法、磁通量法和振动频率法。油压表读数法和压力传感器读数法均只适用于桥梁施工过程，而磁通量法虽也适用于建成桥梁的索力测量，且动态响应好，但其理论体系还不完善。振动频率法简单、快速、价格低廉、理论和应用都比较成熟，普适性好，可以较好地弥补其他测量方法的缺点；但是对于短索，振动频率法也无法精确获得拉索实际索力。因此，采用传统的索力测试方法，想要准确测定斜拉索当前的有效索力显得有些困难。

4.2.4.2 技术路线

圩墩大桥2004年建成通车,投入运营已近20年。根据《公路缆索结构体系桥梁养护技术规范》(JTG/T 5122—2021)相关要求,缆索结构体系桥梁在接养后,宜在投入运营后10~15年后开展适应性评定;而且斜拉索设计使用年限是20年,目前已近设计使用寿命。综合圩墩大桥复杂的结构体系及恶劣的运营环境,开展综合检测评估工作迫在眉睫。我们根据结构的受力特点,确定检测、评估的重点。其总体技术路线如图4.2-77所示。

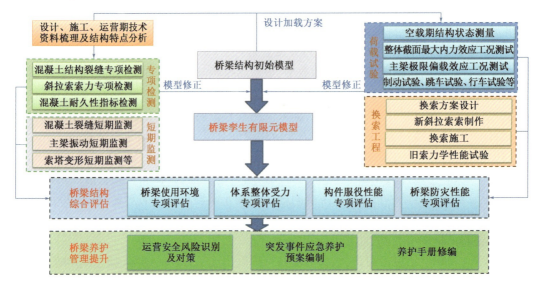

图4.2-77 项目总体技术路线

4.2.4.3 主要内容

圩墩大桥结构体系较复杂且运营环境恶劣,因此在检测评估实施前,必须对结构进行科学详尽的分析,并根据结构的受力特点来确定检测、评估的重点。通过建管养历史调查,结合理论分析、数值仿真、荷载试验、现场检测、专项短期监测、换索工程、室内试验等技术手段,对圩墩大桥服役性能、病害成因、发展规律进行综合评估,为养护科学决策提供支撑。

圩墩大桥综合检测评估主要分为专项检测和短期监测、荷载试验和结构评估三大方面。具体实施细则如下。

(1)专项检测和短期监测

通过调研设计与建设期间工程资料,进一步梳理圩墩大桥重难点工程环节和圩墩大桥运营期间养护历史,了解圩墩大桥结构构件功能退化过程及现阶段功能水平。根据上述资料,针对主梁、主塔、附属设施等进行专项检测和短期监测。

对桥梁主要结构构件进行检监测前,需要针对桥梁通航安全设施、桥区地质构造及环境进行专项检查,对主梁及主塔等进行精密的空间形态测量、建立高精度3D桥梁模型。主梁及主塔构件的检监测主要针对既有混凝土缺陷(裂缝)以及重点部位的应力监测两大方面展开,同时需关注主梁的下挠情况以及主塔的偏位情况。此外,对桥梁支座、伸缩缝、桥面铺装、防撞护栏等附属设施开展专项检查,以了解此类部件工作状况,完善桥梁技术状况评定工作。

圩墩大桥综合检测评估中的亮点工程为更换一组斜拉索,因此在专项检测和短期监测工作内容中,需要加入斜拉索系统的专项检测(图4.2-78)。通过外观检查及锚头开锚检查判定斜拉索系统的现有病害及成因。斜拉索的索力是反映斜拉桥受力状态的关键指标,是圩墩大桥安全评估的基础数据。采用频率法及微波雷达法检测,测得拉索的索力和振动频率,利用配套的后处理软件,通过时域分析法计算斜拉索的阻尼比;通过配置对应的传感器,分析斜拉索风雨激振的情况。

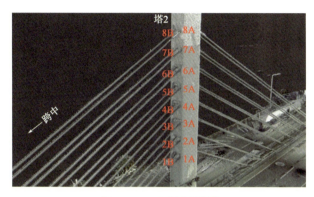

图4.2-78　主塔线形测量

（2）荷载试验

对桥梁工程来说,决定其质量的因素是多方面的,如设计分析理论、施工技术、建筑材料以及地质、水文等自然条件,在这些影响因素中很多又都是不确定的。事实上,对于建成后的桥梁工程质量,其使用性能和效果才是关注的重点,因此通常采用静、动载试验来检验桥梁结构当前状态是否满足设计和标准规范要求,评定桥梁运营荷载等级和实际使用状况等。圩墩大桥通车已近20年,桥梁静、动载试验的作用,就是通过对桥梁结构直接加载后进行有关测试、记录与分析工作,以达到了解桥梁结构在试验荷载作用下的实际工作状态,进而评估桥梁结构目前的使用状况,为养护决策提供科学依据。

连续监测结构空载状态下的几何状态和内力状态,为长期健康监测系统获得基准状态。通过静动载试验评估桥梁结构的受力性能并进行综合评估,在试验过程中重点关注主梁挠度及静态应变、斜拉索索力、结构动态响应、结构自振特性等几方面变化情况。结合历年结构检测及长期监测数据,为桥梁实际承载力退化趋势分析提供支撑。结合病害情况、理论分析和荷载试验为该桥的养护工作提出指导性意见。校准桥梁的几何尺寸、材料参数和边界条件,通过荷载试验进行检验。

（3）结构评估

建立一个满足工程精度要求、反映结构力学特性的有限元模型是进行结构分析评估的第一步。随着大桥运营时间的增长,结构特性也可能发生变化,这样建立的有限元模型往往不能反映实际结构的真实状态,需要对建立的有限元模型进行修正。基于专项检测和短期监测以及荷载试验结果(响应、频率、振型等)等数据,对圩墩大桥进行结构现状评估并建立数值模型(图4.2-79)。经过修正的有限元模型可以应用于以下几个方面:①结构动力响应和动力安全性再分析;②某些振动控制技术的控制策略制定;③结构的损伤识别;④大桥健康监测和安全性评估;⑤结构的优化设计等。

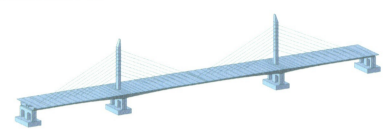

图 4.2-79　桥梁孪生有限元模型示意图

①桥面使用环境。

圩墩大桥地处地势平坦、河渠交错、浜塘密布的太湖水网平原工程地质区,跨越京杭大运河。通过基于动态称重的桥梁车辆荷载分析、桥址处风场特性实测分析、主梁温度场及空气湿度状态分析、桥址处场地特性分析、桥梁通航安全评估,明确圩墩大桥运营使用环境,为后续大桥结构安全与耐久性评估奠定基础。

②桥梁整理受力特性。

结合大桥空间状态精准测量结果对大桥结构现状进行分析,从而评估大桥几何尺寸的符合性及影响。同时,进行索力现状分析,分析历年索力变化,评估斜拉索索力现状是否符合结构安全要求。基于荷载试验结果,开展结构刚度和强度评价工作。建立桥梁整体及主梁、主塔斜拉索等局部数值孪生有限元模型,开展规范符合性分析。根据《公路桥涵设计通用规范》(JTG D60—2015)、《公路钢筋混凝土及预应力混凝土桥涵设计规范》(JTG 3362—2018)、《公路桥涵地基与基础设计规范》(JTG 3363—2019)、《公路斜拉桥设计规范》(JTG/T 3365-01—2020)等现行规范,评估结构整体受力特性。

③桥梁关键构件服役性能。

与普通斜拉桥不一样的是,矮塔斜拉桥是以梁的受弯、受压,索的受拉,以及桥塔的受压共同来承担竖向荷载。对于矮塔斜拉桥的塔梁墩固结体系来说,塔梁固结部位除了承受桥塔传递的巨大的轴向力和弯矩外,还承受由主梁传递而来的较大的竖向力和扭矩。基于专项检测与短期监测的结果并建立有限元模型,分析收缩徐变、预应力损失、既有裂缝等因素对结构受力安全性能的影响,评估主梁及主塔整体服役性能,帮助制定及时有效的养护措施,确定养护的优先级,保障桥梁设计使用寿命内的安全性与稳定性。

④斜拉索系统。

斜拉索系统是斜拉桥健康与否的重要区域,索塔锚固区作为矮塔斜拉桥的关键承受和传导力的部位,根据换索工程的实施结果,判断索塔锚固区局部应力状态。通过数值模拟手段,判定斜拉索损伤及斜拉索风致振动对斜拉索系统服役状态的影响。

⑤桥面系及附属结构。

随着现今交通量与重型交通的不断增大和现行标准的不断提高,圩墩大桥既有桥面铺装普遍存在着平整度不足、桥面铺装破损、支座伸缩缝防撞护栏等附属设施破坏等情况,因此桥面系和附属设施同样需要进行服役性能评估。

⑥混凝土结构耐久性。

圩墩大桥的主梁结构形式为混凝土箱梁。混凝土结构局部可能存在盐侵蚀导致的混凝土酥化、表层脱落等病害,应在圩墩大桥运营环境和混凝土强度专项检测结果的基础上需对混凝土结构耐久性进行评估。

⑦桥梁防灾性能。

我国是个多地震国家,工程抗震问题一直很受关注。圩墩大桥作为沿江高速公路上的互通主线桥梁,跨越京杭大运河,日均船舶通航量巨大。可依据《公路桥梁抗震设计规范》(JTG/T 2231-01—2020)、《公路桥梁抗撞设计规范》(JTG/T 3360-02—2020)、《公路桥梁抗风设计规范》(JTG/T 3360-01—2018)评估圩墩大桥抗震、防撞、抗风等三种防灾性能。

⑧养护管理。

综合上述不同方面的结构评估工作结果,考虑圩墩大桥可能遭遇的运营风险事件,建立桥梁运营安全风险预警指标体系,对每一项风险进行评价并提出现实的管理对策。针对综合评估结果,结合不同风险等级,建立不同的应急养护预案,明确突发养护事件处置程序及处置措施标准。基于综合评估结果,给出大桥养护建议,并修编包括桥梁概况、检查与评估、桥梁养护工程、异常事件管理、档案资料管理在内等内容的养护手册。

4.3 桥梁维修加固技术

基于桥梁定期检测以及专项检测性能评估数据,分析桥梁主要病害形式及影响,评估桥梁结构安全性,针对桥梁病害类型靶向施策。

4.3.1 可更换构件维修技术

4.3.1.1 桥梁伸缩缝病害维修

伸缩装置作为桥梁的重要组成部分,是两个梁端之间、梁端与桥台之间或桥梁的铰接位置上设置的纵向连接装置,可调节由车辆荷载和桥梁建筑材料所引起的上部结构变形,具体体现在保证梁体自由伸缩、保证车辆平稳行驶、具有良好的密水性和排水性、便于清除沟槽污物等几个功能上。

伴随经济的高速发展,车流量的快速增长和车辆的超载,桥梁伸缩缝在使用过程中逐渐出现问题,需定期进行检查和维修。

(1)伸缩缝病害

沿江高速公路有限公司所辖区段桥梁普遍使用的是模数式伸缩缝,由纵梁、横梁和橡胶密封袋等组成,按橡胶密封带的数量可分为单缝和多缝。在日常管养中发现,此类伸缩缝易出现堵塞、橡胶条损坏、锚固区混凝土破损、型钢破坏等问题。

①伸缩缝堵塞。

因沙石、垃圾等杂物在伸缩缝位置的不断积累而堵塞。该病害会降低伸缩缝的自由涨缩性能,当桥梁所处的环境温度升高时,桥梁的主梁不能产生一定的位移伸缩;当推力较大时,可能导致主梁的顶起或桥台背墙开裂。如图 4.3-1 所示。

图 4.3-1　伸缩缝堵塞

②伸缩缝橡胶条损坏。

因沙石、垃圾等杂物堆积挤压或材料老化开裂而出现。该病害会引起水侵蚀,进而导致支座橡胶老化开裂、墩台及梁体混凝土侵蚀麻面、钢筋锈蚀、空心板梁腔内积水等危害。如图 4.3-2、图 4.3-3 所示。

图 4.3-2　伸缩缝橡胶条破损、脱落　　　　图 4.3-3　伸缩缝橡胶条破损,对应墩台大面积渗水

③锚固区混凝土破损、开裂。

锚固区混凝土破损:锚固系统不牢固,运营过程中,车辆反复冲击导致装置及混凝土损坏,易引发桥头跳车现象。如图 4.3-4 所示。

锚固区混凝土开裂:温度变化引起的混凝土收缩裂缝,易引发伸缩缝处渗水。如图 4.3-5 所示。

④伸缩缝型钢断裂、变形。

因车辆冲击作用或安装时焊接不到位而产生,当型钢上翘时易导致车辆爆胎,引发交通事故。如图 4.3-6、图 4.3-7 所示。

（2）伸缩缝病害处治

当伸缩装置的病害影响桥梁的结构安全以及行车舒适性、安全性时,要及时维修或更换处治,具体要求如下:

①及时清除嵌入伸缩缝的杂物；
②伸缩装置内的密封橡胶条损坏、老化时及时更换；
③锚固构件及伸缩构件出现脱焊、裂缝时及时修复或更换；
④伸缩缝出现构件失效或对通行安全存在影响时，更换伸缩缝。

图 4.3-4　伸缩缝锚固区破损引发桥头跳车

图 4.3-5　伸缩缝锚固混凝土开裂

图 4.3-6　伸缩缝型钢断裂

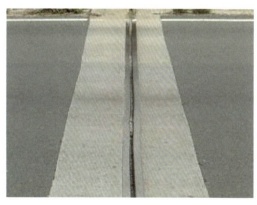

图 4.3-7　伸缩缝型钢纵向变形

（3）"四新"技术应用

传统的模数式伸缩装置中，承压弹性元件、位移控制弹性元件、密封橡胶条等零部件存在使用寿命短、损坏率高等问题，且更换时需要更换整条伸缩缝，施工难度大，工程成本高，对交通影响大。因此，沿江公司在部分桥梁试点上应用了新型伸缩装置——160型滑动式桥梁伸缩装置。

①伸缩缝病害现状。

平望枢纽主线桥由分离的左、右两幅桥组成，每幅10联，原伸缩缝采用160型模数式伸缩缝，单幅长度22.15m。根据现场检查，上行21号墩伸缩缝型钢存在断裂缺损，车辆经过时，伸缩缝存在较大异响。如图4.3-8所示。

②伸缩缝更换思路。

该条伸缩装置型钢已出现断裂缺失，对过往行车产生安全隐患，需整体更换。在选用新伸缩缝时,主要从以下功能进行考虑:方便排水,易于更换易损件,施工方便;不破坏原桥伸缩装置预留槽口及预埋件结构,保证原桥整体结构的安全;施工周期短,对交通影响小。

图 4.3-8　平望枢纽主线桥伸缩装置型钢断裂、缺失

③选择 160 型滑动式桥梁伸缩装置。

新伸缩缝选择 160 型滑动式桥梁伸缩装置,该伸缩装置具有以下优点:

a. 由盖板、锚板、导流板、立板、限位板、滑槽板、不锈钢止水槽等组成。采取可靠的控制方法和构造设计,可实现防尘、自洁、防水、伸缩功能。

b. 不破坏原桥伸缩装置预留槽口及预埋件结构,保证原桥整体结构的安全。

c. 易损件易更换,可实现局部损坏件的单独更换。

d. 槽口混凝土采用 C50 快干钢纤维混凝土,该混凝土满足浇筑后 2h 抗压强度达到 80%,即封闭交通 6h 后可开放交通,对交通影响小。

其槽口布置图如图 4.3-9 所示。

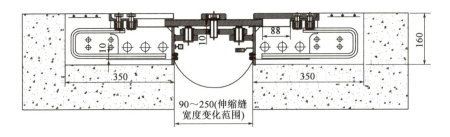

图 4.3-9　160 型滑动式桥梁伸缩装置槽口布置(尺寸单位:mm)

该桥伸缩缝更换施工时采用按车道更换施工的方式进行(分界点位于车道线),即按照封闭一车道→一、二车道→三、四车道的顺序施工,最大限度地减少对交通通行的影响。如图 4.3-10 所示。

伸缩缝安装完成后,根据《公路养护工程质量检验评定标准　第一册　土建工程》(JTG 5220—2020)对伸缩缝长度、缝宽、平整度、与桥面高差等要求进行检查,确保新伸缩缝满足要求。

a) 封闭一车道，凿除锚固区混凝土

b) 一车道伸缩缝安装

c) 一车道伸缩缝锚固区混凝土浇筑完成

d) 整条伸缩缝安装完成

图 4.3-10　160 型滑动式桥梁伸缩安装过程

4.3.1.2　桥梁支座病害维修

桥梁支座作为桥梁的重要组成部分，是桥跨结构的重要支撑部分，也是连接桥梁上部结构和下部结构的重要部件。它能够将桥跨结构的支撑反力传给桥墩，并且能够保证桥跨结构在荷载和温度变化的作用下具有设计时所要求的一些静力条件，从而适应梁体转动和自由伸缩的需要。

（1）支座病害

沿江公司所辖区段桥梁普遍使用的是板式橡胶支座和盆式橡胶支座。板式橡胶支座适用于中小跨径桥梁，盆式橡胶支座适用于大跨径桥梁。

日常管养中发现，板式橡胶支座易出现支座偏位、开裂、脱空、变形等病害，盆式支座易出现支座偏压、支座四氟滑板滑脱、钢构件损坏、钢构件锈蚀等病害。

① 板式橡胶支座病害。

a. 支座偏位。支座偏位是目前支座安装上存在的最普遍的问题，分为纵向偏位和横向偏位，严重的支座偏位将造成支座不均匀受力、梁体受附加内力过大等病害。如图 4.3-11、图 4.3-12 所示。

b. 支座开裂。橡胶板支座出现橡胶老化、变质，梁体失去自由伸缩能力，直接导致梁端或墩、台帽混凝土破裂,造成掉角、啃边现象,导致伸缩缝破坏。如图 4.3-13、图 4.3-14 所示。

图 4.3-11　支座横向偏位

图 4.3-12　支座纵向偏位

图 4.3-13　支座环向开裂

图 4.3-14　支座斜向开裂

c. 支座脱空。支座脱空是目前支座使用过程中最为普遍的问题之一。单一支座脱空将造成其他支座受力过大,影响支座的耐久性。此外,可能会使上部结构受力不均,对结构稳定性、安全性造成影响。如图 4.3-15、图 4.3-16 所示。

图 4.3-15　支座完全脱空

图 4.3-16　支座局部脱空

d. 支座变形。支座变形包括压缩变形和剪切变形。支座压缩变形过大分为两种：支座局部变形过大，即支座偏压，进而造成支座破坏；支座整体竖向变形过大，可能对连续梁等上部结构产生极为不利的附加内力或位移超出设计控制范围，导致结构的破坏。支座剪切变形越大，耐久性越差，从而降低支座使用寿命。如图4.3-17、图4.3-18所示。

图4.3-17　支座纵向剪切变形　　　　　　　图4.3-18　支座横向剪切变形

②盆式橡胶支座病害。

a. 支座组件损坏。支座在偏压下会导致承压板变形、钢盆开裂等问题，支座受力不均匀会影响结构的稳定性和安全性。如图4.3-19、图4.3-20所示。

图4.3-19　支座上承压板变形　　　　　　　图4.3-20　支座钢盆开裂

b. 支座位移、转角超限。由于设计及安装不当造成支座四氟滑板滑出不锈钢板板面范围或支座转角超出相对载荷作用下较大的预期设计转角，支座位移、转角超限会导致结构失稳、摆动、振动情况，影响结构的稳定性和安全性。如图4.3-21、图4.3-22所示。

c. 钢组件锈蚀。钢盆的外表保护涂层脱落，导致钢盆因为缺少保护而发生锈蚀现象，会影响支座的耐久性。如图4.3-23、图4.3-24所示。

（2）支座病害处治

根据江苏省地方标准《桥梁橡胶支座病害评定技术标准》（DB32/T 2172—2012）规定对支座病害进行评估，根据评估结果对各级病害支座采取相应处治措施，主要有以下几种：

①针对1级病害支座,进行适当外防护处理,控制病害发展。例如,盆式支座钢组件锈蚀后进行除锈防锈处治,延长使用寿命。

②针对2级病害支座,支座部分使用功能已受到影响,采取加强外防护处理或修复的方式,恢复支座的使用功能。例如,支座部分脱空后采用结构胶进行修复,恢复支座的支撑功能,并定期观察支座病害发展情况。

③针对已部分或者完全丧失使用功能的3级病害支座,立即更换支座,新支座选型参照《公路桥梁板式橡胶支座》(JT/T 4—2019)。

图4.3-21 支座位移超限

图4.3-22 支座转角超限

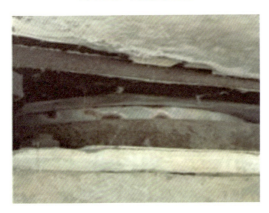

图4.3-23 支座钢组件锈蚀一

图4.3-24 支座钢组件锈蚀二

(3)"四新"技术应用

当单个桥墩仅个别支座需要更换时,采用传统的支座更换工艺需要顶升整排梁体,多台顶升设备同时顶升,要求严格控制顶升位移的同步性,施工难度大,工程成本高。

针对部分桥梁仅单个支座需要更换的情况,本公司采用新技术"自平衡反压式单支座更换技术"对病害支座进行单支座更换,如城西新区高架桥上行60号、84号、90号墩,下行94号、114号墩以及沙鹿公路分离式立交下行9号墩。单支座更换技术施工工艺简单便捷,并未对病害支座外的其他桥梁结构及构件造成干扰,同时节省工程造价约9万元。

自平衡反压式单支座更换原理:根据不同的支座更换体系,采用机械式反压支撑装置,将固定于设计支点位置的拟更换新支座反向向上顶压,通过精确控制反压力及梁底高程,以期平衡该支点梁体恒载,随后及时锁定顶升装置,待其稳定后采用水泥基灌浆料浇筑支座垫石作为永久性支撑,从而完成单个病害支座的更换。

支座更换施工工艺及流程如图4.3-25所示。

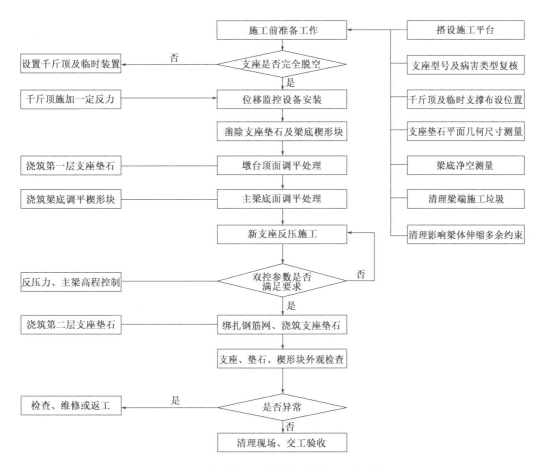

图4.3-25　自平衡反压式单支座更换施工工艺及流程

自平衡反压式单支座更换施工工艺图如图4.3-26所示。

a)千斤顶及临时支撑

b)凿除垫石

图　4.3-26

c)浇筑第一层垫石

d)第一层垫石(墩顶调平)

e)梁底调平楔形块

f)梁底调平

g)上、下面调平完成

h)安装装置

i)安装新支座

j)施加扭力

图 4.3-26

k)第二层垫石钢筋网

l)浇筑第二层垫石

m)更换完成

n)更换前

图 4.3-26 自平衡反压式单支座更换施工工艺

支座更换完成后,按照《关于明确自平衡反压式单支座更换质量评定标准的通知》中"单支座更换技术质量评定标准"的相关规定对支座垫石、支座安装位置、支座平整度等进行质量检验,确保更换后的支座满足有关标准要求。

4.3.1.3 斜拉索更换

(1)新斜拉索设计

①黏结锚固式抗滑体系斜拉索。

总体上沿用圩墩大桥原设计,采用填充型环氧涂层钢绞线斜拉索体系。斜拉索主要由梁端锚固段、梁端过渡段、自由段、塔端过渡段和主塔索鞍段五部分组成。

梁端锚固段由保护罩、防松装置、锚板、调节螺母、夹片、密封筒和密封装置等共同组成。斜拉索张拉结束后,密封筒内灌注环氧砂浆,使锚固段钢绞线黏接为整体。梁端过渡段为锚固段至索导管出口间的斜拉索部分。在过渡段部分,通过索箍夹紧斜拉索的钢绞线使之成束后,在索导管出口处安装内置式橡胶减振器。自由段为斜拉索上下过渡段之间的部分,主要由钢绞线、防水罩、高密度聚乙烯(HDPE)外套管、塔端 HDPE 管伸缩补偿装置等组成。防水罩的大端套在索导管的管口,小端内与 HDPE 外套管连接,防止斜拉索运营过程中雨水进入索导管。塔端过渡段为自由段至主塔索鞍段间的斜拉索部分,主要由塔端连接装置、塔端减震橡胶、索箍等组成。在索鞍两端使用索箍夹紧斜拉索的钢绞线使之成束后,在连接装置内安装减振橡胶。张拉结束后,连接装置内灌注环氧砂浆,使塔端过渡段钢绞线黏结为整体。主塔索鞍段为双套管式索鞍,通过灌浆管向内钢管中灌注环氧浆料,使钢绞线与内钢管黏结为整体。内钢管法兰与外钢管法兰使用高强螺栓可靠连接,能有效抵抗主塔两侧不平衡力,防止斜拉索产生滑动。

斜拉索张拉结束后,两端锚具钢绞线外露部分涂抹防腐油脂并做好密封处理,安装锚具保护罩。

②摩擦式抗滑体系斜拉索。

圩墩大桥原设计采用黏结锚固式抗滑体系,该体系的弊端在于所有钢绞线黏结为一个整体,换索时必须使用大千斤顶进行整体放张、整束切断,施工期间对交通管制要求较高。与原设计方案相比,备选方案最大的特点在于塔端采用异形分丝管索鞍,每根钢绞线对应一个独立的穿索孔道,具备单根钢绞线可更换功能。此外,备选方案对张拉设备要求低(挂索、放张均可使用单孔千斤顶),并将后期换索施工对交通的影响降到最小。

摩擦式抗滑体系斜拉索总体构造与黏结锚固式抗滑体系斜拉索大致相同,仍由梁端锚固段、梁端过渡段、自由段、塔端过渡段和主塔索鞍段五部分组成。

与黏结锚固式抗滑体系斜拉索差异在于:主塔索鞍段外套钢管内设置不锈钢材质异形分丝管索鞍,外套钢管与异形分丝管索鞍之间压注环氧浆料,使异形分丝管索鞍与主塔固结成为永久预埋件。索鞍段钢绞线剥除PE护套后包覆抗滑材料,利用异形分丝管与钢绞线之间的摩擦力抵抗主塔两侧的不平衡力,防止斜拉索产生滑动。斜拉索张拉结束后,两端锚具钢绞线外露部分涂抹防腐油脂并做好密封处理,安装锚具保护罩。

③填充型环氧涂层智能钢绞线。

圩墩大桥斜拉索规格为15-31,每束斜拉索由31根$\phi15.2mm$的钢绞线组成,本次换索将选择31根钢绞线中的两根,用填充型环氧涂层智能钢绞线替代,以达到对斜拉索健康状态进行监测的目的。填充型环氧涂层智能钢绞线是由外围6根钢丝和1根碳纤维中心丝构成的特殊环氧绞线,其碳纤维中心丝内植入了光纤光栅传感器,如图4.3-27所示。该产品不仅继承了填充型环氧涂层钢绞线优异的防腐性能,同时具备对钢绞线应力变化进行实时测量的先进功能。

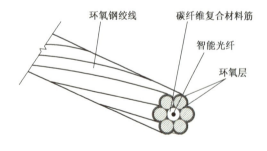 

图4.3-27 填充型环氧涂层智能钢绞线

(2)换索过程安全监测

圩墩大桥换索过程安全监测的重点工作内容是旧索拆除及新索安装过程中的索力控制。

①旧索拆除过程中的索力控制措施。

a. 按换索施工前测得索力为依据，边、中跨侧同时进行分级松张。卸索以斜拉索索力和锚头回缩量双控（具体数值按分级索力减小的对应回缩量确定）。放松时密切注意两侧松张的索力，变形保持同步，以保证两侧索塔两侧不产生偏载、受力平衡。

b. 分5阶段对称张拉旧索，每个阶段的张拉力分别为测试索力的30%、60%、80%、90%、100%，操作设备张拉到达每阶段索力时，应暂停5min，等待技术人员的下一级张拉指令。

c. 对称张拉旧索到最后一阶段接近测试索力时，观察锚固螺母是否与锚垫板产生松动（可采用位移传感器贴片观测）。当位移传感器报警，提升锚固螺母与锚垫板产生松动，此时的索力为该根斜拉索的启动索力，记录启动索力值并与索力测试值进行比对。如果发现张拉力与换索施工前测得的索力值相差较大，停止张拉，并上报设计及监控方。

d. 在张拉到测试索力的80%后，应谨慎操作，压力表读数缓慢上升，直至启动索力。

e. 千斤顶缓慢回油，分5级将斜拉索索力放张，逐级测量锚头向索导管内的回缩量，确认每一级放张的索力和轴向回缩量长度对应一致。

②新索安装过程中的索力控制措施。

a. 斜拉索张拉时，分30%、60%、80%、90%、100%五级，两端同步张拉。每一级按索力张拉的同时，做好伸长量记录。张拉所需千斤顶、油表应配套标定、配套使用。

b. 斜拉索张拉以设计规定的张拉应力值或监控领导小组的指令值控制，伸长量作为校核。

c. 张拉过程中要详细记录分级张拉的油表读数、索力、伸长量，便于相互校核。斜拉索张拉前后，必须对桥梁和索塔的应力和变位进行监控，测量索力时应在温度均匀时进行，一般情况应在日出前测量完毕。

d. 除采取上述措施外，本项目新索还设有两根填充型环氧涂层智能钢绞线，每一级张拉结束后可通过解调仪读取智能钢绞线的张拉应力，将之与记录的油表读数、索力、伸长量进行相互校核，作为张拉索力检测的补充手段。如图4.3-28~图4.3-30所示。

图4.3-28　新索安装索鞍

图 4.3-29　新索穿索

图 4.3-30　新索张拉

③斜拉索旧索力学性能试验。

旧索拆除后,截取 3 根长度为 1.5m 的钢绞线样品进行力学性能检测,检测项目包括钢绞线外观、整根钢绞线最大力、规定非比例延伸力、最大力总伸长率、弹性模量、抗拉强度、应力松弛特性和疲劳性能,检测方法应满足《预应力混凝土用钢材试验方法》(GB/T 21839—2019)的规定。如图 4.3-31 所示。

图 4.3-31　钢绞线试件静力拉伸试验

(3)新斜拉索安装工艺流程(图 4.3-32)

(4)环氧钢绞线厂内制作及下料要点

挂索前,需对所用绞线进行厂内制作及下料准备。本次更换的其中一束钢绞线为智能钢绞线,中心丝为智能碳钢,内置光纤传感,填充的黏结树脂材料将中心丝和外层钢丝黏结在一起,使中心丝与外层钢丝真正实现受力变形协调。

①下料。

钢绞线下料全过程在专用放线架上(塑料滚轮)进行,每隔 2～3m 安装一个专用托架,环氧钢绞线不得与桥面接触,以避免环氧涂层损伤,下料过程中注意环氧层的保护。

钢绞线下料按厂家提供的下料排长表进行,下料时长度误差控制在 ±5cm。其下料现场如图 4.3-33 所示。

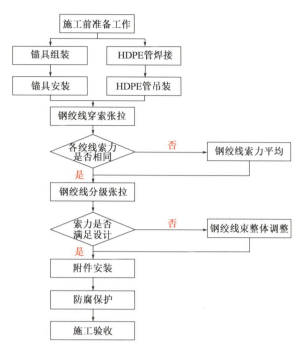

图 4.3-32 新斜拉索安装施工流程

图 4.3-33 环氧钢绞线现场下料

②环氧钢绞线单根穿索并预紧。

a. 单根穿索时,由人工拉出钢绞线,同时专人转动放线架。

b. 将钢绞线送入 HDPE 外套管,与机械穿索的连接器固定,启动卷扬机,牵引环氧钢绞线到达左侧塔端索鞍口处。

c. 将钢绞线从穿索连接器上拆除,根据穿索顺序和孔位编号的对应关系,将钢绞线穿入对应的索鞍分丝管,直至其到达右侧索鞍口。

d. 钢绞线与右侧的穿索连接器固定,右侧卷扬机牵引环氧钢绞线穿过右侧抗滑锚筒,到达右侧梁端预埋管管口。

e. 在右侧梁端,从梁下将锚具安装时已墩头完毕的引棒向上穿出,直至其伸出预埋管管口。将引棒端部的专用连接头与钢绞线的镦头相连接,并旋转连接头上的螺母,将钢绞线镦头部分卡紧。

f. 梁上人员推送工作钢绞线、梁下人员拉拔引棒,将钢绞线穿出右侧梁内锚具,卸除连接头与钢绞线的连接,预留设计工作长度后安装并打紧工作夹片。

g. 同理,左侧梁内引棒伸出至预埋管管口,连接引棒和环氧钢绞线,并牵引其穿出左侧梁内锚具。

h. 将钢绞线牵引出张拉端锚具出口,卸除连接头与钢绞线的连接,安装夹片并打紧,随后将细钢丝与连接头穿入下一孔内。

i. 利用单孔千斤顶进行初张拉(预紧),初张拉力一般为设计张拉力的10%~15%,张拉后顶压锚固此根钢绞线。

j. 按上述步骤穿索、初张拉。钢绞线穿索顺序一般从锚具最上排孔开始,直至最后一排孔。

其工作流程如图4.3-34所示。

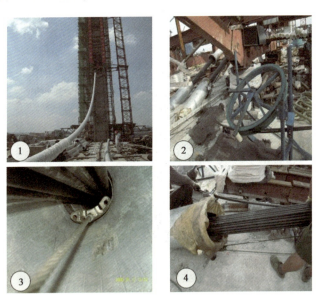

图4.3-34 起吊HDPE管并单根穿索

③斜拉索张拉。

采用单根张拉具有设备轻便、操作简单灵活的特点,每根钢绞线穿索完毕后,需立刻进行预张拉使其临时固定。后续采用分级或电算化程序张拉,确保每一根钢绞线的索力偏差在设计允许的范围内(2%)。

一般可在第一根张拉的绞线上安装单孔传感器,在张拉其他钢绞线时,通过检测传感器上的索力示数变化量来检验单根绞线的索力及索力离散度。如图4.3-35所示。

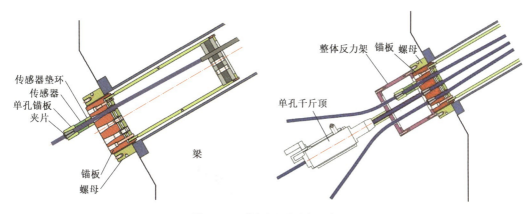

图 4.3-35 单根钢绞线张拉示意图

4.3.2 专项加固施工技术

4.3.2.1 独柱墩桥梁抗倾覆加固

(1) 背景情况

独柱墩桥梁具有结构轻巧、线形流畅、通透度大、占地量小、施工方便等诸多优点,尤其在受到地形、地物限制的区域,往往是优先选择的桥型。这类桥梁的上部结构多采用连续箱梁,同简支预制梁相比,其整体性能好、跨越能力强、行车舒适度高。

独柱墩桥梁因受桥墩顶面的空间限制,支座横向间距较小,且桥面宽度不大,无明显的车道划分,车辆偏载情况较为普遍,因偏载引起支座反力变化较大,独柱墩桥梁抗倾覆能力薄弱的现象愈发凸显。独柱墩桥梁在使用过程中出现倾覆时并无明显征兆,属于瞬态破坏形式,一旦发生将会危及民众生命安全,造成巨大的经济财产损失,产生极其恶劣的社会影响。21 世纪以来,我国部分省市地区发生独柱墩桥梁倾覆事故,如图 4.3-36 和图 4.3-37 所示。

图 4.3-36 2019 年无锡某高架倾覆事故

图 4.3-37 2011 年上虞某匝道倾覆事故

根据《关于立即开展桥梁隧道安全生产检查严防重大事故的通知》(苏交传〔2019〕427号)、《关于开展桥梁隧道安全生产检查严防重大事故的通知》(苏交控工程〔2019〕340 号)和

《关于明确独墩桥梁抗倾覆验算的通知》要求,沿江高速公路有限公司开展了辖段内独柱墩桥梁横向抗倾覆稳定性验算以及加固工作。

(2)独柱墩桥梁抗倾覆验算及加固

截至2020年,沿江公司完成了18座独柱墩桥梁的横向抗倾覆稳定性验算工作,18座桥的平曲线参数分布情况如图4.3-38所示。

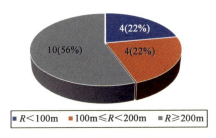

图4.3-38 独柱墩桥梁平曲线参数统计表

①验算内容。

桥梁倾覆破坏过程表现为:单向受压支座脱离正常受压状态,上部结构的支承体系不再提供有效约束,上部结构扭转变形趋于发散、横向失稳垮塌,支座、下部结构连带损坏。如图4.3-39所示。

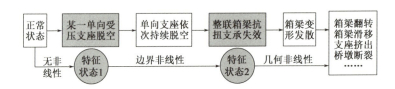

图4.3-39 桥梁典型倾覆破坏过程

倾覆过程存在2个明确特征状态:在特征状态1,箱梁的单向受压支座开始脱离受压;在特征状态2,箱梁的抗扭支承全部失效。参考国内外相关规范,采用这两个特征状态作为抗倾覆验算工况。

a.针对特征状态1,作用基本组合下,箱梁桥的单向受压支座处于受压状态。

b.箱梁桥同一桥墩的一对双支座构成一个抗扭支承,实现对扭矩和扭转变形的双重约束;当双支座中一个支座竖向力变为零、失效后,另一个有效支座仅起到对扭矩的约束作用,失去对扭转变形的约束;当箱梁的抗扭支承全部失效时,箱梁处于受力平衡或扭转变形失效的极限状态,即达到特征状态2。对特征状态2,采用"稳定作用效应>稳定性系数×失稳作用效应"的表达式。如图4.3-40~图4.3-42所示。

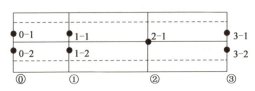

图4.3-40 处于正常状态时,全部支座处于有效状态

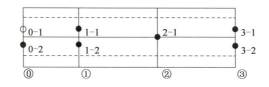

图 4.3-41　处于特征状态 1 时,支座 0-1 失效,支座 0-2 仅约束扭矩

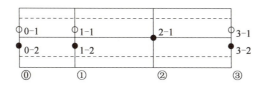

图 4.3-42　特征状态 2 时,支座 0-1、1-1 和 3-1 失效,有效支座不能约束箱梁的扭转变形

根据以上原理分析确定验算内容如下:

a.特征状态 1:单向受压支座是否出现负反力;

b.特征状态 2:横向抗倾覆系数是否小于 2.5;

c.支座型号复核:由于横向偏载影响对支座承载力进行复核。

②验算结果(图 4.3-43)。

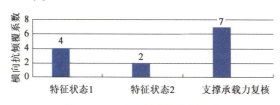

图 4.3-43　独柱墩抗倾覆验算结果

18 座独柱墩桥梁中仅 2 座桥梁抗倾覆验算满足《公路钢筋混凝土及预应力混凝土桥涵设计规范》(JTG 3362—2018)的相关要求。

③独柱墩桥梁安全提升原则。

针对独柱墩桥梁抗倾覆安全提升,在执行《江苏交控独柱墩桥梁安全提升专项行动指导意见》(苏交控〔2020〕205 号)、《公路独柱墩桥梁运行安全提升专项行动技术要求》的基础上遵循以下总体原则:

a.适用性原则:加固方案需根据现场建设条件,满足桥下道路净空的要求,且不能影响旧桥之后的运营养护。

b.经济性原则:加固方案要具有较好的经济性,后期养护简单、工程造价低。

c.安全可靠性原则:新加固的材料和施工质量容易控制;新加固的构件应保证安全可靠,并预留一定的安全富裕度;加固施工过程中及完成后均不可减小老桥的承载能力,应保证老桥原结构的安全使用。

d.施工可操作性强原则:加固方案应具有较好的施工可操作性,施工质量容易保证,且应对交通通行的影响小。

e.减小对交通的影响:改造不得侵占既有道路净空,施工期间尽可能减小对交通的影响。

f. 尽可能不改变原结构受力:以被动预防为主,减少对原结构的破坏,不改变原结构受力体系,新增的支座仅用于提高桥梁抗倾覆安全性。

④独柱墩桥梁安全提升改造成果。

完成改造桥梁16座(52个独柱墩),其中,12座桥梁(42个独柱墩)增设抱箍钢结构盖梁,4座桥梁(10个独柱墩)增设立柱。

(3)独柱墩桥梁抗倾覆加固案例

①独柱墩增设抱箍钢结构盖梁。

峭岐枢纽互通立交D匝道与主线桥相接,自起点1号墩至DK0+100.278位于缓和曲线内,缓和参数$A=95$,其他部分位于平曲线范围内,平曲线半径$R=90m$。D匝道桥第1联上部结构为$6\times20(m)$六孔一联的钢筋混凝土连续梁,下部结构除过渡墩采用双柱墩外,其余均采用独柱墩。

a. 模型建立。

采用专业有限元软件Midas Civil建立上部结构模型进行分析(图4.3-44),活载效应分别按照原设计规范《公路桥涵设计通用规范》(JTJ 021—89)(简称"89通规")汽车超-20级,挂车-120和《公路桥涵设计通用规范》(JTG D60—2015)(简称"15通规")公路-Ⅰ级进行加载,计算模型如图4.3-44所示。

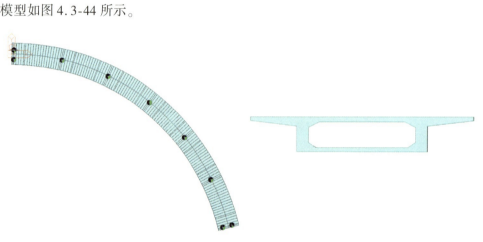

图4.3-44 计算模型

b. 抗倾覆计算结果(表4.3-1)。

抗倾覆验算结果表　　　　表4.3-1

验算荷载	特征状态1		特征状态2		支座复核
	最小反力(kN)	是否满足要求(>0)	稳定系数	是否满足要求(≥2.5)	
89通规设计荷载	-358.1	否	0.93	否	否
15通规荷载	-589.6	否	0.71	否	否

根据有限元计算,该桥抗倾覆验算不满足规范要求。

c. 抗倾覆加固方案。

目前,箱梁桥的倾覆防控措施主要从改变结构破坏模式、提高结构稳定性能和设置冗余约束三个方面考虑,根据桥梁的结构受力特点及实际结构构造条件的限制,经分析可采用设抗拔约束装置、单墩加钢盖梁改多支承、单墩加强改多支承以及拉大边支座间距等加固方案。

设抗拔约束装置工程造价较低,但对提升横向抗倾覆系数的作用较小;增设立柱及支座、拉大边墩支座间距、部分中间墩设置为墩梁固结的方案工程造价较高、实施难度较大且工期较长。本桥采用增设盖梁,将原独柱单支座改为独柱加盖梁三支座的方式,能够较好地提高桥梁横向抗倾覆系数,且工程造价相对较低。

增设盖梁主要有混凝土盖梁和抱箍钢结构盖梁两种方式,考虑在现有结构上浇筑混凝土盖梁质量以及与原墩柱的黏结难以保证,在后期使用过程中容易出现裂缝病害,而抱箍钢结构盖梁通过植筋安装于现有墩柱上,钢结构可批量工厂生产,质量较容易保证。

抱箍钢盖梁在混凝土墩柱顶部设置,由钢抱箍和钢盖梁组成,钢抱箍通过化学锚栓锚固在混凝土墩柱上,钢盖梁焊接于钢抱箍上。钢抱箍壁厚24mm,抱箍螺栓采用8.8级M30高强螺栓,钢抱箍与桥墩之间采用M24×300化学锚栓,锚固深度不小于22cm,钢抱箍和桥墩之间采用环氧树脂胶进行黏结。在墩柱与抱箍结合面,凿除6~8mm厚的表层砂浆,使坚实的混凝土外露,并形成凸凹不平的粗糙面,以便使钢抱箍和原混凝土墩柱实现较好地黏结。钢盖梁与钢抱箍焊接而成,顶板及腹板厚24mm,腹板竖向加劲肋厚20mm。新增设支座承压板厚20mm,顶部设置M22×150的剪力钉,然后采用自密实加固料浇筑支座垫石。如图4.3-45、图4.3-46所示。

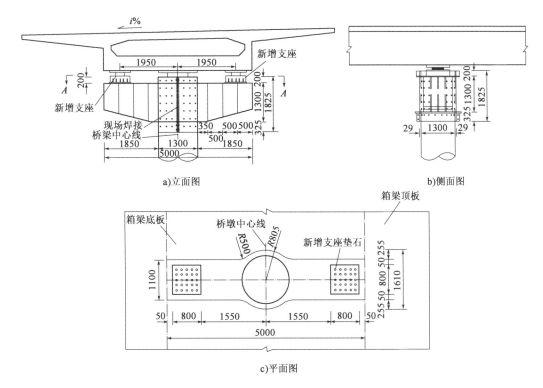

图4.3-45 抱箍钢盖梁设计图(尺寸单位:mm)

图 4.3-46 独柱墩增设抱箍钢盖梁实景图

②独柱墩增设立柱。

芦墟互通 B 匝道桥平曲线半径 $R=90\mathrm{m}$，第 1 联上部结构为 $4\times20(\mathrm{m})$ 四孔一联的预应力混凝土连续梁，下部结构除过渡墩采用双柱墩外，其余均采用独柱墩，墩柱顶面采用变截面的形式。如图 4.3-47 所示。

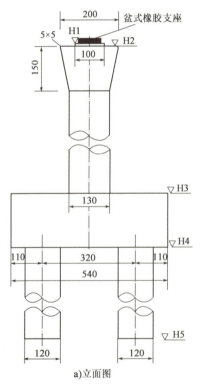
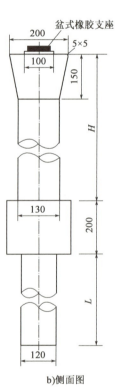

a)立面图　　　　　　　　　　　　b)侧面图

图 4.3-47

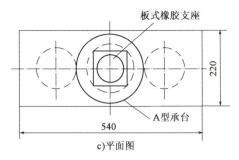

图4.3-47 独柱墩设计图(尺寸单位:cm)

a. 模型建立。

采用专业有限元软件 Midas-Civil 建立上部结构模型进行分析,活载效应分别按照原设计规范《公路桥涵设计通用规范》(JTJ D60—2004)(简称"04通规")和15通规进行加载,计算模型如图4.3-48所示。

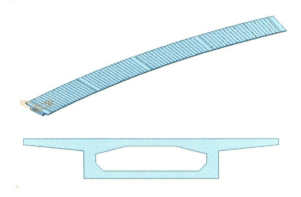

图4.3-48 计算模型

b. 抗倾覆计算结果(表4.3-2)。

抗倾覆验算结果表　　　　　　　　　　表4.3-2

验算荷载	特征状态1		特征状态2		支座复核
	最小反力 (kN)	是否满足要求 (>0)	稳定系数	是否满足要求 (≥2.5)	
89通规设计荷载	-216.5	否	1.25	否	否
15通规荷载	-299.1	否	1.16	否	否

根据有限元计算,该桥抗倾覆验算不满足规范要求。

c. 抗倾覆加固方案。

本桥墩柱顶面采用变截面的形式,增设抱箍钢盖梁具有较大难度,且难以实施,因此应采用增设混凝土立柱的方式:在现有桥墩的两侧各增加一个直径为1.0m的圆形钢筋混凝墩柱,墩柱生根于既有承台之上,增设墩柱的主筋植入承台。在增设墩柱顶面增加新支座,加固改造后,横桥向共有3个支座,其中增设的两个支座在正常使用阶段不受力,但与梁底密贴。如图4.3-49、图4.3-50所示。

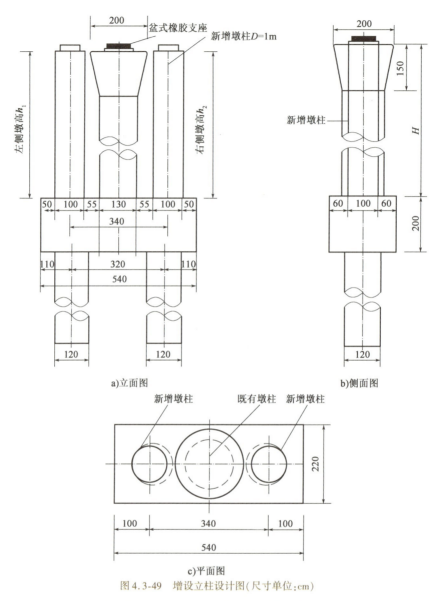

图 4.3-49 增设立柱设计图(尺寸单位:cm)

图 4.3-50 增设立柱施工图

(4)独柱墩桥梁抗倾覆加固成果总结

通过对16座横向抗倾覆性能不满足规范要求的独柱墩桥梁进行加固改造,提升了桥梁抗倾覆能力,降低了行车通行的安全隐患。从后期运行来看,桥梁整体加固效果较好,运行过程中未发生桥梁倾覆事件。

4.3.2.2 船舶碰撞桥梁维修加固

(1)背景情况

随着内河航运、船舶制造等不断发展,船舶流量不断增加,船舶运输量不断增加,船舶撞击桥墩概率增大、撞击严重程度增加,江苏省长江大桥及内河航道中桥梁均发生过多次船舶碰撞桥梁事故,如图4.3-51所示。

图4.3-51 2024年南沙某大桥船撞事故

2018年,江苏省已开展过防范船舶碰撞桥梁专项整治活动,专项整治主要包括桥梁助航、导航和安全标志整改及桥梁防碰撞设施整改两大部分内容。2020年4月,国务院安全生产委员会印发了《全国安全生产专项整治三年行动计划》,随后交通运输部、国家铁路局、国铁集团关于安全生产专项整治有关工作部署于2020年12月制定了《船舶碰撞桥梁隐患治理三年行动实施方案》(交办水〔2020〕69号),总体目标为通过三年行动,进一步健全安全管理责任体系,完善桥区标志标识,提高航道通航保障服务水平,规范桥区水域船舶通航秩序,提升桥梁防撞能力,建立健全防范化解安全风险的长效机制,坚决防止重特大事故发生。

江苏省交通运输厅及各市交通主管部门积极响应文件要求,陆续发布了《省交通运输厅关于印发江苏省船舶碰撞桥梁隐患治理专项行动实施方案的通知》(苏交执法〔2021〕1号)等相关通知,并成立了江苏省船舶碰撞桥梁隐患专项治理领导小组,自通知印发之日起至2022年12月在全省干线航道开展船舶碰撞桥梁隐患治理专项行动。

(2)船舶碰撞桥梁通航安全风险及抗撞性能综合评估

①评估内容。

从2021年开始,沿江高速公路有限公司开展了辖段内跨等级航道桥梁现状的梳理,累计完成53座桥梁的基础信息统计整理、台账档案建立工作,完成6座跨越高等级航道桥梁及11座跨越低等级航道桥梁的综合评估工作。

通航安全风险评估是根据桥区航道资料、船舶资料以及桥梁资料,分析自然环境、船舶交通流、船舶通航秩序、相邻涉水设施、通航净空尺度等风险因素对船舶碰撞桥梁通航的安全风险;抗撞性能评估是根据航道条件分析结果以及通航环境分析结果确认设防代表船型,并根据规范要求确定抗撞性能标准,从而对桥墩抗剪强度、桩基抗剪强度、桥墩抗弯强度、桩基抗弯强度、支座抗剪、支座位移、桩基整体稳定性等进行分析。如图4.3-52所示。

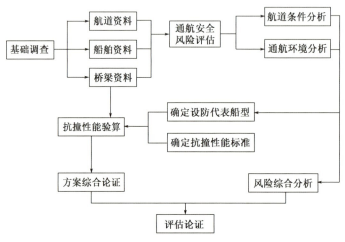

图4.3-52 评估技术路线图

②评估结果。

17座桥梁中通航净空不满足规划及区段代表船型通航要求的有16座桥,15座涉水桥墩桥梁中抗船撞验算不满足要求的有14座桥。如图4.3-53所示。

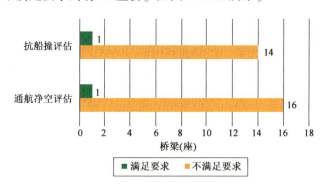

图4.3-53 船舶碰撞桥梁通航安全风险及抗撞性能综合评估结果

③桥梁防撞提升原则及成果。

基于综合评估结论并结合沪武高速公路改扩建方案确定以下提升原则:

a.在沪武高速公路改扩建中拆除完全新建的桥梁本次仅完善助航标志标牌;

b.在沪武高速公路改扩建中既有桥梁保留的桥梁除完善标志标牌外,根据航道的实际情况采取增设主动预警设施;

c.沪苏浙高速、太仓港疏港高速、张家港疏港高速补充完善标志标牌、根据航道的实际情况分别采取增设防撞设施或主动预警。

桥梁防撞提升成果：
a. 完善17座跨等级航道桥梁的助航标志标牌；
b. 三白荡特大桥增设主动预警设施及防撞墩；
c. 京杭运河特大桥增加防撞墩；
d. 太浦河特大桥增加柔性防撞设施。

(3) 助航防撞提升案例

三白荡特大桥位于沪苏浙高速上，地处苏州吴江区，桥梁跨越三白荡属吴芦线航道原设计按等Ⅶ级航道标准设计，通航净空尺度为18m×3.5m，路线中心线与航道中心线交叉角度90°。航道规划为Ⅶ级，目前航道已按Ⅶ级规划实施。

①通航安全风险评估。

a. 航道条件分析。

桥区航道情况：沪苏浙高速三白荡特大桥所在的航道现状航道尺度满足Ⅶ级航道标准要求，桥位处位于湖荡区，水面宽阔，桥梁所在航道较为顺直，航道尺度（宽度、水深、弯曲半径等）均满足航道等级标准要求。如图4.3-54所示。

图4.3-54 桥位航道现状

水流条件：属地航道管理部门严格按国家相关规定管理各航道，航道内基本无碍航礁石、沉船、沉物等水下碍航物情况的出现。总体来说，苏州地区航道内水流条件较好，除交汇口、汇流口以及特大水情等不利因素外，航道内基本没有不良水流条件等可能引起船舶碰撞桥梁的风险因素。

通航净空尺度复核：按航道规划等级，沪苏浙高速公路三白荡特大桥通航净空尺度应不小于25.5m×3.5m；按区段通航代表船型，桥梁通航净空尺度应不小于55m×7m。沪苏浙高速公路三白荡特大桥桥墩位于水中，桥梁现状实际通航净空尺度为25.5m×3.6m，桥梁通航净空尺度能满足七级航道通航要求，不满足区段通航代表船型对应通航净空尺度要求，存在桥梁通过桥梁时发生碰擦水中墩柱等问题。

涉水桥墩通航影响分析：沪苏浙高速三白荡特大桥水中设有桥墩，且桥梁与航道非正交，交角较小。桥梁所在航道顺直，桥梁上下游无临河码头等，桥梁下游紧邻地方道路跨航道桥梁，两座桥梁均有较多水中墩柱（非通航孔），水中桥墩柱对正常航行船舶的驾驶操控有一定的影响。航道中,船舶在桥下会船,遇不良水流条件、恶劣天气条件等状况时,容易发生船舶通过桥梁时碰擦、剐蹭桥梁水中墩柱等事故。

b. 通航环境分析。

自然环境分析:自然环境条件中可能引起船舶碰撞桥梁的风险因素主要有大风、大雾、雷暴、强降雨等,上述恶劣天气均在苏州地区有发生,如夏季有台风等大风,梅雨季节的暴雨、强峰雨,以及秋冬季的大雾等。

船舶交通流分析:根据现状航道运量统计,以及京杭运河、长湖申线航道整治工程运量预测,干线航道每日断面流量超百艘次,太浦河航道运量远期将进一步增大。随着苏州内河港发展、长湖申线、京杭运河航道建设、多式联运发展以及集装箱通道的建设等,可以预见太浦河航道等干线航道货运量将大增,由此带来与干线航道相连的吴芦线等支线航道运量亦将进一步增加。

船舶通航秩序:项目地区通航秩序适用的法律法规有《中华人民共和国内河避碰规则》《江苏省内河交通管理条例》《江苏省水路运输管理条例》等,根据船舶行驶 AIS 轨迹等情况来看,船舶通过桥梁时航行秩序总体较好。

相邻设施影响分析:沪苏浙高速三白荡特大桥所在位置通航环境较好,桥梁与上下游现状涉水设施距离均满足规范要求,相邻设施对桥梁通航风险影响较小。

船桥碰撞历史事故险情:沪苏浙高速三白荡特大桥及附近水域近 5 年未发生船舶碰撞桥梁的水上交通事故,桥梁所在航段通航秩序总体较好。

c. 通航安全风险评估总结。

沪苏浙高速三白荡特大桥主要通航风险因素为桥梁水中墩、通航净空尺度及所在通航环境,桥梁有水中墩,且无导助航标志及防撞设施;桥梁通航净空尺度偏小,仅满足规范最小要求,航道中现状船舶较大,不满足现状通航船舶对桥梁通航净空要求;另桥梁下游紧挨地方公路桥,两座桥梁距离约为55m,均水中设置墩柱,桥梁通航孔水中墩柱易形成巷道效应。

②抗撞性能验算。

a. 桥梁重要性等级及设防水准确定。

三白荡特大桥左右幅跨径均为$[8×(5×30)+2×30]$m 的部分预应力混凝连续箱梁及等高现浇梁,正交布置,下部结构采用柱式墩、柱、肋式台,钻孔灌注桩基础,桥梁全长 1208.2m,桥型分类属于特大桥,本桥道路级别为高速公路。根据《公路桥梁抗撞设计规范》(JTG/T 3360-02—2020),本桥的船撞重要性等级为 C1 级,宜按 L2 船撞作用设防水准设计,L2 船撞作用设防水准设计对应的抗船撞设防目标均为 P1 级,本桥各构件的抗船撞性能等级均为 JX1 级。

b. 设计代表船型及撞击点。

根据《平原水网地区闸控航道通航标准》(DB32/T 3946—2020)及《江苏省船舶碰撞桥梁隐患专项治理领导小组文件》(苏船桥治〔2021〕7 号),桥区段现状通航船舶95% 覆盖率的船舶吨位为 1000 吨级,船舶尺寸为 60m×10.8m×2.5m。

有撞击设防需求的桥墩为通航孔两侧的 7 号和 8 号主墩,两墩均采用固定支座,选取 8 号墩进行验算。最高通航水位为 1.86m(1985 年国家高程基准)。验算船舶撞击点位置分别根据最高水位进行选取。根据《公路桥梁抗撞设计规范》(JTG/T 3360-02—2020)相关要求,船舶撞击的着力点取最高通航水位 2m。

c. 船撞力作用。

根据《公路桥梁抗撞设计规范》(JTG/T 3360-02—2020),桥梁结构的船撞效应可以采用等效静力方法计算确定,并且宜采用动力方法计算。近年来,将撞击作用按照动力学的理论作用于桥梁结构上,并计算分析桥梁结构的动力响应发展比较迅速,已经成为桥梁结构撞击计算分析的主流方法。

考虑《公路桥梁抗撞设计规范》(JTG/T 3360-02—2020)中提供的动力计算模型仅适用于船舶正撞情形,本桥采用强迫振动方法计算船撞力。船舶撞击力时程曲线如图 4.3-55 所示。

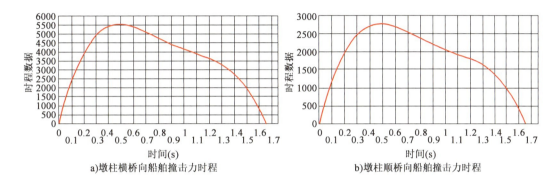

图 4.3-55　船舶撞击力时程曲线

依据《公路桥梁抗震设计规范》(JTG/T 2231-01—2020)对全桥结构进行有限元模拟,本桥桥墩支座采用 GYZ 支座(图 4.3-56)。采用"m"法模拟桩土作用,依抗震规范取 m 动 = 2m 静。本桥抗船撞性能等级为 P1 级,按弹性结构进行防撞验算。

图 4.3-56　三白荡特大桥有限元模型

d. 抗船撞性能验算结果(表 4.3-3)。

本桥构件抗船撞等级部分指标不满足 JX1 等级要求,全桥抗船撞性能不满足 P1 等级要求。

抗船撞性能验算结果表　　　　　　　表4.3-3

验算指标	构件标准	是否满足		
		船速3.33m/s	船速2.77m/s	船速2.22m/s
桥墩抗剪强度	JX1	√	√	√
桩基抗剪强度	JX1	×	×	√
桥墩抗弯强度	JX1	×	×	×
桩基抗弯强度	JX1	×	×	√
支座抗剪	JX1	×	×	×
支座位移	JX1	×	×	×
桩基整体稳定性	JX1	×	×	×

③助航防撞提升方案。

a. 防撞主动预警系统。

根据本桥船舶碰撞桥梁通航安全风险评估结果，本桥有水中墩，且无导助航标志及防撞设施，桥梁通航净空尺度偏小，不满足现状通航船舶对桥梁通航净空要求。为确保船舶安全通航，保障桥梁安全，加强大桥两侧区域的监测，避免船舶撞击桥梁，最大限度地减少事故的发生，对三白荡特大桥安装桥梁防船撞主动预警系统。

桥梁防船撞主动预警系统由超声波水位传感器、通航限高电子警示屏高清球机、硬盘录像机、太阳能发电板、胶体电池等模块构成（图4.3-57）。系统基于水位传感器获取当前水文参数，并通过通航限高电子警示屏实时告知船舶驾驶员，通过高清球机实时监控过往船。

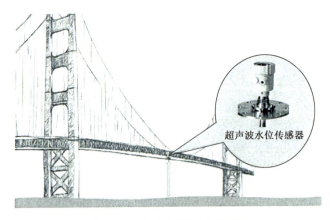

图4.3-57　水位传感器安装示意图

系统特点：系统适应各种天气条件，全天候无障碍、无间断动态监控；实时监测桥梁通航净高，并通过通航限高电子警示屏将水位高度进行实时显示；满足24h不间断监控，监控具有回放功能，录像存储一周以上。该系统可实现以下功能：

(a)对桥梁附近过往船舶进行安全预警提示；

(b)对过往船舶的航迹予以监控，若发生船舶碰撞事故，即可进行录像取证；

(c)有效降低运营期间桥梁被船撞的概率，延长桥梁的使用年限，保障桥梁及航道的安全；

(d)建立桥梁的可视化远程监控，实现对桥梁设施、通航等安全的可视化管理，提升管理水平；

(e)通过本项目桥梁防船撞预警系统的示范带动作用，为全省桥梁科学化运营管养水平的提升提供重要支撑。

b.通航孔增设防撞设施。

根据本桥船舶碰撞桥梁抗撞性能综合评估结果,本桥构件船撞等级指标不满足 JX1 等级要求。为保障桥梁安全运营,在三白荡特大桥第 7、8 号墩北侧增设钢管桩防撞墩,用以保护桥梁安全,同时对防撞墩涂刷反光漆以提示过往船只。

防撞墩顶面高程按 +4.27m,防撞墩由 3 根钢管桩组成。钢管桩采用外径 1200mm、壁厚 16mm 的钢管,单个防撞墩共 3 根,管桩长 18m,实际工作长度为 10.75m;从顶端往下 1.5m 处和 3m 处采用 Φ1000×14mm 钢管设置钢管横撑,将 3 根钢管桩分别连接为整体,钢管均采用 Q355 钢材。防撞墩于航道方向平行设置,设置于北侧,距离桥梁边缘 5.0m,距离桥墩 7.0m。如图 4.3-58 ~ 图 4.3-60 所示。

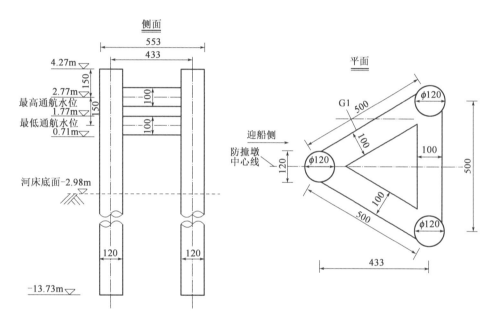

图 4.3-58　防撞墩侧面图(尺寸单位:cm)　　图 4.3-59　防撞墩平面图(尺寸单位:cm)

图 4.3-60　通航孔增设钢管桩防撞墩成果图

钢管桩及横撑应力小于 Q355 的屈服强度,在发生船碰撞的情况下,钢管桩内混凝土开裂,钢管桩处于弹性状态,不倒塌、不破坏;钢管桩位移94mm,小于防撞墩与桥墩距离5m。钢管桩防撞墩在 500 吨级船撞作用下,满足 JX1 构件的抗撞性能等级要求。

(4)船舶碰撞桥梁隐患治理专项行动成果总结

通过"3 年行动计划",进一步健全了沿江公司的安全管理责任体系,完善了桥区标志标识,提高了航道通航保障服务水平,规范了桥区水域船舶通航秩序,提升了桥梁防撞能力。

在 2023 年江苏省开展桥梁防船撞改造"回头看"工作中,沿江公司通过实地勘察、数据收集和分析,对防船撞设施的改造效果进行了评估和总结。总体来看,沿江公司所属两处防船撞设施改造效果较为良好,运行过程中未发生船只碰撞等突发事件。

4.3.2.3 水下桩基维修加固

(1)桥梁水下基础检查

2013 年 2 月至 3 月,沿江公司委托专业检测单位对苏州段中泾线大桥、白茆塘大桥、徐董公路分离式立交、双龙村大桥、常福公路分离式立交 5 座桥梁共 35 根墩柱的水下基础结构进行检查。

检查发现,除白茆塘大桥左幅 1 号墩 2 号柱在河床附近位置存在较大面积混凝土缺损和露筋外,其余桥梁情况良好,无明显劣化。

白茆塘大桥左幅 1 号墩 2 号柱混凝土缺损面积较大、深度较深,主筋锈蚀明显,随着桥梁的长期运营,病害程度会逐渐加重,桥梁耐久性能将会越来越差,将影响桥梁结构安全。沿江公司邀请东南大学交通学院桥隧工程研究所针对白茆塘大桥墩身病害的情况进行分析研究,并对墩身病害进行专项加固处治。

①桥梁概况。

白茆塘大桥全长 128.48m,跨径组成为 4×30m,上部结构采用装配式预应力混凝土组合箱梁,下部构造采用桩柱式桥墩,肋板式桥台。桥梁跨越白茆塘,通航等级为Ⅵ级,通航净空为 22×4.5m,桥梁总体布置如图 4.3-61、图 4.3-62 所示。

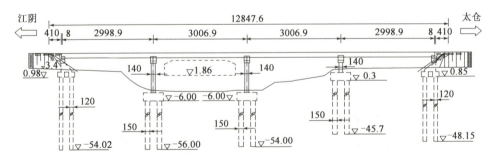

图 4.3-61　桥梁立面布置图(尺寸单位:cm)

②水下桩基病害情况。

白茆塘大桥左幅 1 号墩 2 号柱在河床附近位置存在较大面积混凝土缺损和露筋,病害位置如图 4.3-63、图 4.3-64 所示。

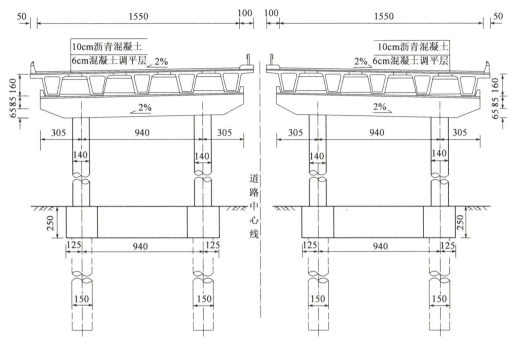

图 4.3-62 桥梁 1 号墩处平面布置图(尺寸单位:cm)

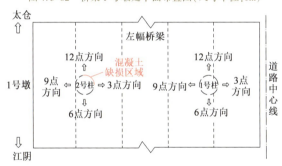

图 4.3-63 1 号墩 2 号柱混凝土缺损和露筋区域平面示意图

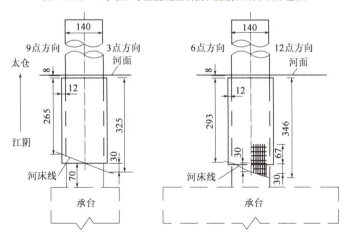

图 4.3-64 1 号墩 2 号柱混凝土缺损和露筋立面示意图(尺寸单位:cm)

具体病害情况:6根竖向钢筋外露,最长达43cm;3根箍筋外露,最长达180cm,整个墩柱混凝土缺损长度大约为1/4圆周,相应处墩柱混凝土表面最大缺损深度达9cm,缺失护筒上方0.67m范围护筒内部混凝土也存在缺损和露筋问题。缺损混凝土区域河床线到承台顶面高度为0.7m,该处水位高度约3.4m。

现场照片如图4.3-65所示。

图4.3-65 桩基病害照片

(2)病害成因分析

从全桥墩柱检查情况及混凝土缺损状况分析,白茆塘大桥1号墩只有左幅2号柱的护筒未延伸至河床面以下,在墩身混凝土浇筑时护筒和模板均出现了漏空,所以导致墩身混凝土浇筑时未达到一定强度就被河水冲蚀稀释,造成该处墩柱混凝土缺损和露筋现象。由此可知,左幅1号墩2号柱的病害并非是墩身受到撞击引起的,而是在施工时期就已发生。

(3)水下桩基加固

针对白茆塘大桥1号墩2号柱混凝土缺损及主筋锈蚀病害,以恢复桥墩承载能力和耐久性能为原则,以保证处治方案能够顺利实施为前提,最终确定处治措施如下:

①采用钢板桩进行围堰。

为了修复水中墩身混凝土的缺损和露筋部分,需要先对该桥墩进行隔水处理,隔水施工有很多种方式,如土石围堰、木板桩围堰、钢护筒围堰和钢板桩围堰等,考虑桥下净空和通航要求,采用钢板桩围堰进行隔水处理。

钢板桩围堰需要将钢板桩插入土层,而本桥下部结构桩柱顶设有横系梁,则需要对左幅桥梁1号墩两个承台及中间系梁一起围挡在内。沿承台周围打插钢板桩围堰,钢板桩围堰平面尺寸在承台长宽尺寸上每边各加1m,并对围堰进行支撑加固,泥浆抽至承台顶面以下50cm高程,对承台顶面以下50cm用混凝土进行封底,钢板桩围堰用拉森式Ⅳ型钢板。

②采用无收缩混凝修复墩柱。

首先拆原钢护筒,再对墩柱破损混凝土部分进行人工开凿,至露出新鲜混凝土,对轻度锈蚀的钢筋进行除锈,锈蚀严重的钢筋要进行钢筋置换,使之达到与原设计钢筋具有相同的受力效果,并在钢筋表面涂上一层防腐材料,然后在墩柱加大部分设置一圈钢筋网。用无收缩混凝土进行浇筑修补时,在墩柱上安装模板,模板采用4块拼装而成,模板四周比原墩柱宽10cm,即直径为160cm(原墩柱直径为140cm),厚度为2cm。浇筑高度为从承台顶面到覆盖缺损混凝土部分以上1m范围。

施工照片如图4.3-66所示。

图4.3-66 施工照片

(4)工程总结

该工程施工过程中,沿江公司及时根据现场情况调整优化方案,及时组织召开专家论证会。

2013年6月,沿江公司组织召开专家讨论会后决定采用3.5m钢护筒下沉封底,使用UGM无收缩混凝土修复,并采用环向碳纤维包裹的总体处治方案。

2013年12月,施工单位现场割除左幅1号墩2号柱原钢护筒后发现破损区域60cm范围内混凝土成泥状,基本无强度,且钢筋可轻易插入,周围1.5m高度范围内混凝土也有松散现象。随后,沿江公司组织专家会讨论,并邀请原施工建设单位及原监理单位到现场查看,决定增加对左幅1号墩1号桩柱进行检查。经检查,左幅1号墩1号桩柱情况较好。

2014年4月以及6月,沿江公司组织召开了两次方案评审会,最终确定处理方案为对1号墩2号桩竖向90cm处置深度扩大至150cm范围并采用增大截面法维修补强的方案。

4.3.2.4 钢箱梁维修加固

(1)背景情况

沿江高速公路全线共有4座钢箱梁桥(峭岐枢纽主线桥、峭岐枢纽B匝道跨锡澄高速公路桥、沙溪枢纽A匝道跨沿江高速大桥、沙溪枢纽B匝道跨沿江高速大桥),其中匝道桥3座,主线桥1座。钢箱梁桥2004年建成通车,至今已运营近20年。为了解箱梁内部病害情况,2022年沿江高速公路有限公司对峭岐枢纽主线桥和峭岐枢纽B匝道跨锡澄高速公路桥箱室内进行了专项检查。检查发现:

①顶板施工人孔焊缝普遍存在开裂、漏水、漏焊的现象,焊缝强度严重削弱,有失效的风险,人孔随时有脱落的风险,给行车安全带来很大威胁。如图4.3-67所示。

②顶板U肋、T肋等加劲肋存在对接焊缝裂缝、加劲肋与顶板角焊缝裂缝等各类焊缝裂缝,部分裂缝已扩展至钢板母材。如图4.3-68、图4.3-69所示。

图 4.3-67　顶板人孔病害

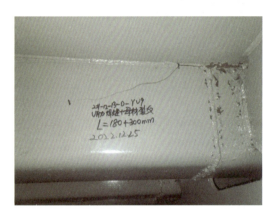

图 4.3-68　U 肋焊缝裂纹延伸至母材　　　　　图 4.3-69　T 肋对接焊缝裂纹

③箱室内存在积水、涂层大面积剥落、钢材锈蚀病害,其中峭岐枢纽主线桥主桥箱内涂层锈蚀区域占涂层总面积的比例已超过50%。如图 4.3-70、图 4.3-71 所示。

图 4.3-70　底板积水　　　　　　　　　　　图 4.3-71　顶板锈蚀

(2)钢箱梁维修加固

在2022年专项检查的基础上,沿江高速公路公司展开了峭岐枢纽主线桥和峭岐枢纽B匝道跨锡澄高速公路桥的专项维修加固工作。

①施工人孔加固。

将缺陷处U肋/T肋及面板全部割除,用等厚度等材质的嵌板嵌入切除部位并进行焊接。首先进行U肋/T肋的对接施工,最后进行顶板嵌板施工,所有对接焊缝从桥面上进行焊接工作。对顶板处缺陷进行修补时,对局部桥面铺装进行铣刨重做。

②角焊缝修复。

针对角焊缝裂纹,采用补焊焊接的方式进行维修。维修前首先进行无损探伤,探明裂缝发展尖端,通过气刨刨除开裂焊缝,之后采用气体保护焊进行补焊,保证补焊焊缝的强度和韧性。

针对焊缝裂纹并延伸至母材的病害,采用栓接钢板加固方法。钢构件裂缝按照等刚度、等强度原则进行跨裂缝栓接钢板补强。

③对接焊缝病害修复。

针对对接焊缝存在的焊缝脱焊、虚焊现象,新制作嵌补段,焊接更换。针对延伸向加劲肋母材的,将开裂部位母材一并割除,重新焊接更换。

④箱内防腐处治。

针对箱室涂层脱落、钢材锈蚀的情况,对箱室内部钢结构进行重新防腐涂装,涂装方案总干膜厚度为250μm。并对箱室内积水进行排除,在人孔附近箱室内放置适量的工业干燥剂,用量为800g/m²。

⑤增设检修爬梯。

考虑到桥梁净空较高,为便于后期检查及日常维护,增设钢结构爬梯(图4.3-72),方便施工设备及人员进出。

图4.3-72 增设检修爬梯

4.4 突发事件处置情况

4.4.1 应急预案

为了确保沿江高速公路桥梁突发事件下的交通畅通和通行安全,针对可能出现的桥梁突发事件,沿江公司组织修订了《江苏沿江高速公路有限公司桥梁突发事件应急预案》。其主要内容涵盖:主线桥梁突发事件及撞击预案共计4大类14种处置情况应对;匝道桥梁突发事件预案2大类4种处置情况应对;各上跨桥、特大桥及特殊结构桥梁专项预案35个。针对桥梁出现的突发事件,制订相应等级的应急处理措施。预案制定以来,共处治多起桥面道路交通事故,全面验证了应急预案的操作性和适用性。

4.4.2 火烧桥应急处置

2010年12月7日,沿江高速K81+374处张家河中桥桥下意外失火,导致该桥梁部分梁体钢绞线外露,梁体混凝土大面积剥落,如图4.4-1所示。情况比较危急,沿江公司领导及相关负责人收到通知后立即赶赴现场。经现场查看,张家河中桥太宁方向第一跨中分带起第1、2、3片梁严重烧损,第6、7、8、9片梁混凝土保护层大面积脱落,桥上管箱盒损坏16m,常州方向通信中断。根据现场实际情况,公司立即采取相应等级应急处治措施,先将超车道、第一行车道紧急封闭,防止超重车辆经过加剧烧损梁体的破坏,第二步连夜对大面积保护层脱落的梁体部位组织临时支撑加固,以确保夜间营运的安全。随后组织了桥梁详细检测、维修方案论证、荷载试验、紧急抢修等一系列工作。由于措施得当,协调组织有力,达到了控股公司要求在春运前抢修结束的要求,及时有效地保障了沿江高速公路的安全畅通。

图4.4-1 张家河中桥火损情况现场照

4.4.3 车撞桥应急处置

2008年6月19日上午,沿江公司经苏州路政大队电话得知,主线董浜枢纽处桥式通道受超高车辆撞击,破损比较严重。接到此情况后,公司领导及相关负责人立即赶赴事故现场。当时肇事车已撞断边梁的钢绞线达一半以上,4/5的边梁混凝土已撞损掉落,该处边梁已无法正常受力,车辆经过有可能造成断板现象,如图4.4-2所示。公司领导根据现场实际情况,立即采取相应等级的应急处治措施,立刻要求紧急封闭通道上方的紧急车道,随后组织进行了地方道路的管制以及承重支架的架设,组织施工单位抢修,委托事后撞击鉴定等工作,有效地保障了桥梁安全。

图4.4-2 主线董浜枢纽处桥式通道撞损情况

2020年6月17日下午,新丰路桥受超高车辆撞击,如图4.4-3所示。接到此情况后,公司领导及相关负责人立即赶赴事故现场,根据现场实际情况,立即采取相应等级的应急处治措施,于当日委托检测单位对该桥撞损情况进行了检测,检测范围包括上行第3孔内的桥梁上部结构、下部结构、桥面系以及撞击可能会影响到的相关构件等。经分析,桥梁上行3号孔空心板梁遭受车辆撞损,其中1号板梁撞损最为严重,该梁跨中处底板外倒角一束钢绞线断裂、另一束钢绞线两根钢丝断裂,一根主筋、四根箍筋断裂;同时,腹板一处撞损较深,严重处可见空心板梁空腔。此外,上行3号孔空心板梁底板均存在不同程度的超高车刮痕,2号、3号、14号板梁底板局部存在轻微撞损,如图4.4-4所示。

图4.4-3 新丰路桥上行3号孔现场照　　　　图4.4-4 3号孔1号板梁撞损情况

鉴于桥梁梁体出现如此严重的车辆撞损,极易发生影响桥梁结构安全的情况,公司立刻要求紧急封闭通道上方的紧急车道,随后组织进行了地方道路的管制,组织施工单位进行抢修。主要维修加固措施包含:①对撞损处钢筋进行整理,利用同等级同规格钢筋进行补焊,利用专用连接器对断裂的钢绞线进行连接,对破损处利用轻质树脂砂浆进行修补。②为补充板梁在本次撞损中损失的预应力,同时解决20m板梁的端部抗剪加强区不足的问题,在腹板外侧加厚20cm，内置φ15-3钢绞线，张拉力按0.6fpk（31.9t）控制。③为防止类似事故对桥梁安全的影响，在桥梁下穿道路的两侧增设门架，规格为9m宽，净空为4.5m。沿江公司对该项目高度重视，并协调地方道路交通管制工作，多次至现场指导施工，使项目得以顺利完成，如图4.4-5和图4.4-6所示，有效地保障了桥梁安全。

图4.4-5　腹板增大截面完工效果图

图4.4-6　3号孔门架施工完成效果图

4.4.4　防汛防台应急演练

2023年7月，沿江公司提前部署，多措并举，积极行动，全力做好汛期各项准备工作，不断提高防汛能力，确保辖区安全度汛。沿江公司结合辖区道路实际情况及防汛防台工作重点，从职责分工、日常预防、应急处置等多方面完善防汛防台工作预案，确保响应及时，最大限度减轻受灾损失；各工区积极参与沿江公司组织开展的防汛防台应急演练，在树木倒伏处治工作中，工区人员快速到达现场、标准流程清障、全面复通复畅，以练代战，以战促练，切实增强养护人员的防汛防台安全意识，逐步提高沿江公司防汛防台应急抢险的实战能力。如图4.4-7所示。

图4.4-7　防汛防台应急演练情况

第5章 智慧养护应用探索

5.1 高速公路资产数字化管理探索

5.1.1 资产数字化管理探索背景

公路运营养护的信息化、数字化、智慧化,不仅是国家政策的导向,更是公路行业发展的大势所趋。近年来,国务院、交通运输部以及江苏省政府、省交通运输厅陆续发布了许多推进公路养护管理数字化的相关政策。国务院发布的《交通强国建设纲要》《国家综合立体交通网规划纲要》《"十四五"数字经济发展规划》等都提出了有序推进基础设施智能升级,稳步构建智能高效的融合基础设施,提升基础设施网络化、智能化、服务化、协同化水平。交通运输部《"十四五"公路养护管理发展纲要》《关于推进公路数字化转型 加快智慧公路建设发展的意见》等明确提出了以数字化引领公路养护管理转型升级,研制推广公路养护智能化应用,加强公路养护科学决策方法研究,提升公路养护管理工作效能。《数字交通"十四五"发展规划》更是将数字化、网络化、智能化作为主线,为"十四五"时期数字交通发展提供了科学指导和创新动力,这一规划的实施将为公路养护行业带来深刻变革,推动行业向专业化、高品质服务方向发展。

江苏省在《"十四五"公路养护管理发展纲要》《江苏省综合立体交通网规划纲要》《江苏数字交通发展三年行动计划(2022—2024年)》等文件中明确提出,在"十四五"期间将重点推进交通基础设施的数字化转型,通过科技创新、产业链培育、基础设施建设、智能建造技术应用等多方面措施,实现交通基础设施的数字化、网络化、智能化,以提升交通运输行业的服务效率和安全水平。

面对高速公路老龄化和养护压力增大的挑战,数字化技术的应用成为缓解压力的关键。公路养护行业正在经历从传统到现代的转型,这需要政策支持和技术创新的双重推动。结合建筑信息模型(BIM)+地理信息系统(GIS)、物联网、云计算、大数据、互联网和人工智能(AI)等技术,可以为公路建设、养护和运营提供创新解决方案。

资产数字化是提升公路养护技术水平和推动新技术发展的核心。为解决信息化水平低和养护专业化程度不高等问题,需要改革和创新,包括完善养护计划、提高信息化水平、增强养护专业化和加强运营管理信息化建设。这些措施将有助于构建一个高效、智能、绿色的公路养护体系,提供更优质的交通服务,并为公路运营养护工作奠定长期发展的基础。

5.1.2 资产数字化管理的含义与意义

5.1.2.1 资产数字化管理的含义

公路资产数字化管理代表了一种全新的管理理念,它通过融合现代信息技术,如云计算、大数据、物联网、人工智能等,将公路及其相关资产的信息进行数字化处理,构建起一个全面的、动态的、可交互的公路资产管理系统。这一过程涉及公路资产的采集、存储、分析和应用等多个方面。具体来说,公路资产数字化管理包含以下关键环节:

①数字化采集:运用激光扫描、无人机测绘等技术,对公路的物理状态和周边环境进行精确的数字化记录,创建详尽的三维模型和数据库。

②数据集成与管理:整合采集的数据至公路管理系统,如 CPMS、BPMS,建立全面的公路资产数据库,实现数据的集中存储和管理。

③实时监控与分析:应用物联网和大数据分析技术,对公路资产进行实时监控,评估和预测维护需求及安全风险,为决策提供科学依据。

④智能化决策支持:依托数字化信息,为公路养护、维修等提供决策支持,实现精准养护和高效管理,提高运营效率和安全性。

⑤全生命周期管理:从规划到更新,对公路资产的每个阶段进行数字化管理,优化资产运营效率和使用寿命,确保长期价值。

⑥风险与应急响应:通过数字化监测预警自然灾害和突发事件,建立应急数字管控体系,提升应急管理和响应能力。

⑦服务模式创新:利用数字化技术改善公路服务,如智慧服务区和预约出行,提供更便捷、个性化的出行体验。

⑧政策与标准支撑:建立适应数字化的公路标准体系,推动管理规则和政策的数字化转型,促进行业规范化和标准化。

通过这些环节,公路资产数字化管理旨在提升公路运营的智能化水平,确保公路资产的高效利用和可持续发展。

5.1.2.2 资产数字化管理的意义

公路资产数字化管理的意义体现在提高管理效率、优化资源配置、增强决策支持,提升服务质量和响应速度,促进可持续发展和增强应急响应四个方面。

①提高管理效率、优化资源配置、增强决策支持。数字化技术实现了资产信息的快速采集、处理和更新,减少了人力需求和操作错误,提高了管理效率。精确监控和需求分析使得资源配置更精准,规划更前瞻,确保了公路建设和维护工作的连贯性。数据分析和报告功能为决策者提供有力的信息支持,使决策更加科学和高效。

②提升服务质量和响应速度。实时监控和智能分析技术保障了公路网络的安全和畅通,集中存储和数据共享机制促进了协同工作,提高了工作效率。全生命周期监管强化了对公路资产的持续跟踪和维护,确保了资产的有效利用和稳定性。

③促进可持续发展。数字化管理优化了养护和运营策略,推动了行业的绿色转型,降低了能耗和排放,为环境友好型交通体系奠定了基础。同时,数字化管理为新技术的集成应用提供了平台,开辟了公路管理和服务创新发展的新路径。

④增强应急响应。快速的数据收集和智能分析加强了对紧急情况的响应,提高了处理效率,减少了风险和损失。在政策层面,数字化管理为政策制定和执行提供了数据支持,确保了政策的科学性和有效性。

总之,公路资产数字化管理是公路行业向现代化、智能化、绿色化发展的关键驱动力,它不仅提升了公路管理的效率和水平,也为公路行业的可持续发展和创新驱动发展提供了坚实的技术支撑和数据基础。

5.1.3 沿江高速资产数字化管理探索方式

5.1.3.1 资产数字化总体建设规划

高速公路资产数字化管理,是基于三维的高速公路资产设施数字化管理平台,通过运用GIS技术、BIM技术、无人机航拍技术、倾斜摄影技术、三维可视化展示与交互技术、物联网、大数据分析技术等,将高速公路地形地貌、高速公路主体、高速公路结构物、服务区、收费站、交安及附属设施等快速构建成三维空间数据库,搭建"高速公路资产数字底座",实现高速公路全资产的三维可视化展示、动态和数字化管理,为高速公路资产动态管理和决策提供数据支撑,同时为高速公路资产数字化管理提供数据汇聚、数据智能、实现数据化运营的载体。通过融合接入高速公路资产动态业务数据,将接入的动态业务数据在三维空间中分层、直观、动态展示并进行对比分析,全面提升高速公路数字化和智能化管理水平,提供基于可视化场景的辅助决策支持。沿江高速资产数字化管理按照三个阶段开展,分别是"数字化"应用阶段、"资源化"应用阶段和"智能化"应用阶段,如图5.1-1所示。

图 5.1-1　资产数字化管理平台建设规划

(1)"数字化"应用阶段

基于 GIS 技术、BIM 技术、无人机倾斜摄影等技术,通过宏观与微观相结合,以"数字"方式为高速公路实体基础要素(部分要素)构建"高速公路三维数字模型",搭建"高速公路数字底座",构建"高速公路数字孪生",实现高速公路资产三维数字化、精细的可视化和动态化管理,具体包括公路地理环境数字化、公路主体数字化、桥隧涵立交匝道数字化、交安设施数字化、沿线设施数字化和公路档案信息数字化。

(2)"资源化"应用阶段

二阶段建设内容包括以下 5 个方面:

①在"数字化"应用阶段基础上完成高速公路全线资产设施全要素数字化工作,实现"高速公路物理实体全要素数字化",打造高速公路"数字底座",构建"高速公路数字孪生"全要素数字化平台。面向新基建应用场景,助力交通行业数字化、智能化、智慧化建设,激活道路万物,实现道路智能管理。

②开展数据治理工作,将现有的多源异构管养数据与高速公路三维数字模型融合,最大化挖掘现有数据价值,为路面养护决策提供依据。基于数据资源化管理和应用,辅助道路日常管养工作的开展,提升道路智能化管养水平。

③运用物联网技术、AI 感知技术、三维可视化技术实现两大管养场景技术的新型应用,有效解决传统常规养护中所不能主动实时高效解决的问题。

④打造高速公路全维度资产三维数据图谱:基于全要素数字化和公路多源异构数据的融合,建立高速公路三维数据库,形成高速公路全维度资产要素三维数据图谱(有形资产+无形数据资产)。

⑤持续提升平台性能及用户体验:在一期基础上,优化提升高速公路资产全要素三维模型数据轻量化、高性能动态加载与渲染速度,持续提升用户体验。同时,基于海量多源异构数据的融合,实现融合数据的可视化展示、动态交互与分析。

(3)"智能化"应用阶段

基于一阶段和二阶段建设成果,融合大数据和人工智能技术,将接入的高速公路动态业务数据在三维空间中分层、直观、动态展示并进行对比分析,全面提升高速公路数字化和智能化管理水平,提供基于可视化场景的辅助决策支持。

5.1.3.2 资产数字化试点项目概述

基于沿江高速资产数字化总体规划,沿江高速以"G50 高速公路(江苏段)资产数字化管理平台建设项目"为试点,开展资产管理数字化建设探索,拟通过试点项目,引入先进的信息技术和管理理念,对公路资产进行全生命周期的数字化管理,为加快推进公路数字化转型升级,推动公路养护高质量发展,提高公路养护的质量和效率,促进公路交通系统的可持续发展提供借鉴。

G50 沪渝高速(江苏段)起始于苏州市吴江区芦墟镇北部的苏沪省界,与上海的沪青平高速公路相连。沿途经过莘塔、北库、古池荡等地,最终到达吴江区震泽镇北部的苏浙省界,与浙江省的申苏浙皖高速公路相汇。该段高速公路全长 49.947km,采用双向六车道设计,实现全封闭和全立交,路基宽度为 35m,设计速度为 120km/h。该高速公路沿线设有多个重要交通节点,包括汾湖互通、北库互通、黎里互通、平望枢纽互通、平望互通、横扇互通、七都互通等互通立交以及苏沪主线收费站、汾湖收费站、北库收费站、黎里收费站、平望收费站、平望服务区、横扇收费站、七都收费站和苏浙主线收费站等收费站和服务区,确保了交通的便捷性和高效性。

G50高速(江苏段)资产数字化管理平台建设试点项目数据采集范围横跨49.947km,起始于吴江区芦墟镇北部的苏沪省界,终止于吴江区震泽镇北部的苏浙省界,在这段高速公路的中心线两侧,各拓展约500m范围,构建了详尽的三维模型和高清晰度正射影像。对于互通匝道、服务区、收费站等关键设施,航拍范围不受两侧500m的限制,确保这些重要节点的完整性和清晰度。通过三维模型技术和高清正射影像处理方法,苏浙沪高速公路能够实现更为高效和可靠的信息获取,也为高速公路的智能化管理和服务提供了坚实的基础,无论是对于交通状况的实时监测,还是对于未来扩建与改造工程的规划设计,都具有重要的意义。

5.1.3.3 资产数字化试点项目建设内容

G50高速(江苏段)资产数字化管理平台建设试点项目分两期进行,其中一期建设内容为基础设施数字化建设,包括G50高速(江苏段)全路段无人机倾斜测量三维模型数据制作与发布、人工BIM建模和部分桥梁及软基路段档案数字化;二期建设内容包括一期成果深入优化与完善、数据治理与档案数字化、多源动态异构数据集成可视化展示、物联网+三维可视化技术试点应用等,具体如图5.1-2所示。

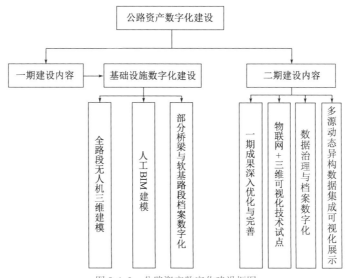

图5.1-2 公路资产数字化建设框图

(1)试点项目一期建设内容

公路基础设施数字化建设是一个系统工程,旨在通过现代信息技术手段,将公路的物理结构、功能属性、运营状态等信息转化为数字化数据,以便于更高效地管理和维护公路资产。G50高速(江苏段)资产数字化管理平台建设试点项目全路段采用无人机倾斜测量技术进行公路及其附属设施的详细测量,并创建高精度的三维模型,实现基础数据的采集。在项目试点过程中,通过开展三维GIS技术、BIM技术、三维可视化展示与交互技术、无人机航摄技术、地理实体三维模型构建技术、三维模型数据库快速构建技术、档案数字化技术7项技术在高速公路上应用的攻关研究,最终形成了G50高速(江苏段)资产数字化管理平台(一期)建设成果,完成了 G50 高速(江苏段)全路段无人机倾斜测量三维模型数据制作与发布、人工 BIM 建模和部分桥梁及软基档案数字化,如图 5.1-3 所示。

图 5.1-3　G50 高速(江苏段)资产数字化管理平台(一期)成果展示

①全路段无人机三维建模。

采用了无人机倾斜测量技术,对全长 49.947km 的沪苏浙高速进行了详尽的三维建模。航摄覆盖区域以高速公路中心线为基准,向两侧各扩展约 1000m,确保了对周边环境的全面捕捉。对于关键设施如互通匝道、服务区和收费站等重要节点,航摄范围不受 1000m 的限制,以确保这些区域的完整性和细节得以完整呈现。在精度方面,确保了三维模型的平面精度达到 0.03m 以内,高程精度控制在 0.1m 以内,从而保证了模型的高精度和高可靠性。采集的内容广泛,涵盖了高速公路的地理环境(包括地形和地貌)、主体结构、桥梁、隧道、涵洞、互通立交、出入口匝道、服务区、收费站以及公里桩(百米桩)、交通安全和附属设施等。这些详尽的数据将为后续的公路资产管理和维护提供坚实的基础。

②人工 BIM 建模。

人工 BIM 建模工作是关键一环,它涉及公路基础设施的精确三维数字化表示。一期人工 BIM 建模内容涉及桥梁、互通/匝道、分离式立交、标志标牌、太浦河特大桥主桥墩钢筋级、软基路段地质等,如图 5.1-4 所示。

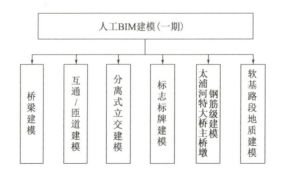

图 5.1-4　人工 BIM 建模(一期)建设内容

试点项目总共完成了 14 座大桥、19 座互通立交和匝道、3 座分离式立交、全线路线共 565 个标志标牌的详尽 BIM 建模。其中,桥梁 BIM 模型将精确反映桥梁的设计参数、结构细节和材料属性,为桥梁的维护、检测和加固提供详尽的数据支持;互通/匝道建模确保了复杂的交通转换区域在数字空间中的精确呈现,有助于交通流线的优化分析,以及未来可能的改造或扩建工程的规划;分离式立交建模展示了立交的结构布局和功能,为日常运营和应急管理提供三维视图,有助于提高交通安全和运营效率;标志标牌建模涵盖了 64 种不同类型的标志标牌,这些 BIM 模型将为公路安全和导航提供重要的视觉信息。通过精确的标志标牌模型,可以更好地进行交通信息管理和更新。此外,一期还对太浦河特大桥的主桥墩进行了钢筋级别的 BIM 建模试验,这一细致的建模工作将为桥梁的关键部位提供深入的分析和评估,确保结构的长期稳定性和安全性。此外,还对软基路段进行了地质 BIM 建模试验,这将帮助工程师更好地理解地质条件,评估潜在的地面稳定性问题,并为地基处理和加固提供科学依据。

这些 BIM 建模工作不仅能够创建公路基础设施的高精度三维数字副本,还能够为公路的全生命周期管理提供强大的数据支持。这些模型将为设计审查、施工监控、养护计划、资产管理以及应急响应等多个方面提供决策依据,极大地提高了公路管理的效率和公路网络的运营安全性。

③档案数字化。

在高速公路资产管理的数字化转型过程中,档案数字化是确保信息可访问性和长期保存的关键步骤。在一期项目试点过程中,完成了太浦河大桥档案数字化和软基路段档案数字化两项工作。

a. 太浦河大桥档案数字化:针对太浦河大桥的关键部分,即 13 号至 16 号桥墩的左右幅,进行了彻底的档案数字化处理。这一工作包括桥梁设计图纸、施工记录、检测报告、维护历史以及结构健康监测数据的扫描和转换。通过高精度的数字化技术,这些档案现在可以以电子格式存储和检索,极大地提高了信息管理的效率和便捷性。此外,数字化档案还为桥梁的长期监测、维护和未来的升级改造提供了详尽的历史数据支持。

b. 软基路段档案数字化:对于高速公路上的 500 余段软基路段,执行了全面的档案数字化工作,包括地质勘察报告、地基处理方案、施工日志、监测数据和养护记录等关键文档的电子化。通过这一过程,软基路段的详细信息和历史记录得以完整保存,并可通过数字化平台进行快速查询和分析。这对于评估路段的稳定性、规划预防性养护措施以及应对可能的地质灾害具有重要意义。

数字化档案不仅提高了资料的保存安全性,还增强了数据的可用性和共享性。它为公路管理部门提供了一个强大的信息平台,使得决策者能够基于翔实的历史数据和实时信息做出更加明智的决策。此外,数字化档案还为公路的持续改进和技术创新奠定了坚实的数据基础,有助于提升公路网络的整体性能和服务质量。

(2)试点项目二期建设内容

致力于打造全国首条实现"高速公路资产全要素数字化管理"的示范路段,目标是为智慧高速公路建设奠定坚实的"数字基础"。通过这一创新举措将推动交通行业的数字化、智能化和智慧化进程,勇于担当"中国智慧交通的先行者"。此外,利用高速公路全维度资产的三维数据图谱,实现高速公路的实体一张图;可视化、数字化和智能化管理手段的运用提升了公路资产管理的效率和质量。这种全面的数据驱动方法确保从规划到运营的每个环节都能够基于准确和实时的数据做出决策。

在试点项目二期开展过程中,开展了海量多源异构数据三维可视化技术、三维模型快速更新技术、新型巡检技术、物联传感动态数据实时采集与处理技术、多源异构数据融合互享共联技术5项关键技术攻关工作,积极探索和运用物联网、人工智能和三维可视化等前沿技术,针对两大常规管养场景开展试点项目。这些技术的应用旨在解决传统养护方法无法实时主动解决的问题,通过创新手段提升养护质量,降低运营成本,实现效率的最大化。致力于通过技术革新,推动公路养护工作的转型升级,为智慧交通的发展贡献力量。结合技术攻关成果,最终形成了G50高速公路(江苏段)资产数字化管理平台(二期)成果,具体包括:一期成果深入优化与完善、数据治理与档案数字化、物联网+三维可视化技术试点和多源动态异构数据集成可视化展示。

①一期成果深入优化与完善。

二期完成了试点高速公路全线资产设施全要素数字化工作,在一期基础上,增补了24座ETC门架(含门架所有电子设备)、声屏障人工BIM建模、路侧气象设备人工BIM建模、视频监控点位人工BIM建模,以及公里桩、百米桩点位数据采集,如图5.1-5~图5.1-7所示。

图5.1-5　高速公路ETC门架人工BIM建模

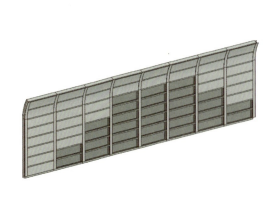

图5.1-6　高速公路声屏障人工BIM建模

图5.1-7　高速公路气象站人工BIM建模

②数据治理与档案数字化。

完成了近一年道路全要素资产数据、近一年路面技术状况定检数据、近一年日常养护数据与日常巡检数据治理以及高速公路全线 24 座桥梁主桥档案在线数字化管理工作,如图 5.1-8 所示。

图 5.1-8 平台中桥梁档案数据挂接与可视化展示

③物联网+三维可视化技术试点。

完成了多源动态异构数据集成可视化展示,包括高速公路路面视频监控点数据集成与可视化展示、高速公路路侧气象设备数据集成与可视化展示、高速公路路面技术状况定检数据集成与可视化展示、高速公路日常养护数据集成与可视化展示等,实现高速公路资产全要素数据驾驶舱功能开发(含有形资产及无形数据资产)、路面性能可视化、路面病害可视化、路面视频流三维融合、道路虚拟巡检,如图 5.1-9 所示。

图 5.1-9 高速公路资产全要素驾驶舱

④多源动态异构数据集成可视化展示。

进行了物联网+三维可视化技术的三大试点应用,分别为《视频监控融合AI感知技术与三维可视化技术在桥下空间事件主动监测中的应用》《物联网+三维可视化技术在桥梁立柱(独柱墩)位移防倾覆监测中的应用试点桥梁》《物联网技术在桥梁下穿通道超高车辆主动预警的应用》,实现了桥梁的实时在线巡检、桥梁结构智能化监测和下穿通道超高车辆监测与预警功能,解决了传统管理中存在的多项难题,增强了桥梁安全管理的主动性和前瞻性,为桥梁管养提供了一种创新的解决方案。

5.1.4 沿江高速资产数字化管理探索成效

5.1.4.1 试点项目探索成果

G50高速公路(江苏段)资产数字化管理平台建设试点项目通过一期和二期建设,完成了全要素基础设施数字化采集处理,接入丰富养护业务和物联网数据,同时完成了基于养护业务需求的管理系统开发工作,形成了较为丰富的成果,具体总结为3个方面,分别为:建立了高速公路基础设施全要素三维数据底座、开展了融合动态实时物联网数据的三维可视化试点应用、开发了多源动态异构数据集成展示平台,成果较为丰富。

(1)建立了高速公路基础设施全要素三维数据底座

一方面,通过无人机倾斜测量三维建模、GIS地图、BIM模型无缝融合,完成了高速公路全线资产设施全要素数字化工作,实现了"高速公路物理实体全要素数字化";另一方面,通过结构化数据及数据归类,成功将数字文档与BIM模型相结合,实现直观、快速、便捷地进行可视化档案管理,最终打造成高速公路基础设施全要素三维数据底座,可实现对标志标牌、服务区、桥梁互通、软基路段、虚拟巡检、独柱墩、档案数据关联、ETC门架(含门架所有电子设备)、声屏障、路侧气象设备、公里桩、百米桩点位数据的采集与管理,具体成果如下:

①标志标牌管理。

实现全线565处标志标牌可视化,建立了全面的标志标牌资产台账和模型库,支持基于标志内容的快速检索和地理位置的精确定位。系统还能够量测标志标牌的净空高度,并允许在线维护与更新标志标牌的类型和版面内容,以贴图形式进行,如图5.1-10所示。

图5.1-10 高速公路标牌三维地址位置快速定位

②服务区管理。

系统提供了服务区的多角度查看功能,支持服务区名称的在线检索与查询以及地理位置的快速定位。通过三维实景展示,可以量测服务区的长度与面积,增强服务区的管理与规划能力,如图 5.1-11 所示。

图 5.1-11　高速公路服务区快速定位

③桥梁互通管理。

实现了全线大型互通桥梁的名称检索、快速定位和结构信息查询。用户可以通过立面多角度查看功能,深入了解桥梁互通的详细结构,如图 5.1-12 所示。

a)互通三维展示　　　　　　　　　　　　b)立交三维展示

图 5.1-12　高速公路桥梁互通及立交三维展示

④软基路段管理。

通过全线段落桩号的检索与查询,快速定位软基路段,同时在线查阅原设计方案,已实现全线 530 余段软基路段设计资料与模型挂接,提高了软基路段的监管效率,如图 5.1-13 所示。

⑤虚拟巡检(试验)。

开发了第一人称视角的虚拟巡检功能,模拟日常道路养护巡检过程。用户可以自定义巡检路线、方向、车道、车速和巡检视角,提升巡检的互动性和实用性,如图 5.1-14 所示。

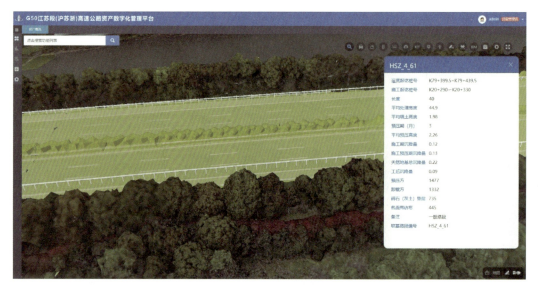

图 5.1-13　高速公路软基路段桩号定位与查询示意图

a)车巡视角

b)航摄视角

图 5.1-14　虚拟巡检(车巡与航摄视角)

⑥独柱墩管理。

将全线 18 座桥梁独柱墩数据结构化充分与 BIM 技术进行融合,精确定位独柱墩,实现快速定位、查询、监控等管理,计划进一步将独柱墩验算、维养、监控等信息深化与细化,创新独柱墩管理新标杆,进一步丰富"苏式养护"的品牌精髓,如图 5.1-15 所示。

⑦档案数据关联。

该平台已完成 G50 高速公路(江苏段)1300 余份设计、建造、管养各阶段档案的档案整理、建立目录数据库、档案扫描及命名、AI 图像处理、数据链接及数据质检工作,通过结构化数据及数据归类,实现将数字文档与 BIM 模型相结合,实现直观、快速、便捷地进行可视化档案管理,强力推动资产数字化前进的步伐,如图 5.1-16 所示。

⑧高速公路全线 ETC 门架(含门架所有电子设备)、声屏障、路侧气象设备管理如图 5.1-17、图 5.1-18 所示。

⑨公里桩、百米桩。

点位实时查看、地理位置快速定位,并支持在线便捷调整,如图 5.1-19 所示。

第5章 智慧养护应用探索

图 5.1-15　独柱墩管理

图 5.1-16　档案数据在线实时查阅

图 5.1-17　平台中 ETC 门架分布信息查阅与定位

图 5.1-18　平台中声屏障 BIM 人工模型可视化管理

⑩护栏。

完成全线护栏数字化、可视化,平台支持护栏实时查看、地理位置快速定位、尺寸量测、支持在线便捷调整,如图 5.1-20 所示。

图 5.1-19　高速公路百米桩三维可视化展示与定位

图 5.1-20　G50 高速(江苏段)全线护栏在线快速量测

(2)开展了融合动态实时物联网数据的三维可视化试点应用

在公路资产管理的数字化转型中,物联网和三维可视化技术的融合应用,正在开启桥梁监测和养护工作的新篇章。

①视频监控融合 AI 感知技术与三维可视化技术在桥下空间事件主动监测中的应用。

在芦墟互通主线桥试点应用中,通过集成先进的视频监控系统和 AI 分析技术,实现了对桥下空间的实时监控和事件主动检测。这一系统不仅能够自动识别桥下空间的异常事件,如非法占用、堆积物、非法施工等,还能够在三维空间中进行精确定位和可视化展示,极大地提高了桥下空间管理的效率和响应速度。

②物联网+三维可视化技术在桥梁立柱(独柱墩)位移防倾覆监测中的应用试点桥梁。

在芦墟互通 D 匝道桥试点应用中,利用物联网技术对桥梁立柱的位移和倾斜进行实时监测。通过安装在桥梁关键部位的传感器,系统能够收集结构变形、位移和倾角等关键数据,并通过三维可视化技术直观展示,为桥梁结构的安全性评估和维护决策提供了强有力的数据支持。

③物联网技术在桥梁下穿通道超高车辆主动预警的应用。

在莘塔高架桥试点应用中,通过在下穿通道安装高度检测传感器和预警系统,实现了对超高车辆的实时监测和主动预警。这一系统不仅能够在超高车辆进入下穿通道前发出预警,还能够在违规事件发生时自动抓拍车辆信息,为管理部门提供了有效的监管和执法手段,如图 5.1-21 所示。

图 5.1-21　高速公路莘塔高架桥下穿通道状态监测

这三大试点应用的成功实施,不仅解决了传统桥梁管理中存在的多项难题,还显著增强了桥梁安全管理的主动性和前瞻性。这些创新解决方案为桥梁管养工作提供了新的视角和方法,标志着公路资产管理向智能化、精细化方向迈出了坚实的步伐。随着这些技术的进一步成熟和推广,未来桥梁的养护和管理将更加科学、高效,为公众提供了更加安全可靠的出行环境。

(3) 开发了多源动态异构数据集成展示平台

在成功完成试点高速公路的全要素资产数据整合、路面技术状况定期检查数据的精确记录、日常养护活动的系统化管理以及日常巡检活动的详细数据采集、物联网监测数据等一系列复杂的数据治理工作之后,显著提升了数据的质量和可用性,构建了一套有效的数据资产体系。这一体系不仅为数据的有效可视化应用奠定了坚实基础,而且通过运用尖端的互联网技术、先进的数据分析模型和高效的数据可视化技术,成功开发了 G50 高速公路(江苏段)的资产全要素数据集成与可视化展示模块,涵盖了高速公路的所有有形和无形资产,提供了一个全面的监测和分析平台。

该平台作为高速公路数字化管理的核心,提供了一个全面而深入的数据集成与可视化解决方案。它不仅整合了 G50 高速(江苏段)的全要素资产数据,还涵盖了从物理结构到运营数据的各个方面,包括但不限于路面状况、桥梁结构、交通安全设施、服务区设施、物联网监测设备等有形资产以及交通流量、事故记录、养护历史等无形数据资产。通过采用最新的人机交互技术和图形用户界面(GUI),该驾驶舱为用户提供了一个直观的操作环境,使得复杂的数据分析变得简单易懂。数据集成功能允许用户将来自不同源和格式的数据无缝整合到一个统一的平台上,而数据显示和分析功能则提供了实时的数据可视化展示和深入的数据分析能力,帮助管理者快速识别问题和趋势。此外,监测功能确保了高速公路运营的连续性和动态监控,通过实时更新数据,管理者可以及时响应各种情况,提高响应速度和决策质量。这一模块的设计充分考虑了用户在不同场景下的需求,无论是进行日常的资产管理、战略规划、应急响应,还是进行专项分析、报告制作和高层汇报,都能够提供必要的支持和便利。通过这一模块的应用,高速公路管理机构能够实现更高层次的智能化和信息化,为公众提供更安全、更高效、更便捷的出行服务。

①高速公路路面视频流三维融合。

平台采用的三维沉浸式技术彻底改变了传统的监控体验,通过将实时监控视频流与精细的三维模型相结合,用户仿佛置身于高速公路的现场环境。这种技术不仅提供了一个宏观的视角,还允许用户在三维空间中自由导航,从而获得对监控区域更全面、更深入的理解。通过精确的配准技术,监控视频中的每一个细节都能够与三维模型中的对应位置完美对应,确保了监控画面的准确性和一致性。这种融合技术的应用使得用户能够在一个统一的界面上同时观察到实时视频和三维模型,从而更有效地识别和分析监控区域的安全状况。此外,平台的三维全景动态监控画面支持多角度、多尺度展示,用户可以根据需要放大或缩小视图,切换不同的监控点,甚至可以在三维空间中进行旋转和平移,以便从不同的角度观察和分析情况。这种全方位的视角为安全管理提供了前所未有的便利,使得潜在的安全隐患无处遁形。如图 5.1-22 所示,平台的这种创新性融合技术不仅提升了监控的直观性和立体感,还极大地增强了监控的实时性和全局性,为高速公路的安全运营提供了强有力的技术保障。通过这一平台,管理者能够更加迅速和准确地响应各种紧急情况,确保高速公路的畅通无阻和行车安全。

图 5.1-22　高速公路路面视频流三维融合

②高速公路路面视频监控点数据集成。

将分布在高速公路上的视频监控点数据进行集成,通过可视化展示,提高了监控的实时性和全面性。

③高速公路路侧气象设备数据集成。

将路侧气象设备收集的数据与三维模型相结合,为路面状况分析提供了重要的环境参数。

④高速公路日常养护数据集成。

将日常养护活动的数据进行集成和可视化,提高了养护工作的透明度和效率。

这些成果不仅提升了高速公路资产管理的现代化水平,还极大地增强了高速公路运营的安全性和可靠性。通过这一全方位的数据集成与可视化展示,管理者能够实现对高速公路资产的实时监控、深入分析和高效管理,确保高速公路系统的顺畅运行和长期可持续性。

5.1.4.2 试点项目探索成效

在响应国家政策号召的背景下,沿江公司高速公路资产数字化建设及应用不仅是一次先驱性的探索,更是一场引领行业的实践革新,其核心目标是构建一个全面的数字化高速公路平台,旨在通过数字化技术的深度应用,显著提升高速公路的管理效率、通行保障能力和运营服务水平,从而推动高速公路治理体系和治理能力的现代化。

在这一宏伟目标的指引下,沿江公司积极探索新技术,以提质降本增效为核心,运用物联网技术开展桥下空间的全过程动态实时管控。这一创新的"苏式养护"模式,通过高清视频监控系统的部署,实现了对太浦河特大桥等关键区域的实时监控和动态管理,不受时空限制,极大地提高了桥梁安全管理的效率和响应速度。项目二期进一步深化了物联网和AI技术的应用,通过智能化监测系统,实现了桥下空间的多维度安全防护,包括火焰与烟雾的主动识别与预警、裂缝监测、航道桥墩撞击和船舶顶部剐蹭监测等,为桥梁安全管理提供了全方位的技术支持。

同时,沿江公司运用图像数字化技术,实现了高速公路档案的数字化管理,通过集中统一的数字化档案系统,有效解决了传统档案管理中查阅难、耗时长等问题,同时预防了档案丢失和缺失的风险,极大地提高了档案检索的效率和安全性。项目一期的试点工作将太浦河特大桥主墩的建管养纸质档案全面数字化,并与人工BIM模型关联,实现了档案信息资源的在线精准实时联动和查阅下载。

此外,项目还探索了基于视频监控技术在高速公路数字底座中的融合应用,开创了高速公路实时在线巡检的新模式。项目一期通过模拟日常道路养护巡检过程,支持用户自定义巡检路线方向、车道、车速、巡检视角,而项目二期在此基础上融合了道路实时视频数据,使得巡检人员能够借助视频监控点位实时视频流,高效地开展日常道路巡检工作,实时掌握道路全线路况。

通过这些技术的应用和探索,项目不仅提升了道路巡检的工作效率,降低了成本,还增强了道路管理的实时性,为确保高速公路的安全畅通提供了坚实的技术支撑,实现了提质降本增效的目标。这些创新实践不仅为高速公路的养护管理提供了新的解决方案,也为整个交通行业的数字化转型提供了宝贵的经验和示范。

5.2 高速公路养护工区智慧化建设实践

5.2.1 养护工区智慧化建设背景

高速公路作为国民经济和社会发展的重大基础设施,具有显著的基础性、先导性、服务性等特点,对我国经济与社会的发展有着极大的推动作用。养护工区是高速公路养护的基层管养单位,是养护日常管理、生产、生活的主要载体,是培养稳定的、专业技术强的养护队伍的重要平台,是保持道路设施完好、技术状况良好、保障道路运行安全和服务水平的重要基础。随着高速公路行业的发展,公众对出行服务的要求不断提高,给江苏交控及沿江公司带来的管养压力也在逐渐提升。基于此内在业务需求推动,需加强养护工区智慧化建设,进一步加强江苏交控及沿江公司的高速公路养护和应急保障能力,提升养护实力及核心竞争力,推动养护产业化发展。

同时,在政策方面,为贯彻落实《交通强国建设纲要》,中共江苏省委、江苏省人民政府于2020年4月印发了《交通强国江苏方案》,并提出"构建安全、便捷、高效、绿色、经济的现代化综合交通体系,打造一流设施、一流技术、一流管理、一流服务,建成人民满意、保障有力、世界前列的交通强省"。在内在业务需求和国家政策推动的双重作用下,作为江苏高速公路主要的养护运营管理主体,江苏交控以交通强国建设为统领,以打造成为国际影响、国内领先的万亿综合交通产业集团和世界一流示范企业为目标,以构建新时代高速公路现代化养护管理体系为路径,依据江苏交控《"十四五"发展规划纲要》《"十四五"高速公路养护管理发展规划》的要求和相关部署,"十四五"期间,江苏交控拟在系统内开展高速公路养护工区标准化建设,确保江苏交控养护管理水平始终走在全国前列,争当全面建成交通强国的"先行军""排头兵",为建设"强富美高"新江苏提供坚实支撑。

随着信息化、大数据、人工智能等技术的飞速发展,将这些技术应用于高速公路建设已成为行业发展的重要趋势。养护工区智慧化的建设,通过引入先进的信息技术,显著提升了公路养护工作的效率和质量,实现了对公路状况的实时监测和快速响应,极大提高了养护工作的时效性和精准性。传统的公路养护作业依赖大量专业运维人员,而养护工区智慧化的建设通过自动化技术的应用,实现公路养护全过程的自动化和智能化,可显著提升养护工作的精益性和效率。通过实时监控和数据分析,养护工区智慧化能够及时发现并处理公路问题,有效减少交通事故的发生,提高道路通行的安全性和舒适度,从而显著提升公众的出行体验。

养护工区智慧化的建设不仅可提升管理效益和经济效益,还通过提升道路质量和服务水平,增强品牌效益,为社会提供更加安全、便捷、高效的交通服务。随着高速公路运营年限的增长,养护工作的重要性日益凸显,养护工区智慧化的建设是高速公路从规范化向标准化、精准化、信息化、智能化转变的重要步骤,有助于提升养护工作的现代化水平。

因此,高速公路养护工区智慧化的建设背景是在国家政策的引导下,结合技术创新的需求,以及提升公路安全、服务质量和经济效益的多重考虑,旨在推动高速公路养护工作的现代化转型,实现更高效、智能和可持续的发展。这一转型不仅是对传统养护模式的一次深刻革新,也是对高速公路养护理念和实践的一次全面升级,对于推动我国高速公路事业的长远发展具有深远的意义。

5.2.2 沿江高速智慧化试点工区建设内容

沿江高速智慧示范养护工区的建设工作是一项全面的系统工程,它围绕"智慧装备""智慧决策""智慧运营"三大核心展开,旨在通过技术创新和智能化手段提升高速公路养护工区的运营效率和服务水平。其建设内容又细分为16个场景,分别是路面裂缝病害无人机自动巡检与识别、综合演练数字沙盘、物联主动监测装备应用、道路巡查智能辅助系统(智能轻量化巡检车)、养护路段全要素数字化、路面技术状况评定数据可视化与分析、桥下空间事件预警系统、船舶防碰撞预警系统、养护工区数字化、公路巡检与养护数据可视化与分析、智能门架防护警戒系统、独柱墩桥梁位移监测系统、办公自动化(OA)系统、智慧仓储(无人值守仓库)、工区仓储数字化和工区综合管理系统,如图5.2-1所示。

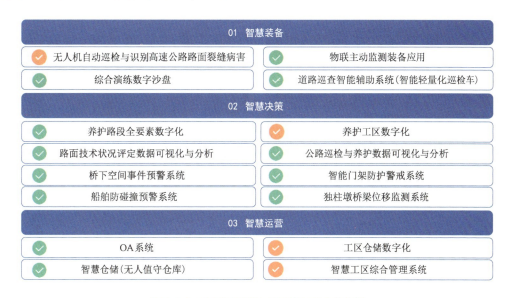

图 5.2-1 沿江高速智慧示范养护工区建设框架

5.2.2.1 智慧装备

在沿江高速养护工区的智慧化转型中,智慧装备的引入标志着养护作业向自动化、智能化的显著跃升。这些装备不仅包括高效的养护机械设备,还涵盖了综合演练沙盘和物联主动监测装备,共同构成了一个全面的智慧养护体系。

(1)无人机自动巡检与识别路面裂缝病害

在高速公路养护领域,无人机结合第五代移动通信技术(5G)和深度学习技术的运用正引领着路面裂缝检测的创新之路。通过无人机搭载的高清摄像头,可以对路面进行全面的实时巡查,而5G技术则确保了图像数据的快速且稳定传输,不受数据量庞大的影响,避免了传输过程中的延迟或丢失。深度学习算法在此过程中发挥着关键作用,它能够高效地识别和分类各种裂缝类型,如纵向裂缝、横向裂缝以及网状裂缝等,显著提升了病害识别的准确性和效率。

这一技术的实施不仅提升了巡查的效率,还扩大了检测的范围,同时降低了养护成本。与传统的人工巡查相比，无人机巡查能够覆盖人工难以到达的区域，实现更全面的检测，减少了漏检的风险。此外，通过智能化和信息化的管理，无人机自动检测技术的应用进一步提高了综合巡查的效率，使得管理部门能够快速响应并及时采取养护措施。

在成本控制方面，通过优化无人机的飞行航线和巡查路径，减少了飞行时间和能源消耗，从而有效降低了巡查成本。而实时识别与数据传输的能力，使得管理部门能够通过5G网络实时接收到病害数据，提高了养护决策的时效性和准确性。管理系统中的可视化展示进一步增强了这一点，使得管理人员能够直观地了解路面状况和病害分布，为决策提供了有力的直观依据。

总之，无人机结合5G和深度学习技术在高速公路养护管理中的应用，不仅提高了养护工作的效率和质量，还确保了道路的安全和畅通。随着技术的持续进步，未来无人机在高速公路养护管理中的应用将更加广泛，为公路养护事业的发展贡献更大的力量。如图5.2-2所示，这一技术的应用已经成为路面裂缝病害检测与管理的重要手段，展现了其在现代高速公路养护中的巨大潜力和价值。

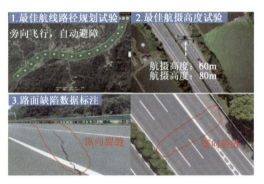

图 5.2-2　无人机自动巡检与识别路面裂缝病害技术应用

（2）综合演练数字沙盘

综合演练数字沙盘是一种高效的模拟训练方法，广泛应用于多个领域，如军事演习、应急响应训练、城市规划和企业管理等。在高速公路智慧养护工区的应用中，数字沙盘通过模拟养护工区的日常运营、应急响应和特殊事件处理，有效提升了工作人员的操作能力和决策水平，如图5.2-3所示。以下是沿江高速各养护工区数字沙盘应用的关键步骤以及其在提升高速公路养护效率和应急响应能力方面的作用。

图 5.2-3　综合演练数字沙盘应用现场

①关键步骤。

环境搭建：依据各养护工区的实际情况构建一个详尽的沙盘模型。模型需包含所有关键设施，如桥梁、隧道、服务区、监控中心等，同时模拟交通流线和周边环境，确保环境的真实性和可操作性。

情境设计：设计多种可能发生的事件情境，包括交通事故、极端天气、设备故障、道路维护等，全面覆盖"智慧装备""智慧决策""智慧运营"三大方向，确保演练的全面性。

技术集成：将物联网、人工智能、大数据分析等先进技术集成到沙盘模型中，模拟真实世界中的智能监控和响应系统。例如，通过模拟传感器数据来反映道路状况或交通流量，提高沙盘的实用性和互动性。

角色分配：根据参与人员的专业背景和职责分配不同的角色，如养护工程师、交通管制员、应急响应队员、决策支持分析师等，每个角色都有明确的任务和目标。

演练执行：在沙盘环境中执行设计好的情境，参与人员根据角色和任务进行操作，通过实际操作熟悉智能设备和系统的使用方法，提高应对真实情况的能力。

评估与反馈：演练结束后，收集参与人员的反馈，评估演练效果，并根据结果调整沙盘模型和情境设计，不断优化演练方案，提高训练的实效性。

②作用与效益。

提升专业技能：通过模拟训练，工作人员能够在一个安全且可控的环境中学习和实践，有效提升专业技能和应急处理能力。

增强应急响应能力：模拟各种突发事件，提高工作人员对紧急情况的反应速度和处理效率。

提高运营效率：通过模拟日常运营和特殊事件处理，优化工作流程，提高整个养护工区的运营效率。

决策水平提升：模拟决策过程，增强决策支持分析师的决策能力，提高决策的准确性和时效性。

综合演练数字沙盘的应用，为高速公路智慧养护工区提供一个高效的学习和训练平台，模拟实际工作环境不仅可以提升工作人员的专业技能，还可以增强整个工区的应急响应能力和运营效率，为高速公路的安全和畅通提供坚实保障。

(3) 道路巡查智能辅助系统

为了进一步提高养护日常巡查的工作效率，实时检测和定位各类养护巡查要素，并降低巡查工作安全隐患，沿江公司采用了轻量化AI巡检装置对常熟段、无锡段、吴江段高速公路路面进行日常智慧巡检，并同步开发了道路巡查智能辅助系统。

道路巡查智能辅助系统是道路养护管理技术的一大突破，它整合了高精度北斗定位、AI图像识别和5G通信技术，打造了一个高效、精确、实时的路面病害智能检测方案。系统能够自动检测路面坑槽、道面裂缝、道路抛洒物及标志标线损坏等，显著提升了道路巡查的智能化程度。

在沿江高速黎里、常熟、青阳等养护工区的实际应用中，道路巡查智能辅助系统利用北斗定位技术，提供厘米级精准定位，确保病害位置的准确记录，为后续的病害修复提供精确指导，大幅提升修复效率和质量。通过深度学习算法，系统对实时路面图像进行自动化病害识别，经过充分训练的算法能够准确识别多种路面病害，大幅减少人为误差和时间成本。系统结合5G技术，实现了识别结果和数据的实时传输，5G的高速率和低延迟保证了数据传输的流畅性和实时性，加速了巡查数据的分析和处理速度。系统还配备了易于操作的后台管理平台，不仅能够高效管理病害图像、位置、时间等关键数据,还能进行统计分析,辅助养护决策,同时自动生成病害报告和养护建议,增强了养护工作的科学性和前瞻性。此外,系统设计注重用户友好性,简化了操作流程,无须专业培训即可轻松上手,降低了使用门槛,使得更多养护人员能够快速掌握并高效执行道路巡查任务,如图5.2-4所示。

图 5.2-4 道路巡查智能辅助系统应用

此外,该系统路面病害管理模块,可以将轻量化 AI 巡检设备采集到的缺陷目标以列表方式展示。通过筛选目标类型,可以详细查看某种缺陷的所有数据,并可查看该病害在地图上的位置,如图5.2-5所示。

图 5.2-5 路面病害管理模块

(4)物联主动监测装备应用

高速公路智慧养护工区的理念在于融合现代信息技术与高速公路养护管理,通过智能化设备和系统的应用,显著提升养护效率和道路安全性。在这一理念下,云帽、云锥桶、云景和云镜等智能外设硬件作为创新工具,为工区的工作人员提供了全面的安全管理保障。

①云帽。

云帽不仅融合了工业级高清晰度摄像头技术,还内置了先进的 4G/Wi-Fi 网络连接功能,为沿江高速各养护工区作业人员提供了一个全方位、多功能的智能通信解决方案。其独特的设计，不仅保障了作业人员的安全，还极大地提高了工作效率和沟通的便捷性。通过云帽的语音通话和视频通话功能，管理人员能够实时与现场作业人员进行无障碍沟通，确保信息的及时传递和工作的顺利进行。视频录制功能则为事后分析和记录提供了强有力的支持，使得每一个重要瞬间都能被完整保存。在紧急情况下，SOS报警功能能够迅速发出求救信号，一键抓拍则能够及时捕捉关键画面，为事故处理和责任判定提供重要依据。夜间照明功能则为在光线不足的环境中工作提供了额外的安全保障。

此外，云帽还支持智能外设平台的扫码绑定，使得设备管理变得更加简单便捷。管理人员可以通过该平台实时查看设备状态信息，监控作业现场的安全状况，从而实现更加高效的现场管理，如图5.2-6、图5.2-7所示。

图5.2-6　云帽样例

图5.2-7　云帽外设平台功能界面

②云锥桶。

云锥桶是一款高精度亚米级智能预警灯，其基于高精度定位的物联网道路作业安全预警设备，可精准采集位置数据，从而帮助管理人员了解其分布情况。它能够实时采集并发布道路施工、事故和封闭管制等信息，提高了信息传播的效率，同时提升了驾驶者的出行效率，帮助他们提前规划行车路线，避免拥堵和事故。云锥桶的应用还提高了道路施工人员的安全水平，它通过实时信息发布提醒驾驶者注意施工区域，可降低安全风险，如图5.2-8所示。

③云景。

云景为车载全景摄像机,为沿江高速特种车辆监控和现场指挥调度等关键领域带来全新的视觉体验和操作便捷性,如图5.2-9所示。其通过全景摄像技术,结合了高性能的智能操作功能,包括但不限于拖拽、旋转、放大和缩小等,让操作人员能够轻松捕捉到每一个细节,实现全面的无死角监控。此外,云景通过智能外设平台的扫码绑定功能,极大地简化了设备的管理流程。管理人员仅需通过简单的扫码操作即可迅速完成设备的绑定和设置,大幅提升了车载摄像机的管理效率。云景还提供了实时视频监控的功能,使得管理人员能够随时掌握车辆周围的环境状况,确保现场的安全性。同时,设备状态与相关信息的实时更新功能,让管理人员能够及时掌握设备的运行状况,并据此做出快速而准确的决策,如图5.2-10所示。

图5.2-8 云锥桶样例

图5.2-9 云景样例

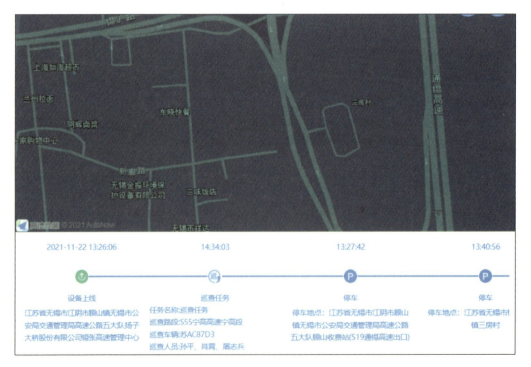

图5.2-10 云景外设平台功能界面

④云镜。

云镜是一款集技术创新与用户体验于一体的多功能信息显示屏。其高分辨率液晶显示区在不同光照条件下均能提供清晰可见的信息,增强了信息传递效率和行车安全。刷卡区结合现代交通管理与智能化技术,简化了驾驶员考勤流程,提高了运营效率。驾驶员按键区的设计注重实用性和安全性,使得驾驶员能够便捷地操作各项功能,降低驾驶风险。服务评价区允许相关人员对驾驶员服务进行评价,促进服务质量提升。智能导航功能根据实时交通信息规划路线,应急调度功能确保紧急情况下的快速响应,而边界通话功能保障了驾驶员与调度中心之间的稳定通信,如图5.2-11所示。

图5.2-11　云镜样例

云帽、云锥桶、云景和云镜等智能外设硬件的应用不仅提升了沿江公司高速公路的现场指挥调度能力,还极大地增强了工作人员的安全保障,同时为驾驶者提供了更加准确及时的路况信息。这些智能化设备成为高速公路智慧养护工区不可或缺的一部分,不仅提升了养护作业的效率和质量,更重要的是,通过智能化手段确保了道路的安全和畅通。这种以技术为驱动的养护模式,为高速公路的可持续发展提供了坚实的保障,同为公路养护行业树立了新的标杆。随着技术的不断进步和创新,沿江高速的智慧装备将不断升级,为公众提供更加安全、高效、舒适的出行环境。

⑤桥梁车辆动态称重系统。

车辆荷载是公路桥梁设计与评估过程中的关键问题之一,现有规范的车辆荷载一般适用于新桥设计,缺乏对既有桥梁承载力评估和疲劳损伤评估。基于此,沿江高速以锡澄运河大桥为试点,采用了桥梁车辆动态称重系统,为桥梁维护提供了全面而精准的支持。

该系统主要部件由轴重轴速仪、视频摄像机、数据服务器组成,其中,轴重轴速仪系统由高速称重主机(图5.2-12)、压电称重传感器、温度传感器、地感线圈、户外机箱及相应主机管理软件组成。压电称重传感器根据车辆施加的压力产生电压信号,控制器将这些信号转换为电信号。通过分析这些信号,系统能够计算出车轴的作用时间,并据此确定车轴的重量,其工作原理如图5.2-13所示。

图5.2-12　高速称重主机

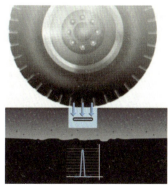

图5.2-13　压电称重传感器工作原理

收集实际行驶车辆的荷载数据使得构建精确的车辆荷载模型成为可能,这对于评估现有桥梁的承载能力和进行疲劳损伤分析至关重要。桥梁车辆动态称重系统不仅能够实时监测桥上的车辆流量并记录详细数据,还能精确测量车辆的质量和速度。图5.2-14是锡澄运河大桥车辆动态称重系统车道布置及现场图。

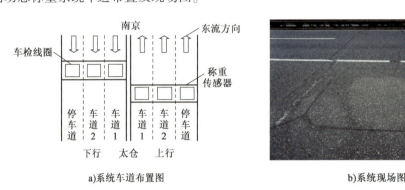

图5.2-14　锡澄运河大桥动态称重系统

锡澄运河大桥的案例展示了桥梁车辆动态称重系统既可帮助分析不同车道和行驶方向的车辆荷载分布,从而指导实施差异化的养护策略,有效降低维护成本并提升养护效率;又能够实时监测并识别超重车辆,为及时处理超载问题提供了有效的技术手段,确保桥梁运营安全。作为执行车辆质量限制法规的重要工具,桥梁车辆动态称重系统有助于防止超载车辆对桥梁造成损害,通过实时监测和深入分析车辆荷载数据,在提升运输效率、确保交通安全、优化养护管理等方面发挥了至关重要的作用。

5.2.2.2　智慧决策

智慧决策在高速公路养护工区的应用是现代交通管理和维护领域的一大创新。通过大数据分析和人工智能技术,沿江高速各养护工区实现了对各项养护活动的智能化管理和决策支持,极大提升了工作效率和安全性。其建设内容包括养护路段全要素数字化、路面技术状况评定数据可视化与分析、桥下空间事件预警系统、船舶防碰撞预警系统、养护工区数字化、公路巡检与养护数据可视化与分析、智能门架防护警戒系统、独柱墩桥梁位移监测系统。这些智慧决策建设内容的实施,不仅提高了养护工区的养护效率和质量,还增强了对突发事件的应急响应能力,确保了高速公路的安全畅通。通过智能化的数据分析和决策支持,养护工区能够更好地适应未来交通发展的需求,为公众提供更加安全、高效的出行环境。

(1)养护路段全要素数字化

在现代高速公路养护管理中,资产数字化已成为提升效率和质量的关键手段。基于G50高速公路(江苏段)资产数字化的成果,运用GIS技术、BIM技术、无人机航拍技术,将沿江高速各养护工区管辖路段地理环境(地形地貌)、高速公路主体、桥、涵、服务区、收费站、交安及附属设施等,快速构建三维空间数据库,搭建养护工区养护路段资产数字底座,为工区养护决策提供一个可视化、可量化、可分析的平台,可使决策者基于实时数据和历史趋势,做出更加科学合理的养护计划和应急响应策略。此外,基于该数字底座,开发出的智能化养护决策支持系统,能够自动分析本工区辖区路段的使用状况,预测未来的养护需求,优化资源配置,提高养护效率和经济效益。

在沿江高速智慧养护工区实践中,资产数字化不仅是提升工作效率和养护质量的关键,更是实现精准养护和智能化管理的基石。其基于G50高速公路(江苏段)资产数字化的成果,通过深入实施资产数字化战略,成功地将GIS技术、BIM技术和无人机航拍技术相结合,实现了对管辖路段的全面数字化管理。首先,养护工区成功构建了养护路段的资产数字底座,这一数字底座不仅为养护决策提供了一个可视化、可量化、可分析的平台。还使得决策者能够基于实时数据和历史趋势制定出更加科学合理的养护计划和应急响应策略。其次,基于资产数字底座,养护工区进一步开发了智能化养护决策支持系统。该系统能够自动分析路段的使用状况,预测未来的养护需求,优化资源配置,显著提高了养护工作的效率和经济效益,如图5.2-15所示。

图 5.2-15　养护路段全要素数字化应用

通过这些先进技术的深度融合和应用,养护工区的养护决策变得更加科学化和精准化。决策者可以依托于实时数据分析和历史趋势预测,对养护工作进行精细化管理,确保高速公路的长期稳定运行和安全畅通。

(2)养护工区数字化

养护工区的数字化转型是一项全面的创新工程,它通过融合物联网(IoT)、大数据、人工智能(AI)、地理信息系统(GIS)、建筑信息模型(BIM)等先进技术,实现了工区的办公室、仓储、收费站等物理资产倾斜摄影建模,智慧仓库的搭建和运营,以及桥梁位移防倾覆监测、芦墟互通主线桥桥下空间事件主动监测、无人机巡检病害识别、高速公路道路虚拟巡检等技术应用,彻底改革了养护工区管理的流程。这一转型的核心目标是显著提高养护管理的效率、安全性和服务品质,同时有效降低运营成本,如图5.2-16所示。

养护工区的数字化转型是一个持续发展的进程,随着技术的不断进步和养护需求的日益变化,该领域将持续演进和完善。通过数字化转型,工区将更好地应对未来交通领域的挑战,为公众提供更加安全、高效和愉悦的出行环境。

(3)路面技术状况评定数据可视化与分析

①高速公路路面技术状况定检数据集成与可视化展示。

遵循《公路技术状况评定标准》(JTG 5210—2018)等行业规范,平台将高速公路的年度路面技术状况定期检查(定检)数据与高速公路的三维数字模型进行了精确融合。这一过程以

1km作为评定单元,确保了评估的精确性和一致性。通过实时数据抽取,平台实现了路面技术状况数据的三维分层展示,使得用户能够在一个动态的环境中对比和分析数据变化。此外,平台的三维可视化功能特别强调了道路PQI(Pavement Quality Index)评价指标的直观展示。用户可以通过三维视图直观地查看历年的PQI评价指标,这些指标不仅可视化,而且可查询、可对比,极大地方便了用户对道路状况历史趋势的分析。平台支持的多维查询功能,允许用户根据不同的参数,如路线方向、车道、公里桩和百米桩,进行详细查询,从而获得针对性的分析结果。

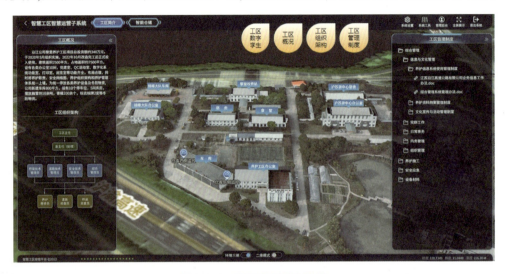

图 5.2-16　养护工区数字化建模

如图5.2-17所示,平台的这一功能不仅提升了数据的可视化水平,还增强了数据分析的深度和广度。这种高度集成的三维可视化和分析工具为高速公路的养护管理提供了强有力的支持,使得决策者能够基于全面和准确的数据做出更加明智的养护和投资决策。通过这种创新的数据融合和可视化技术,高速公路的运营和维护工作将更加高效、科学和经济。

图 5.2-17　高速公路路面技术状况可视化管理

②高速公路路面病害数字化管理。

平台的三维可视化功能为道路病害管理带来了革命性的改进。通过将病害数据映射到三维模型上，用户不仅能够清晰地看到病害的具体位置和形态，还能够对病害的发展趋势和模式进行深入分析。这种直观的展示方式极大地增强了用户对病害状态的理解，使得决策过程更加科学和精确。此外，平台的多维度查询功能允许用户根据不同的病害类型、严重程度、发生频率以及地理位置等多种参数进行筛选和排序。这种灵活性使得管理者能够快速定位到特定病害问题，进行针对性的养护和修复工作。例如，用户可以根据病害类型（如裂缝、坑槽、车辙等）和病害严重程度（轻度、中度、重度）进行查询，从而得到一个定制化的病害报告，如图 5.2-18 所示。

图 5.2-18　高速公路路面病害可视化管理

平台还提供了历史病害数据的对比分析工具，使用户能够追踪病害随时间的变化情况，评估养护措施的效果以及预测未来可能的病害发展。这种历史数据的可视化分析对于制定长期的养护计划和预算分配至关重要。平台的道路病害三维可视化和管理功能不仅提升了病害数据的可访问性和可视化水平，还极大地提高了病害管理的效率和准确性，为高速公路的维护和运营提供了强有力的技术支持。通过这些先进的工具和功能，管理者能够更加自信地面对道路病害挑战，确保道路的长期安全和可靠性。

(4) 公路巡检与养护数据可视化与分析

沿江高速养护工区致力于提升公路巡检与养护的效率和精准度，开发了一套公路巡检与养护数据可视化和分析系统，旨在通过高度集成与直观展示，深化各养护工区对辖区路段状况的理解，从而制定更为精确的养护策略。该系统的核心建设方面包括数据驾驶舱、智能 AI 巡检平台、多维度统计与可视化、长期性能分析、综合决策支持，如图 5.2-19 所示。

数据驾驶舱作为信息集成的枢纽，不仅集中展现了关键业务指标，还实现了病害与巡检数据的实时更新，极大地推动了公路养护管理向实时化、数字化、可视化和智能化转型，为决策者构建了一个全面而动态的业务监控与分析中枢。

图 5.2-19　公路巡检与养护数据可视化分析界面

智能 AI 巡检平台结合了先进的便携式采集设备、精确的 AI 算法和强大的数据管理系统，使得对公路养护关键指标的快速识别和资产状态的准确评估成为可能。

多维度统计与可视化通过整合不同来源的数据，使得管养人员能够进行深入的统计分析，并通过图表、图形等直观形式在决策看板上展示，这种多维度的数据可视化不仅助力管理人员快速把握复杂的数据集，而且促进了基于数据的决策制定。

长期性能分析的深入开展使公路巡检与养护平台能够从时间和空间两个维度对公路状况进行综合分析，通过长期的性能分析揭示道路性能随时间的衰变趋势，为养护计划的制订提供了科学依据，助力实现预防性养护和资源的优化配置。

综合决策支持的全面提供，数据可视化与分析工具不仅能捕捉公路现状的快照，还能基于历史数据和模型预测未来道路状况，这种综合的决策支持系统赋予相关人员提前识别潜在问题、制定应对策略的能力，从而显著提升公路网络的整体性能和服务质量。

（5）桥下空间事件安全主动监测

为了加强对桥下空间事件的管理，沿江高速黎里养护工区以芦墟互通主线桥为试点，采用了视频监控与 AI 感知技术的融合，结合三维可视化技术，实现了对桥下区域的主动监测。通过部署多种功能摄像头，如火焰检测暖光变焦摄像机和声光警戒红外摄像机，系统能够对桥下可能发生的突发事件进行自动预警和实时监管。这些摄像头能够识别并报告如火灾、易燃物堆积、非法施工等异常情况，有助于提高桥下安全管理的效率和响应速度，实施效果如图 5.2-20 所示。

（6）智能门架防护警戒系统

作为智能交通系统技术的最新成就，高速公路智能门架防护警戒系统通过融合尖端监控技术和深入的数据分析，显著提升了高速公路安全管理的效能。这一系统以其卓越的核心特性，为高速公路的安全运营提供了坚实的技术保障。

图 5.2-20　桥下空间事件安全主动监测应用

系统配备高清摄像头与多功能传感器,实现全景式无死角监控,持续监测交通流量、车辆行为及路面状况,为安全管理提供实时、精确的数据支持。人工智能与机器学习算法的运用,使得系统能够精准识别交通事故、车辆故障及非法行为,并及时预警,显著提升事故响应速度与处理效率,如图 5.2-21 所示。

图 5.2-21　莘塔高架桥桥梁下穿通道智能门架防护警戒系统

在紧急情况下,系统能迅速启动应急预案,通过跨部门协调机制,立即采取行动,有效减轻事故影响。网络安全的层层加固包括加密通信、入侵检测和防火墙,保障系统稳定运行与数据完整性。用户界面的直观设计让管理人员轻松监控路况、查看事件记录,迅速执行应急操作,提升操作便捷性与效率。

系统的设计考虑到长期可维护性,支持远程故障诊断与软件在线更新,确保及时适应技术进步和新安全挑战。智能门架防护警戒系统不仅为养护工区提供了坚实的技术支撑,也为智慧交通的未来发展打下了坚实基础,成为智慧交通网络的关键组成部分。

(7)船舶防碰撞预警系统

船舶防碰撞预警系统通过融合多种尖端监测技术,构筑了一个全方位的安全监控体系。系统采用了激光对射、激光交叉、激光扫射、激光点阵雷达等高精度传感器,以及雷达航道偏离探测和 AIS 船舶身份识别系统,实现了对船舶超高、偏航等关键行为的全方位实时监控,确保无盲区覆盖。中央处理系统接收来自传感器的大量数据,并运用先进的算法模型对船舶航迹和行为进行深入分析,以精确预测碰撞风险并迅速采取响应措施。在探测到潜在碰撞风险时,系统能够通过甚高频(Very High Frequency,VHF)电台、声光报警器、可变信息标志等多种通信渠道立即发出预警信号,保障信息的迅速传递。该系统的设计充分考虑了极端天气和环境条件的影响,确保了 24h 的监控和预警能力,无论是恶劣天气还是低能见度条件,都能维持高效的监控效能。系统不仅能提供基础的桥梁和通航信息,还能实时更新关键的助航数据,如水位、流速和能见度,为船舶驾驶员提供全面的航行支持,保障航道的安全与畅通,如图 5.2-22 所示。

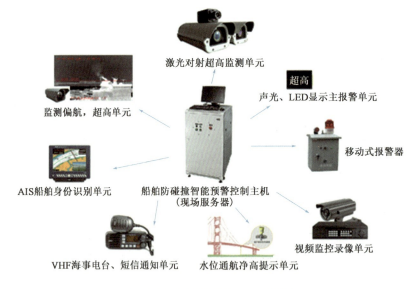

图 5.2-22 船舶防撞预警系统功能架构

总体而言,船舶防碰撞预警系统极大地提升了桥梁的安全防护水平,并显著增强了航道的通行效率及应急管理能力,为高速公路桥梁的安全运营和船舶航行安全提供了坚实的技术支撑。随着智能交通系统技术的不断发展,该系统将成为未来智慧交通建设中不可或缺的关键组成部分。

(8)独柱墩桥梁防倾覆位移预警系统

桥梁的坚固与安全是交通流畅与人民生命财产安全的重要保障。在黎里养护工区管辖的芦墟互通 D 匝道的独柱墩立柱上,物联网技术与三维可视化技术的完美结合打造出一个全面而精细的防倾覆监测系统。这一系统的核心在于其能够实时捕捉桥梁的微妙变化,通过在桥梁关键部位部署的应力和位移传感器,将桥梁的受力和变形数据实时传输至中央监控平台,实现了对桥梁状态的远程实时监测。作为物联网的智能节点,这些传感器通过无线通信技术,确保了数据传输的即时性和连续性,为桥梁的健康管理提供了坚实的数据基础,如图5.2-23、图5.2-24所示。

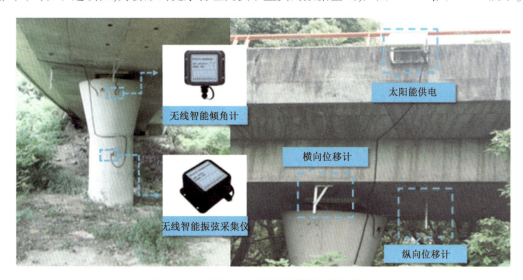

图5.2-23 芦墟互通D匝道的独柱墩立柱位移监测

图5.2-24 芦墟互通D匝道的独柱墩防倾覆位移预警系统分析界面

三维可视化技术的引入为管理人员提供了一个直观的虚拟环境,使得他们能够通过高精度的数字模型深入洞察桥梁的受力分布和位移变化。这些模型基于先进的三维扫描和建模技术构建,不仅展示了桥梁的物理形态,更揭示了其内在的结构状态,为桥梁的安全运营提供了全面的视角。

系统的高精度监测功能是对桥梁纵向和横向位移进行精确监控的关键。当位移值超过预设的安全阈值——纵向位移超出正负15mm,横向位移超出5mm时,系统便会自动触发报警机制,及时提示可能存在的倾覆风险,为桥梁的安全运营拉响警报。

自动报警与通知机制的建立,确保了一旦系统检测到潜在风险,能够立即通过物联网发出警报,并实时通知监控平台和相关管理人员。这一快速响应机制,为应急响应团队提供了宝贵的时间,使他们能够迅速采取行动,有效防范事故的发生,保障人民的生命财产安全。

系统的预警功能,不仅在于风险提示,更在于为桥梁的维护和加固工作提供坚实的数据支持和科学依据。这使得维护工作能够更加精准地针对潜在问题,提前规划和实施必要的加固措施,从而避免结构事故的发生,确保桥梁的长期稳定运营。

系统所提供的数据和分析结果对于桥梁的长期维护和运营决策具有不可估量的价值。这些信息不仅有助于优化维护计划、合理分配资源,而且能够延长桥梁的使用寿命,提升其运营效率和安全性。随着技术的不断进步,这一系统将成为桥梁健康管理和智慧交通基础设施管理的关键工具,为桥梁的安全运营和人民的平安出行提供坚实的保障。

5.2.2.3 智慧运营

高速公路养护工区的智慧运营,正引领着养护管理工作的智能化革新。在沿江高速,这一进程正通过一系列现代信息技术的应用焕发新生,旨在提升养护效率,削减运营成本,并不断优化服务质量。智慧运营的实施内容涵盖了 OA 办公系统的高效运用、工区仓储的数字化转型、无人值守的智慧仓储系统,以及全面的工区智慧化综合管理平台。

(1) OA 办公系统应用

在高速公路养护工区的日常运营中,公司 OA 系统的应用如同智慧的神经中枢,将养护工作的各个方面紧密相连。沿江高速通过精心开发的工程养护模块,各养护工区管理团队能够在一个统一的平台上高效地处理各项养护任务。这个模块将养护计划的制定、基础资料的管理、专项监管的执行、合同的签订与管理以及支付流程的监督等多个关键功能融为一体,实现了养护工作的系统化和网络化办公,如图 5.2-25 所示。

图 5.2-25 OA 办公系统展示

养护计划的数字化管理使得每一项养护任务都能够按照既定的时间节点有序推进,确保了养护工作的连续性和预见性。基础资料的电子化存档,不仅提高了资料检索的效率,还保障了信息的安全性和完整性。专项监管的实时跟踪,让监管过程透明化,增强了工作的可追溯性和责任性。合同管理的电子化流程简化了合同审批的烦琐步骤,提升了合同执行的效率和准确性。支付管理的自动化处理减少了人为操作的错误,加快了资金流转的速度,提高了财务管理的精确度。

随着 OA 系统在养护工区的深入应用,管理人员和现场工作人员之间的沟通变得更加流畅,决策过程更加迅速和精准。工区的运营效率得到了显著提升,同时为高速公路的养护工作带来了更高的质量和更低的成本。

(2) 工区仓储数字化

通过 BIM 技术对仓储区域建模,构建出一个高度真实的三维模型,其具备丰富的功能信息,包括存储容量、物资分类、存取路径等,如图 5.2-26 所示。

图 5.2-26　工区仓储数字化模型

这些精细的 BIM 模型与养护工区的三维地理信息系统无缝对接,实现了仓储区域的全景三维展示。这种技术融合不仅提升了数据的整合性,也极大地丰富了模型的实用价值。管理人员能够以全新的视角审视仓储区域,每一个货架、每一件物资都在三维空间中得到了精确的定位和展示。这种三维可视化不仅为日常的库存管理和物资调配提供了直观的参考,还为紧急情况下的快速响应和决策提供了强有力的支持。

此外,依托于这一三维可视化的载体,工区仓储运行更加高效和智能。物资的入库、存储、出库等各个环节都得到了优化,库存的准确性和响应速度显著提升。同时,通过对仓储区域的三维模拟和分析,可以发现并解决潜在的空间利用问题,进一步提升仓储效率,为智慧运营的深入实施奠定了坚实的基础。

(3) 智慧仓储(无人值守仓库)

借助于人脸识别、物联网等前沿技术,对资产、物资、耗材、车辆及设备等关键管控要素实施了智能化改造与数字化转型,构建了一套智慧仓储系统。该系统通过自动化技术实现了库存管理的无人化操作,显著降低了人工操作的需求,同时提高了作业效率和跨部门协作的流畅性。这一转变不仅优化了资产管理流程,还增强了业务运作的合理性、透明度和效率,确保了各项资产业务管理工作的高效执行,如图5.2-27所示。

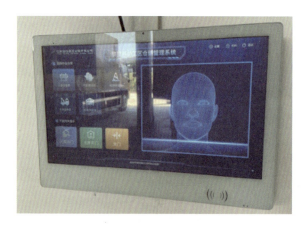
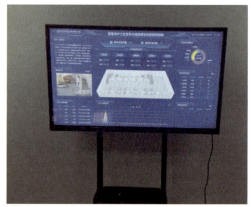

图5.2-27 智慧看板

通过引入人脸识别技术,强化了对人员进出的精确控制,确保了仓库安全的同时,也提高了对人力资源的利用效率。物联网技术的应用使得物资的实时监控成为可能,无论是库存水平、耗材使用情况还是车辆及设备的运行状态,都能够通过智能传感器实时反馈至中央管理系统,从而实现对整个仓储环境的全面掌控,如图5.2-28所示。

图5.2-28 物联网设备

此外,自动化的出入库流程不仅减少了人为错误,还加快了物流处理速度,提升了整体的供应链效率。智慧仓储系统的实施使得资产管理更加精细化,业务决策更加数据驱动,为企业带来了显著的经济效益和竞争优势。

智慧仓储系统的建立不仅标志着仓储管理向智能化、数字化的跨越,也为资产业务管理的现代化提供了强有力的支撑,推动了工区养护运营效率的全面提升。

(4)工区智慧化综合管理平台

构建工区智慧化综合管理平台,旨在将养护工区的管养路段信息与工区运营数据进行深度整合,实现数据的视觉化和直观展现。该平台通过数据可视化技术,提供实时、动态的展示界面,使管理者能够清晰地洞察养护工区的运营状态,及时捕捉关键性能指标的异常波动,如图 5.2-29 所示。

图 5.2-29　工区智慧化综合管理平台

平台内置的预警系统能够对潜在的运营风险进行智能识别和预测,通过实时数据分析,对异常指标进行预警提示,从而使得工区管理团队能够迅速响应并采取措施,防患于未然。同时,平台的深度分析工具能够挖掘数据背后的趋势和模式,为决策提供有力的数据支持,优化资源配置和运营策略。

此外,工区智慧化综合管理平台还支持多维度的数据报告和自定义查询功能,使得管理者能够根据具体需求快速获取所需信息,提高决策的针对性和有效性。通过这一平台,养护工区的管理工作变得更加科学、高效,确保了管养路段和工区运营的顺畅与安全。

总而言之,工区智慧化综合管理平台的开发,不仅提升了养护工区运营的透明度和响应速度,还为工区管理提供了强大的数据支持和决策辅助,是实现工区智能化管理的关键一步。

5.2.3　沿江高速智慧示化试点工区建设成效

沿江高速智慧示化试点工区建设聚焦于智慧装备、智慧决策与智慧运营三大核心,涵盖无人机自动巡检、数字沙盘、智能辅助系统等 16 个场景,显著提升了养护效率与质量,同时增强了道路服务水平和品牌效益,为社会带来更安全、便捷的交通体验。

在成本效益提升方面,通过推广桥梁预警系统,实现了降本增效,节约了人工、车辆、费用和时间等成本,提升了养护质量和效率,进一步降低了养护成本。

在养护质量与效率提升方面,通过在关键区域建设无人机基站,利用病害自动识别系统发现路面病害,并通过无人机巡检方式巡查难点区域,显著提升了养护工作的质量和效率。

在安全运营提升方面,通过自动巡检系统和电子沙盘演练系统,大幅减少了人员涉路作业量和占道施工时间,提升了养护安全作业系数,增强了运营安全。

在品牌效应提升方面,推进工区基础设施全要素数字化,构建基础设施数字模型,提升了工区管理和管养路段服务水平,增强了苏式养护品牌效应,成为"江苏交控体系智慧养护工区"的标杆。

在智慧运营实施方面,采用云计算和物联网技术,实现了养护作业的远程监控和管理,提高了作业效率。智能服务系统为驾驶人提供实时路况信息和紧急救援服务,提升了公众出行的便捷性和安全性。

在可持续发展支撑方面,智慧化建设为高速公路的可持续发展提供了有力支撑,通过示范项目探索和总结智慧养护的最佳实践,为未来高速公路养护工区的建设和运营提供了宝贵的经验和模式。

沿江高速养护工区智慧化试点建设不仅提升了养护工作的智能化水平,还为高速公路的安全、高效、环保运营提供了坚实的技术基础,引领着行业向更先进的方向发展。随着技术的不断进步,沿江公司将持续优化提升典型场景实践,争取作为全国高速公路智慧养护的典范,推动行业的创新和进步。

第6章
养护文化与人才队伍建设

"人类因文明而伟大,企业因文化而繁荣。"沿江公司自 2004 年组建运营以来,始终高度重视公司的企业文化建设和人才队伍建设。历经 20 年的风风雨雨,已初步成长为年营业收入超 20 亿,利润持续创新高的高速公路"大"企业。一路走来,公司上下逐步形成了集体认同和遵循的价值观、信念和行为方式。这些既反映了公司的管理要求,也反映了各级员工的共同诉求。

2019 年伊始,沿江公司开启了系统总结公司文化的建设之旅。历经 3 年多的反复锤炼,公司凝聚共识,明确沿江公司最重要的价值主张,以《企业文化手册》的方式凝练和明确公司愿景、使命和核心价值观,如表 6.0-1 所示。

沿江高速公路有限公司愿景、使命和核心价值观 表 6.0-1

项目	内容
使命	承担社会责任,推进企业发展,提升员工价值
愿景	沿之道,畅若水
核心价值观	责任、创新、崇实、善为

6.1 价值主张

6.1.1 使命

沿江公司的使命:承担社会责任,推进企业发展,提升员工价值。
(1)承担社会责任
一个企业的社会责任是立体的、全方位的:既体现在物质财富的创造和奉献上,也体现在企业知识财富的积累和精神财富的创造与奉献等方面。
(2)推进企业发展
发展是企业永恒的主题,创新是推动企业发展的动力,是突破固有思维的利器。

(3)提升员工价值

坚持以人为本的思想,突出员工的主体地位,维护员工的利益,激发员工的潜能,为员工搭建广阔的发展平台,使员工快乐工作、健康生活,成就员工的自身价值。

6.1.2 愿景

沿江公司的愿景:沿之道,畅若水。

沿之道:指沿江高速,也意为做事的方法、规律、本源、境界。

畅若水:一为"管理流畅""信息顺畅",一为"道路通畅""心情舒畅"。

有"道"的企业才能真正具有生命力,做到基业长青。沿江人会一如既往地坚持一流的品质服务,将沿江高速打造成"安全、快捷、智慧、绿色"之路,迎接来自五湖四海的朋友,共享沿江之道的驾乘之乐。

6.1.3 核心价值观

沿江公司的核心价值观:责任、创新、崇实、善为。

(1)责任

在推进江苏高质量发展的新时代,必须用更宽的肩膀担负起企业的政治责任、经济责任和社会责任,用更强的本领完成好江苏交控交办的各项建设任务,为构建现代化综合交通运输体系、确保高质量服务全省经济社会发展做出贡献。

(2)创新

沿江人坚持解放思想、与时俱进,不满足已有的认知和模式,大力推进技术创新、商业模式创新和管理创新,为提升企业核心竞争力、激发企业活力、引领企业持续发展提供强大精神动力。

(3)崇实

"举大体而不论小事,务实效而不为虚名。"沿江人始终秉承谦虚谨慎、敦本务实、埋头苦干的作风,不空谈、不张扬、不骄傲,用心想事、专心谋事、真心成事,对待事业像钉钉子一样一锤接着一锤持续用力,一步一个脚印不懈奋斗,不断进步、稳健持久,把确定的一张张宏伟蓝图变成美好现实。

(4)善为

"道虽迩,不行不至;事虽小,不为不成。"沿江人坚信一切事业都是干出来的,只有干出来的精彩,没有等出来的辉煌,不仅要能干事,还要会干事、干成事、不出事,在实干中治企有方、兴企有为、体现价值、成就梦想。

6.2 养护文化

"扬子滔滔,奔流到海。一路相伴,号曰沿江。"沿江高速如一条蜿蜒的玉带,它轻柔地依偎在壮丽的长江之畔,连接起中国东部物产丰饶、经济繁荣的黄金地带。高速上飞驰的汽车与江中穿梭的船舶相映成趣,共同绘制出一幅沿江高速独有的壮丽图景。

沿江公司作为这条高速公路的运营守护者,秉承"沿之道,畅若水"的企业文化,以其独特的养护文化和创新精神不断书写着沿江高速的发展史诗。

6.2.1 沿之慧：创新驱动力量澎

在沿江公司的成长历程中，创新始终是推动发展、引领变革的核心动力。在这条连接着无数城市与乡村的快速通道旁，沿江公司不仅见证了交通基础设施飞速发展的辉煌历程，也深刻理解到唯有不断追求创新，才能在激烈的市场竞争中始终保持领先，实现可持续发展。因此，沿江公司不仅为员工营造了一个鼓励创新、敢于实践的环境，更通过系统的机制和政策，确保创新的活力能够持续涌现。

创新，对于个人而言，是实现自我价值和职业成长的重要途径；对于企业而言，是提升竞争力、开拓市场的关键举措；对于国家而言，更是推动社会进步和科技发展的坚实基础。沿江公司深知创新的多重价值，因此将其作为公司文化的核心，努力将这种精神渗透到公司的每一个角落、每一项决策之中。

本节将通过张建军的创新实践，展示沿江公司如何为创新提供肥沃的土壤和充足的阳光；通过孙益祥的故事，强调即便是小创新也能产生不可小觑的影响；最后，将通过一系列创新案例和技术清单，全面梳理沿江公司在创新道路上的足迹和成果。这些生动案例与成绩，展现了沿江公司在创新驱动下的蓬勃生命力和无限潜力。

6.2.1.1 创新的土壤，沿江的力量——张建军

在这样一个充满活力与创造力的企业文化驱动下，张建军的故事成为沿江公司众多灿烂成就中的一道亮丽风景。作为一名普通沿江人，张建军通过自己不懈的努力与创新实践，成为沿江公司创新文化的一个缩影。他不仅是实践创新的行者，更是推动企业文化发展的佼佼者（图6.2-1）。

图6.2-1 张建军的日常工作图

张建军同志自1998年开始在交通行业工作，经历了从建设参与者到道路维护者的转变。他对沿江公司有着执着情感，最终在2004年回到了这片曾浸透汗水和笑声的地方，成为一名道路养护人。通过多年在不同岗位的工作经历，他不仅积累了丰富的实践经验和专业知识，更重要的是培养了一种永不满足、不断探索的精神。在沿江公司任职期间，张建军建立了自己的创新理念，始终相信技术创新能为工作中遇到的问题找到最佳解决方案。他不断尝试、不断实践，最终将这些创新项目转化为企业的实际成效，这不仅提高了公司的工作效率和经济效益，更为公司的长远发展注入了新的活力。

面对工作中的各种挑战，张建军永远不会停下探索的脚步。无论是夜间施工的安全隐患还是桥梁维护的效率问题，他总能凭借自己的智慧和创新能力找到解决问题的新方法。

技术创新，敢为人先——目前，夜间施工中使用的标志牌及匝道转弯处设置的警示标志均

属于被动发光标志,此类标志牌在夜间和恶劣天气情况下版面可视距离较短,受到灯光照射角度、亮度及设置位置的影响较大,直接影响道路施工人员的安全,同时对过往驾乘人员无法起到警示作用,大幅度降低了道路通行安全。为提高标志牌的可视距离,他在调查研究的基础上,敢为人先,大胆进行技术改进,将传统标志牌的被动发光改为主动智能发光,并能够在夜间跟随夜色的变化进行智能亮度调节。在智能亮度调节创新阶段,经历多次设计、测试、改进,张建军成功研发出了全新的智能发光标志(图6.2-2),它的最大优点在于能够全天候满足过往驾乘人员的警示需求,使驾驶人无须依赖车辆远光灯,弥补了被动发光标志的诸多缺陷,有效避免驾驶人因视线不清导致的各类交通安全事故,能够在特定路段和特殊环境下有效降低道路施工、车辆通行安全风险系数。

图6.2-2 智能发光标志

创新驱动,勇创佳绩——传统的中央分隔带防眩树修剪工作依赖于人工操作,不仅劳动强度大、效率低下,而且在双向多次修剪的过程中,频繁的机动操作增加了道路拥堵和施工人员的安全风险。这种低效且危险的工作模式一直是道路养护工作的难题之一。张建军同志深入分析问题核心。他和团队经过深入的市场调研和技术分析,结合先进的机械设计理念,最终研制出了能够实现单向一次完成修剪工作的新型中央分隔带修剪机(图6.2-3)。该修剪机采用高效率的切割机构和优化的机动系统,使得修剪工作可以在车辆单向行驶中一次性完成,避免了传统方法中需要的反复调整和多次过道操作。此外,该修剪机还配备了智能控制系统,能够根据树木的大小和形态自动调节修剪参数,保证了修剪质量的同时,也进一步提升了工作效率。这一创新不仅极大地提高了修剪效率,降低了劳动强度,而且显著减少了道路施工对交通的影响,有效降低了施工期间的安全风险。

张建军的创新行为和成果不仅为沿江公司带来了直接的经济效益和社会效益,也为他本人赢得了多项荣誉,包括多次获得"先进个人""优秀共产党员"等称号(图6.2-4)。他的故事是沿江公司创新文化的生动体现,展示了公司对创新的重视和支持。"路漫漫其修远兮,吾将上下而求索。"在追求创新的道路上,张建军同志不断探索、不断前进,用他的智慧和汗水绘就了一幅幅生动的画卷。他的经历和成就不仅是个人荣誉的象征,更是沿江公司创新精神和文化的具体展现。他用自己的实际行动证明了创新的力量,激励着每一位沿江人在各自的岗位上不断探索、勇于创新,共同推动公司向更高的目标前进。

图6.2-3 新一代中央分隔带修剪机装备

图6.2-4 张建军在青年创新创效项目上获奖

6.2.1.2 跬步千里,小创新的力量——孙益祥

在沿江公司的创新历程中,有一位资深的高速公路养护工作人员,他通过细致的观察、勤奋的实践和对工作的深刻理解,逐步将看似微小的改进累积成为公司重要的创新成果,充分体现了"跬步千里,小创新的力量"。如图6.2-5所示。

图6.2-5 孙益祥在使用机械

孙益祥,生于1966年3月,拥有高中学历和中级工程师职称,自2005年起在沿江公司担任养护员。在加入沿江这个大家庭前,他是一位走南闯北的大货车驾驶人,长期和车辆打交道的他练就了一身车辆维护的好技能。在日常的工作中,他被人亲切地称呼为"老孙"。

老孙的工作经历丰富,他曾驾驶过各种养护车辆,从强大的吹雪车到功能复杂的综合除雪车,他总能迅速掌握使用技巧。这不仅源于他丰富的生产和生活经验,更得益于他长年累月与车辆打交道积累下的敏锐洞察力和实践能力。正是这份对车辆维护的深入理解和精湛技艺,使得老孙对每一次的车辆养护技术创新都充满了热情和好奇心。

高速公路沿线堆积的生活垃圾可能会滋生病菌和病毒。一边是美化路域环境的要求,一边是病菌、病毒传播的风险,面对这个两难的问题,老孙提出在新购置的洒水车中加装消毒片,实现垃圾清理后的即时消毒。通过数次改装试验,老孙终于取得了理想的效果,做到了垃圾清理安全和效率的双提升。

高速公路油污染事件时有发生,遇到大面积、长达几公里的路面污染时,完全靠人工撒布处理很难满足时效性要求,且容易撒布不均,处置效果不佳。老孙对现有综合撒布车进行技术改造,经过多次设计、反复试验后,满足了事故处置要求,大大提升了撒布效率。

孙益祥的故事生动诠释了一个深刻的道理:"伟大的事业始于勇敢的尝试,而伟大的尝试源于细微的创新。"他用自己的实践证明了,创新不仅来自惊天动地的大发明,更多的是来源于工作中的点滴改进和积极探索。老孙的经历和成就为沿江公司的每一位员工树立了学习的典范,鼓励大家在各自的岗位上持续发掘和实践小创新,共同为公司的发展贡献力量。

6.2.1.3 沿江公司创新能力小结

创新作为推动企业及社会发展的关键动力,体现在技术革新、管理改进、服务升级等多个方面。它不仅是技术上的突破,更包括对现有工作方法、流程、管理模式的重新思考和改良。沿江公司深知这一点,将创新作为公司的核心价值观之一。

在科研战略上,沿江公司不仅重视与外部科研机构的合作,积极参与省级以上的科研项目,还通过内部管理创新,提升科研项目的执行效率和成果转化率。近几年,沿江公司在技术研发和成果应用方面的实力不断上升,创新能力不断提高。

一方面,沿江公司紧密跟踪交通运输领域的科技发展趋势,积极申请国家级、部省级等高层级纵向科研项目,开展高水平技术攻关,加强与国内外知名研究机构和高等院校的合作。这不仅为公司带来了前沿的科研成果,也提升了公司的科研实力和行业影响力。

另一方面,沿江公司高度重视内部科研项目管理,通过建立完善的项目管理体系,加强项目进度控制和质量管理,确保科研项目能够按期完成,科研成果能够有效转化为生产力。公司还通过设立专项科研基金,鼓励员工参与科研创新,为公司的长远发展储备了大量的科技创新成果。

从表 6.2-1 可以简单看到沿江公司近几年取得的科研成果。

沿江公司近几年的科研相关奖项 表 6.2-1

年份	获奖名称	获奖项目	颁发单位
2019	江苏省综合交通运输学会科学技术奖一等奖	江苏省高速公路沥青路面预防性养护关键技术	江苏省综合交通运输学会
2020	"第十八届全国交通企业管理现代化创新成果"二等奖	"'智慧交通'引领下高速公路资产数字化管理模式探索"成果	中国交通企业管理协会、交通行业优秀企业管理成果委员会
2022	全国交通企业智慧建设创新实践优秀案例	"'智慧交通'引领下高速公路资产数字化管理模式实践案例"	中国交通企业管理协会绿色智慧交通分会
2023	"第十九届全国交通企业管理现代化创新成果"二等奖	"高速公路资产数字化管理模式探索实践"成果	中国交通企业管理协会、交通行业优秀企业管理成果委员会
	"交通 BIM 工程创新奖"二等奖	基于 BIM + GIS 的高速公路资产数字化的研究与应用	中国公路学会

续上表

年份	获奖名称	获奖项目	颁发单位
2024	第四届高速公路运营服务创新案例	"提高沿江高速苏州段养护工程中铣刨重铺工艺路面抗滑指数"创新案例	魅力高速网
	第四届高速公路运营服务创新之星团队	匠心青年创新创效工作室	魅力高速网

在技术创新上，沿江公司依托"匠心工作室"和"新橙创新工作室"等平台，成功地推动了一系列创新技术的开发与应用。这些技术成果包括新一代中央分隔带修剪机、智能发光标志牌、桥梁伸缩缝快速清理设备、融雪剂智能撒布装置以及桥梁养护智巡机器人等，它们极大地提升了养护作业的效率与质量，降低了维护成本，并显著增强了道路安全性，为驾驶人员创造了更安全便捷的行车环境。

沿江公司还高度重视 QC(质量控制)课题的研究，这不仅体现了公司对产品和服务质量提升的追求，也激发了员工的创新潜能。通过推动道路占用作业车辆距离显示系统、无人机在日常养护中的应用、综合除雪撒布车一键启停控制系统等创新项目，公司不仅解决了生产经营中的实际问题，增加了养护工作的科技含量，而且培育了一支既懂技术又懂管理的复合型人才队伍。这些活动为公司积累了宝贵的实践经验和技术储备，推动了整个行业的技术进步，为公司的持续发展奠定了坚实基础。

综合来看，沿江公司的创新活动覆盖了技术创新、管理创新、服务创新等多个领域，每一项创新都紧密围绕提高服务质量、降低运营成本、提升员工满意度和公司竞争力等核心目标展开。通过不断探索和实践，沿江公司目前已经形成了一套具有自身特色的创新体系和机制，并不断地为自身发展注入了新的活力。

6.2.2 沿之畅:高效连接天地间

在现代社会的快速发展中，高效的交通网络成为连接天地、促进社会进步的重要纽带。沿江公司不仅在高速公路的建设和维护中展现出卓越的技术和管理能力，更以高度的社会责任感推动着行业的进步和创新。本节将围绕"沿之畅:高效连接天地间"这一主题，通过两个生动的故事，展现沿江公司在面对自然挑战和突发事件时，如何通过创新思维和高效行动，确保高速公路网络的畅通无阻，体现对"通畅、服务、安全、质量"经营理念的实践与追求。

6.2.2.1 冬季除雪保通畅

冬季极端天气条件是对高速公路通畅运营的巨大挑战，沿江公司充分发挥团队精神和创新能力，有序开展应急响应工作，用实践体现了"心系群众、勇于担当"的社会责任感。

2024年2月，随着强冷空气的南下，徐州等地迎来了大范围的连续降雪，高速公路路面积雪严重。为了保障高速路网的顺畅运行，江苏交控立即启动了冰雪天气路网协同机制。常熟养护工区在做好本单位扫雪除冰工作的同时，先后两次驰援连徐公司。

2月2日，正值小年夜前夕，徐州遭遇暴雪袭击。随着"立即启动江苏交控冰雪天气路网协同机制"的指令下达,沿江公司立即响应,常熟养护工区迅速行动,派出两台全新多功能除雪车和一台喷气式吹雪车,同时紧急召回4名正在休息的骨干连同外协单位的3名队员,一行7人连夜赶往徐州,负责S69高速徐泾高速双向130km高速的扫雪除冰任务。经过40h的连续奋战,扫雪除冰工作圆满完成。沿江公司累计出动除雪撒布车(图6.2-6)15台班次,有效工作里程760余公里,撒布融雪剂100余吨。

春节假期后的第一天,常熟养护工区开了一次收心会(图6.2-7),会上宣读了交控就此次驰援的表扬和连徐公司发来的感谢信,转达了公司党委对"战士们"的关心,表达了对他们崇高的敬意和对他们家人支持理解的无限感激。这种关怀和支持不仅让"战士们"倍感温暖和鼓舞,也进一步激发了他们的斗志和决心。

图6.2-6　除雪撒布车

图6.2-7　收心会

2月19日,气象台再次发布暴雪预警,江苏省内由北往南将出现一波大范围降雪,徐州正处于暴雪中心,形势严峻,亟待支援!江苏交控再次发出南北协同作战的号召,沿江公司立即响应,常熟养护工区迅速行动,派出支援车辆和半个月前支援过连徐公司的4位工区骨干,再次踏上前往徐州的征程。

这次驰援中,工区里年纪最长的孙益祥,在吃午饭时接到了支援徐州的电话,立刻放下手中的碗筷前往工区待命出发。他平时话不多,但遇到事总能冲锋在前。"领导,这次让我去吧。工区也要留人手,万一我们这边也下雪怎么办。"作为党员的张亚飞同志主动请缨支援连徐(图6.2-8)。

图6.2-8　相关人员在除雪

这次支援从集结到出发只用了半个小时,他们星夜兼程历时 11h 才安全到达徐州。常熟养护工区第二次累计出动除雪撒布车 15 台班次,扫雪车 3 台班次,吹雪车 2 台班次,有效工作里程 2340 余公里,撒布融雪剂约 150t。正当支援队伍完成任务踏上返程道路时,2 月 22 日凌晨 3 点,工区也迎来了难得一见的龙年第一场雪。工区根据天气预报预判,通知剩余的队员全员留守备勤,不间断上路巡查,查看路面结冰情况和桥面温度。随着温度的进一步降低,路面开始结冰,工区立即派出铲雪车和撒布车上路,两小时后雪慢慢停了,队员依旧分组不间断上路巡查。

风雪来临,沿江人毫不退缩,迅速驰援。他们出发的脚步十分坚定,用最温暖的坚守让大家的出行平安顺畅,彰显了沿江人敢打硬仗、敢打胜仗的优良品质!

这次经历不仅是一次成功的应急响应案例,更是一个关于如何通过团队精神、实现更高社会价值的故事。面对自然的力量,人类或许渺小,但通过科学管理、技术创新和团队合作,沿江公司有能力克服挑战,保护道路的安全和顺畅。

在未来,无论面临何种挑战,沿江公司都将继续秉承这种积极进取的精神,为社会的发展和福祉贡献自己的力量。正如这次暴雪行动所展示的,沿江公司不仅是一家运营高效的企业,更是一家拥有深厚社会责任感和强烈集体荣誉感的团队。在未来的日子里,沿江公司将继续以高标准、严要求推进每一项工作,用实际行动践行"服务社会、安全优先"的核心价值观,共同迎接每一个明天。

6.2.2.2 高效应对危化品

在沿江高速公路的管理和运营中,每一次应对突发事件不仅仅是对技术和效率的考验,更是对公司文化、团队协作精神和社会责任感的检验。在沿江高速公路上,每一天的安全运行背后,都是无数沿江人的默默付出和辛勤守护。

沿江公司不仅仅是一家高速公路运营公司,它还扮演着保护社会公共安全、维护社会和谐稳定的重要角色。2023 年 10 月 28 日,一起危化品车辆运输事故考验了沿江公司及其合作伙伴的应急响应能力。当天上午 10 时 48 分,G15 往上海方向 K1229 处发生了一起危化品车辆泄露事故,装载石油的罐体发生漏油,所幸无人员伤亡(图 6.2-9)。

图 6.2-9 危化品运输车辆泄露事故

沿江公司立即启动了危化品处理应急预案，迅速上报值班领导，并第一时间赶赴现场，同时通知消防、清障大队、应急协作、养护工区、交通执法、应急管理局等联勤单位。"一路多方"及时响应，迅速赶往事故现场，各单位人员各司其职，分工明确，配合默契，现场清障救援、石油清理、隐患排查、安全防护等各项工作有条不紊。

思路清晰，处置精准。为保障道路的畅通，确保现场倒罐作业的顺利进行，公司联合"一路多方"精准策略，一方面快速部署，在沙溪服务区对危化品运输车辆进行倒罐作业，接到指令后的沙溪服务区立即响应，场地及时准备到位；另一方面协作联动，协调应急管理局联络倒罐设备和人员，保障物资、人员到位。在多方共同协作下，仅用19min即完成倒罐作业（图6.2-10）。

图6.2-10 施工人员在进行倒罐作业

15时18分，事故处理结束。本次事故的成功处理，多角度展现了沿江人对安全生产的不懈追求和面对危险训练有素的应急处理能力，事故处理过程得到了苏州交警十大队的赞许，他们对沿江公司的全力配合表示了感谢，对沿江公司应急预案的实战性和完备性以及高效执行力和专业能力表示了赞扬。

安全是发展的前提，发展是安全的保障。沿江公司将继续坚持"两个至上"，统筹"两件大事"，认真总结事故处理经验，进一步增强道路保畅意识，完善应急措施，健全应急机制，不断提升道路应急救援能力。

沿江公司对待这一次突发事件的态度和行动，深刻体现了公司"通畅、服务、安全、质量"的经营理念。通过此次事故处理，沿江公司再次向社会证明了其优秀的危机管理能力和高度的社会责任感。成功的应急处置不仅保障了高速公路的畅通无阻，更重要的是保护了人民群众的生命财产安全，维护了社会的和谐稳定。

6.2.3 沿之俭：节约铺就繁荣路

在快速发展的社会背景下，高速公路作为国家基础设施的重要组成部分，承载着促进经济发展和提高民生福祉的双重使命。然而，随着高速公路网的日益扩张，养护管理成本的上升成为制约其持续发展的关键因素之一。

在对成本控制的持续探索中，沿江公司深知节约并非简单地削减开支，而是通过管理优化和技术创新来实现资源的合理配置和利用。通过对传统养护流程的重新设计和优化，沿江公司有效提高了工作效率，降低了浪费。同时，公司大力投入技术研发，开发了一系列高效节能的养护设备和工艺，进一步降低了养护成本，实现了经济效益和社会效益的双赢。在沿江公司的实践中，技术创新成为节约养护成本的关键。以下将介绍由沿江公司创新的三个用于道路养护的典型节约技术与装备。

6.2.3.1　桥梁伸缩缝快速清理设备

伸缩缝是桥梁的重要组成部分，伸缩缝的堵塞会影响桥梁的伸缩功能，进而影响桥梁结构稳定性和使用寿命。传统的清理方法需要多次重复劳动，清理效率低下。为了提高清理效率和质量，降低劳动力成本和时间成本，2018年，沿江公司自主研发了桥梁伸缩缝快速清理设备，通过一体化设计，将扫送与吸取工序合并，一次性完成清理工作。该设备能够有效消除重复劳动，减少对人力的依赖，显著提升工作效率，节约养护成本（图6.2-11）。

6.2.3.2　融雪剂智能撒布装置

在冬季养护工作中，融雪剂的使用是维持道路畅通的关键。2020年，沿江公司研发了融雪剂智能撒布装置（图6.2-12），该装置采用手机App远程遥控融雪剂进行撒布，有效消除了夜间人员前往现场作业的安全风险。在经济效益方面，该设备有效减少了夜间车辆和人员的使用，将原本夜间施工6人1车的需求减少至1人1手机。通过智能撒布装置的使用，每个路段每次低温季节桥面融雪剂撒布可以节约费用约1500元，对于无锡地区，每年低温季约为4个月，温度低于0℃约为30d，每年每个路段可以节约的费用约为45000元。

图6.2-11　桥梁伸缩缝快速清理设备　　图6.2-12　融雪剂智能撒布装置

6.2.3.3　桥梁养护智巡机器人

2023年，沿江公司又一次进行技术创新，研制开发了桥梁养护智巡机器人（图6.2-13），通过自动化技术提高桥梁巡检的效率和安全性，降低人力成本。该设备可通过远程操作对桥下空间进行检查，无须人员驾车前往现场，节省了与巡检工作无关的驾车、绕路、步行等时间，有效降低了人员实地巡检的时间和交通成本。智巡机器人的应用不仅提高了养护工作的安全性和效率，还大幅降低了巡检成本，规避了巡检过程中可能存在的安全隐患，同时为更多智能化交通设备的研发和应用提供了有益的借鉴和经验。

图 6.2-13　桥梁养护智巡机器人

通过这些创新实践,沿江公司不仅在养护成本上实现了显著的节约,而且推动了高速公路养护技术的进步和行业的可持续发展。沿江公司的成功案例证明,通过坚持科技创新和精细化管理,高速公路养护完全可以实现更高效率、更低成本和更好的社会效益,真正做到"节约铺就繁荣路"。

6.2.4　沿之翠:绿色守护沿江根

在新时代的征程上,沿江公司牢固树立绿色发展理念,不断探索和实践低碳发展之路。沿着习近平新时代中国特色社会主义思想的指引,沿江公司深刻认识到,建设现代化经济体系,不仅需要科技创新和产业升级,也需要将绿色低碳的理念贯穿于发展的全过程和各领域。

正是在这样的背景下,沿江公司响应国家绿色发展战略的号召,通过规划绿色零碳养护工区(图6.2-14),为高速公路养护行业树立新的发展典范。

图 6.2-14　绿色近零碳养护工区规划

该工区用地总面积28395m^2。场区内建筑有收费站办公楼、路政及养排综合楼、宿舍楼、配电房、泵房、车库等,总建筑面积约8900m^2。其中,收费站办公楼共三层,建筑面积约2200m^2;路政及养排综合楼共两层,建筑面积约1600m^2;宿舍楼共三层,建筑面积约2400m^2。绿化面积9324m^2。屋顶面积(办公楼屋顶、宿舍屋顶、车库顶棚、仓库顶棚、水泵房及配电箱顶棚)4350m^2。其余面积(硬化地坪、池塘)14721m^2。

6.2.4.1 一个愿景

沿江公司在构建智慧工区的道路上,秉承了一个明确而具体的愿景:打造交控系统智慧零碳养护工区试点工程。通过制定并推广智慧零碳工区的行业标准,实现从零到一再到多的规模化示范,引领行业迈向绿色、低碳的未来。这个愿景围绕"人文绿岛、智碳工区"两大核心概念展开,旨在营造一个既是技术创新高地,也是人文关怀沃土的工作与生活环境,以此推动整个高速公路养护行业的绿色转型。

智碳工区,引领零碳时代。沿江公司的智慧零碳养护工区项目,着眼于实现工区的零碳目标。通过综合运用绿色低碳技术,从能源使用到资源循环,从设施建设到日常管理,高质量实现工区的零碳化。这不仅是对沿江公司绿色发展理念的一次全面升级,也是对整个高速公路养护行业的一次革命性引领。

智慧工区,创新驱动未来。智慧化是零碳养护工区实现绿色守护目标的重要支撑。通过能碳管控数字化平台、工区综合运营数字化平台的建设,沿江公司不仅能提高工区运营的效率和效果,更能通过数据驱动,实现对能源消耗和碳排放的精准管理与控制,打造出真正意义上的智慧工区。

人文绿岛,承载更深意义。在项目构想中,智慧零碳养护工区不仅仅是一个技术创新的展示场,更是一个人文精神的寄托地。这里也强调对员工的关爱,将"以人为本"的理念贯穿于工区的每一处,创造一个体现人文关怀、鼓励奋斗者精神的环境。该项目通过综合利用工区的自然资源,规划建设具备碳汇功能的景观,旨在创造一个既美观又实用,能够促进生态平衡的人文绿岛。

6.2.4.2 五化模式

在实现这一愿景的过程中,沿江公司以"五化"模式为指导——设施低碳化、设备电动化、资源循环化、管理智能化、能源清洁化,全面推进养护工作的绿色转型。

设施低碳化,意味着在养护工区的建设与日常运维中,大力推广绿色建筑材料,实现建筑物能耗最小化。通过绿色照明、优化建筑设计,以及利用自然能源,如太阳能照明,最大限度地减少能源消耗,减轻对环境的影响。

设备电动化,涵盖了工程机械的电动化改造和充电桩技术的应用。通过将传统的燃油机械转换为电动机械,配备必要的充电设施,该工区能显著降低碳排放,同时能提高设备运行的能效和安全性。

资源循环化,通过技术创新实现水资源和固体废弃物的循环利用。污水和雨水的收集、处理和再利用技术以及固废资源化利用技术的应用,确保了资源的最大化利用,最小化环境污染的影响。

管理智能化,通过数字化能源及碳管理平台,能实现能耗与碳排放的全生命周期管理。借助先进的信息技术,如物联网和大数据分析,该工区可以优化对能源的使用,提升管理效率,实现工区运营的精细化和智能化。

能源清洁化,通过太阳能光伏、光热及智能储能等技术,全面推进养护工区能源的绿色转型。这些技术的应用不仅能够确保能源供应的自给自足和安全稳定,也能够降低对化石能源的依赖,为养护工作提供清洁、低碳的能源保障。

6.2.4.3 十二项技术

在智慧零碳养护工区的实践中,通过精心挑选并实施十二项关键技术(图 6.2-15),沿江公司不仅深化了"五化模式"的应用,也为工区的绿色低碳转型提供了强有力的技术支撑。这些技术涵盖了能源的清洁利用、资源的循环使用以及工作环境的智能化管理等多个方面,体现了沿江公司在实现可持续发展目标上的坚定决心和创新精神。

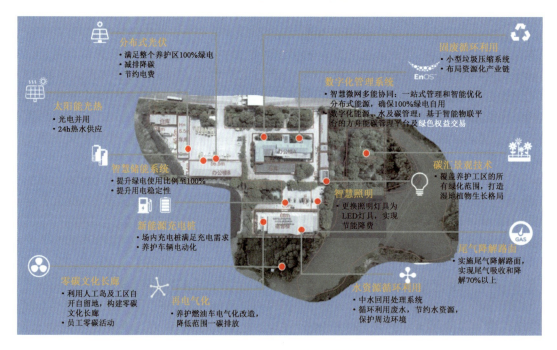

图 6.2-15 绿色工区的十二项技术

(1)能源清洁化

①太阳能光伏技术:采用"自发自用,光储联动"模式,在养护区实现 100% 的绿色电能供给,通过太阳能转化为电能,显著减少碳排放,同时降低电费支出。

②太阳能光热技术:光电并用,实现 24h 热水供应,通过光电两用提高能源利用效率,进一步减少碳排放。

③智能储能系统:提升绿电使用比例,通过智能管理提升用电稳定性,优化能源利用效率。

(2)资源循环化

①污水资源回收利用技术:通过日光生物化床 + 人工湿地 + 消毒技术,不仅有效管理和利

用了污水,还能保护周边环境免受污染。

②固废循环利用技术:通过小型垃圾压缩系统,优化资源化产业链,实现固废的有效管理和利用。

(3)设备电动化

①工程机械电动化技术:在道路建设和维护中采用零碾压技术,通过实施"油改电"技术,将传统的燃油机械转换为电动机械,减少施工对环境的影响,同时节约成本,减少二氧化碳排放量。

②新能源充电桩技术:为工区内的电动车辆提供充电设施,支持养护车辆的电动化转型,减少尾气排放。

(4)设施低碳化

①绿色照明技术:通过更换照明设备为LED灯具,实现节能降耗,同时满足充电需求,支持养护车辆的电动化。装载智能照明控制器,实现智能分组控制和分区照明管理,同时实现红外人体感应。

②尾气降解路面技术:通过使用光催化材料,实现对车辆尾气中有害物质的高效降解,改善工区的空气质量。

③植物碳汇技术:通过覆盖工区所有绿化范围的固碳释氧工程,美化工作环境,并通过选择高固碳能力的植物,如国槐、垂柳等,增强碳汇功能,促进水体碳储存,有效提升生态环境质量。

④零碳文化长廊:利用人工岛及工区自开自留地,构建零碳文化长廊,举办员工零碳活动,营造低碳生活文化。

(5)管理智能化

能碳综合管控技术和工区综合运营技术:通过投资建立能碳管理平台和工区综合运营系统,整合光伏、储能、充电桩、照明等能源模块,以实现碳排放和能耗的实时监控与管理。

沿江公司的智慧零碳养护工区不仅是对绿色低碳的实践,也是其在环保与可持续发展方面探索的缩影。通过管理智能化和综合能碳管控技术的应用,沿江公司优化了能源结构和管理方式,促进了资源有效利用和环境持续改善,为行业提供了绿色发展的模式。

同时,沿江公司也在低碳养护技术、新兴材料应用、噪声污染防治措施、养护资源集约循环利用等方面持续钻研探索,用"绿色养护"走绿色发展之路,致力于铺就一条条"绿色高速",打造"苏式养护"的"绿色满园"。这些努力不仅体现了沿江公司对绿色可持续理念的追求,也彰显了企业在推动社会进步、实现人与自然和谐共生方面的积极作用与宽广视野。

沿江公司将持续紧跟国家要求,不断深化绿色低碳技术和管理模式的探索实践,与所有利益相关方共同努力,为行业繁荣、绿色、可持续贡献力量。

6.3 人才队伍建设

功以才成,业由才广。沿江公司高度重视人才第一资源,始终把人才工作摆在改革发展的关键位置,立足实际精准施策、直面短板加快突破,推进实施"5824"产业攀登攻坚行动,扩大人才总量、提高人才质量、盘活人才存量,形成人人渴望成才、人人努力成才、人人皆可成才、人人尽展其才的良好局面。

沿江公司将人才队伍建设视为公司战略发展的核心组成部分,致力于通过多元化的人才发展路径为员工提供广阔的发展平台和机会。从提升技能人才的含金量到让青年工程师挑大梁,再到探索新时代产业工人的转型升级新实践,每一步都体现了公司对人才价值的认可和投资。

目前,沿江公司三个日常养护工区共有人员38名,其中高级职称9名,中级职称13名,初级职称4名。技能方面,高级工5名,中级工13名,初级工7名。

6.3.1 以人才"出彩"成就企业"精彩"

为了更充分地释放人才活力,公司着力打通"三个通道",激活人才发展新动力。一是打通专业人才发展通道。制定《江苏沿江高速公路有限公司专业岗位管理办法》畅通建设专业技术、生产技能职业发展通道,将论文发表、工作绩效、专业技术纳入年度考核,把考核结果与职称评聘和技术职务挂钩,激励员工向技术、技能领域发展,不断拓宽员工职业发展空间。二是打通管理人才发展通道。建立管理人员后备人才库,加大对管理人员的培养力度,制定挂职锻炼配套使用和管理方法,推动跨单位交流机制,努力培养多层次、多岗位、多领域的复合型人才。三是打通技能人才发展通道。通过理论培训和实际操作技能提升相结合的方式开展岗位练兵、技能竞赛等活动,对操作技能人员进行技能等级评定。

沿江公司建立了以能力和贡献为导向的职称评定机制,同时允许三种岗位(技能岗、专业岗、管理岗)在一定条件下进行转岗(图6.3-1)。这一规定体现了公司对人才多元发展路径的支持,鼓励员工根据个人职业规划和公司需求,通过岗位转换实现职业生涯的多样化发展。人才发展通道的优化,让4名专业技术岗位副主管专业师成功转聘至管理岗位,2名职能层管理人员成功转聘至总专业师专业技术岗位,实现选人用人精准科学。这种灵活性不仅有助于激发员工的工作热情和创新能力,而且有利于促进员工全面发展,增强其适应不断变化市场的能力,同时为公司培养出多技能、高素质的复合型人才。

周洁的成长是江苏沿江公司人才发展体系成功实践的杰出典范。

毕业于南京林业大学土木工程系的她,目前持有工程管理硕士学位和高级工程师职称。她的职业生涯起始于江苏省交通科学研究院道路桥梁设计师岗位,随后加入沿江公司,经过不懈的努力和持续的成长,逐步成长为公司常熟养护工区党支部书记、主任。

2014—2017年,周洁担任沿江公司养护办副主任,期间她通过对养护工作的深入理解和创新管理,有效提升了养护效率和质量。她不仅在专业技术方面有深入的研究,还积极参与公司组织的各种培训和技能提升活动,展现出了优秀的职业素养和不断进取的精神。2018年,她被晋升为苏州养护大队大队长,此职位的晋升不仅是对她专业技能的认可,也是对她领导能力的肯定。2022年3月起,周洁担任常熟养护工区主任,负责养护工区的全面工作,展现了她从技术专家到管理领导的全面转变。在个人荣誉方面,周洁多次获得公司和行业内的高度认可,获得"十二五"全国干线公路养护管理检查优秀个人、"抗冰雪保畅通"工作先进个人等荣誉,这些都充分展现了公司对于人才成就的认可和奖励。

职级	管理岗位(M)		专业岗位(P)		技能岗位(O)	
1	M1	经理层 正职级				
2	M2	经理层 副职级				
3	M3	职能层 正职级	P1	总专业师层 总专业师		
			P2	总专业师层 副总专业师		
4	M3	职能层 副职级	P3	主任专业师层 主任专业师		
5	M5	执行层 主管级	P4	主管专业师层 主管专业师		
6	M6	执行层 副主管级	P5	主管专业师层 副主管专业师		
7	M7	业务层 管理员级	P6	主办专业师层 主办专业师	O1	首席技师层 首席××技师
8	M8	业务层 办事员级	P7	主办专业师层 副主办专业师	O2	特级技师层 特级××技师
9					O3	技工层 获得技能等级证书员工
10					O4	普通工层 未获得技能等级证书员工

图 6.3-1 沿江公司三类岗位对应关系

周洁的成功晋升和职业成长充分证明了沿江公司在人才发展上的高度重视和科学管理。通过为员工提供清晰的职业发展路径、持续的技能培训以及公正的评价机制，公司不仅促进了员工的个人成长，也为企业的长远发展积累了宝贵的人力资源资本。周洁的故事是公司人才培养和晋升机制成功实践的生动写照，激励着更多员工为个人职业发展和公司的未来贡献自己的力量。

6.3.2 提升技能人才含金量——打通技能职称通道

在现代企业的发展进程中，技能与人才的发展已成为推动企业持续成长和竞争力提升的关键因素。在全球化的经济背景下，技术迭代更新速度加快，市场竞争愈发激烈，企业更需要依靠一支结构合理、技能精湛、创新能力强的人才队伍，以适应和引领市场变化，实现可持续发展。因此，构建和完善技能人才发展机制，打通技能职称通道，不仅能有效激发员工的职业热情和创新潜能，也是企业吸引、培养、保留人才的重要策略。

6.3.2.1 晋升通道有规可依

沿江公司充分认识到技能与人才发展的重要性，并将其作为企业战略的重要组成部分。为了进一步建立和完善技能岗位职业技能水平评价体系，加强技能岗位的人才管理工作，沿江公司制定并实施了《江苏沿江高速公路有限公司技能岗位管理办法》。该办法明确了技能岗位的定义、职称评定的基本原则和具体程序，通过科学规范的评价体系，激发员工的技能提升动力,促进员工的职业成长。

该办法坚持以下五项基本原则:

①坚持自主评价、科学规范的原则。

②坚持评聘分开、总量控制的原则。

③坚持突出主业、用管一致的原则。

④坚持注重业绩、激励有效的原则。

⑤坚持纵向发展、横向连通的原则。

该体系明确了职业技能等级划分,从初级到高级技师,为员工提供了明确的晋升路径。

此外,沿江公司还对优秀技能人才实行特殊激励措施,如参与职业技能竞赛的员工一旦获得全国技能大赛、中华技能大奖、江苏技能大奖等荣誉,将会得到特别的表彰和奖励。这种做法不仅体现了公司对技能人才成就的重视和认可,而且通过实质性的激励措施,有效提升了员工的职业荣誉感和归属感。这种特殊激励机制有助于激发全体员工,尤其是技能人才的积极性和创造性,进一步推动公司技术创新和业务发展,同时有助于吸引和留住行业内的顶尖人才,为公司的长远发展奠定坚实的人才基础。

6.3.2.2 技能人才职业晋升有迹可循

为了充分发挥技能人才的专业优势,激发其职业潜能,沿江公司精心设计并实施了一套创新的人才晋升流程。这一流程不仅为技术骨干提供了明确的职业发展路径,也体现了公司对技能人才价值的高度认可和尊重。以管理员级别(M7)的员工为例,公司设计了一条既能充分利用其技术专长,又能实现职业晋升的独特通道。

针对那些展现出特殊技能才干的 M7 级别管理员,公司特设 P5 级别的副主管工程师职位,将其与传统的 M6 级别副主管职位并列。这一创新举措旨在打破传统的管理职级体系,更好地激发和利用员工的技术潜力,同时为技术人才打开了一个全新的职业发展通道。

副主管工程师主要负责评估和确保项目技术的可行性,而传统的 M6 级别副主管则侧重于项目的整体管理。这一区分允许公司更有效地利用人才资源,确保技术和管理双轮驱动,共同推进项目的成功实施。

为副主管工程师设立的晋升路径极具灵活性。在担任 P5 级别副主管工程师一段时间后,员工可以根据个人职业规划选择不同的发展方向:一方面,他们可以选择转职成为 M6 级别的副主管,直接参与项目的整体管理;另一方面,他们可以继续专注于技术领域,晋升至 P4 级别的主管工程师。此外,P4 级别的主管工程师同样拥有向 M5 级别主管转职的机会,进一步拓宽了技能人才的职业发展空间。

这一晋升机制的设计充分考虑了技能人才的特点和需求,不仅为他们提供了更广阔的发展前景,也体现了公司对于技术创新和专业技能重要性的认识。通过这样的晋升通道,技能人才可以根据自己的兴趣和长处,选择最适合自己的职业道路,实现个人价值的最大化。

作为在江苏较早实行这一技能人才发展通道的公司。从 2019 年至 2024 年,工程养护部共有 6 位管理员成功转为副主管工程师,其中 2 名在转成副主管工程师后,1 名转聘为副主任并转为职能层主管,另外 1 名转为基层单位副主任主持工作。

沿江公司通过设立副主管工程师和主管工程师等技能职位,更好地发挥技能人才的专业能力,同时提升了他们的职业地位和待遇。这一策略不仅促进了公司技术水平的提升,也增强了技能人才的归属感和满意度,从而激发了员工的创新活力和工作热情。此外,通过提供明确的晋升通道,公司也向所有员工传递了一个明确的信号:每一位员工的努力和贡献都将得到认可和奖励,公司致力于为每一位员工的成长和发展提供全方位的支持。

6.3.3 让青年工程师挑大梁——蓄能卓越工程师培养

沿江公司深刻认识到,未来的成长与创新离不开新一代工程师的积极参与和领导。本着这一理念,公司特别设计了"蓄能卓越工程师培养"计划,致力为年轻工程师提供全面的成长和发展机遇。这一计划通过为青年工程师提供外派到其他公司的重要项目上挂职或在公司内不同职位上轮岗历练的机会,使年轻工程师积累宝贵经验,并迅速成长为行业佼佼者。李宁同志的成长历程便是这一培养计划成功的最佳例证。

自 2002 年入党以来,李宁作为江苏省第五期 333 培养对象、江苏省综合交通运输学会青年人才专家委员会委员及江苏省交通运输行业的高层次领军人才,现已经成为一位经验丰富的"青年专家"。在沿江公司的精心培养下,李宁得以在江苏省句容经济开发区、句容市交通局及双铁指挥部等多个单位挂职,每一次挂职都是对他能力的一次重大考验和提升,而他也都尽心尽力,实现了自我超越,取得了显著成就。

当江苏交控提出加大高速公路工程建设管理人才培养的要求时,李宁同志积极响应,被选派至常泰长江大桥建设指挥部挂职(图 6.3-2)。这一项目不仅规模宏大,而且技术难度极高,采用了多项国际先进技术和材料。面对这样一个前所未有的挑战,李宁没有丝毫退缩,而是迅速适应新角色,投入繁重而复杂的工作。

图 6.3-2 李宁挂职在常泰长江大桥项目

在常泰长江大桥项目中,李宁展现了他对每一次工作机会的珍惜和尽心尽力。他主动钻研新技术,广泛查阅资料,深入了解每一个施工环节。通过积极参与施工方案的审查会议,他不仅对工程的施工工艺、技术难点有了全面的掌握,而且深入主塔施工现场,实地查看工程进度,亲自解决现场的各种技术难题(图 6.3-3)。他的努力和贡献,为常泰长江大桥的成功建设提供了有力的技术支持。

图6.3-3 李宁在施工现场

在常州春江枢纽改造项目中,李宁同志面对项目难度大、涉路时间长、交叉作业面多等一系列挑战,同样表现出色。他与泰桥公司沟通协调,组织常州市高指、中交路建等单位对实施方案进行优化,与路政支队协商交通管制方案,有效提速了春江枢纽的改造进展。此外,考虑到常泰大桥交通水运的便利性,结合交控系统永久沥青料厂布设的需求,他还主动与现代路桥对接,到常泰大桥魏村互通等处进行现场勘探,推进了沥青料厂基地布局的优化。

作为公司华西收费站改扩建、霞客收费站改扩建的现场工作小组组长,李宁同志在项目实施中再次展现了他对工作机会的珍惜与尽职尽责。面对项目实施的种种难题,如土地征用、新老路基拼接、原有管线迁移等,李宁同志不仅全程参与了设计、招标、施工、企地协调等各个阶段的工作,还多次参与现场工地例会,指导解决现场出现的各种问题。尤其是在霞客收费站改扩建工程中,他采取了多项创新措施,确保了施工质量和进度。

沿江高速苏沪主线站、太仓主线站撤站项目的成功,同样离不开李宁同志的辛勤付出。在这一项目中,他不仅在初步设计方案出台后,多次组织内部方案讨论会,对项目的关键技术和管理问题进行深入研究,而且根据项目实施的实际进度灵活调整施工策略,确保了工程的顺利进行。

经过多年的辛勤工作,李宁同志在技术革新、项目管理、团队协作等多方面展现出了卓越的能力和执着的精神。凭借这些成就,他相继获得了"全省养护先进个人""交控系统迎检先进个人"以及"沿江高速'十大功勋员工'"等荣誉称号。这些荣誉不仅是对李宁同志个人辛勤付出和卓越贡献的认可,更是对沿江公司培养体系和企业文化的充分肯定。

李宁同志的每一次成功,都是对沿江公司"蓄能卓越工程师培养"计划的最好证明。李宁同志的成就凸显了沿江公司对年轻工程师全方位支持的企业文化,展现了公司为青年工程师提供的广阔发展平台和机会。正是有了像李宁同志这样的优秀年轻工程师,沿江公司才能不断推动技术创新,实现企业的持续发展和行业的领先地位。

6.3.4 探索新时代产业工人的转型升级新实践

6.3.4.1 党代表工作室

在沿江公司的发展历程中,党代表工作室以其显著的作用和贡献,成为公司党建和业务融合发展的一个亮点。

沿江公司高度重视党代表工作室的建设与发展,为工作室提供了坚实的支持。从2019年起,公司就明确提出将党建工作与业务发展紧密结合,通过实践探索出一条具有特色的党建工作新路径。党代表工作室的成立,是公司党委落实党建引领业务发展战略的具体体现,公司为工作室的运行提供了必要的资源和政策支持,确保工作室能够顺利开展各项工作。

(1)建设基石:服务与使命

党代表工作室以江苏省第十四次党代会代表、江苏省五一劳动奖章获得者周洁同志为核心,自2022年8月成立以来,工作室始终坚持党建引领,做强红色引擎,秉承"为员工专业化成长服务、为公司高质量发展服务、为交通现代化提升服务"的宗旨,坚持"源于工作、高于工作、指导工作"的思想,紧紧围绕公司中心工作和员工成长需要,积极开展各项活动。

工作室目前有党员6名,以劳模支部为平台,开展"双创双提升"活动,将党建工作与主营业务深度融合,打造具有影响力的党代表工作室品牌(图6.3-4)。

图6.3-4 党代表工作室成员在对党旗宣誓

(2)照亮前行:先锋与行动

在历年日常养护工作中,以党代表工作室始终率先垂范、身先士卒,充分发挥了党旗下强大的"红色力量",围绕"保畅通、保安全、强服务"养护理念,高效完成了多次扫雪抗冰、节假日保畅等工作。

在面对多次高速养护重大任务时,工作室成员展现出高度的责任感和卓越的执行力,确保了公路交通的安全畅通。

2022年,党代表工作室参与了全国首个省级区域集中养护——G15江苏段区域集中养护工程的施工管理。为了能保质保量地完成目标,每天晚上,党支部全体党员都会带领全体队员梳理当天集养工作进度和第二天的工作计划。总结复盘完当天的工作后,周洁同志又会带着养护组赶赴夜间施工现场。检查结束回到单位已经接近凌晨。队员们担心这样高强度的工作会严重影响周洁的健康,但作为支部书记的她依然坚定地说道:"我和你们在一起。"为了共赴胜利,党代表工作室的所有人都牢牢地坚守在自己的岗位上,他们中有紧盯安全生产的入党积极分子陈光营,有和绿保施工队伍共进退的共产党员、沿江老兵张亚飞,更有参与盖板改造和混合料配比优化探索的党员技术团队。他们在项目中充分发挥党员先锋模范作用、青年职工生力军作用。最终,该工程仅用9个有效工作日就完成了传统养护127个有效工作日的工程量(图6.3-5)。

图6.3-5　2022年沿江公司苏州段集中养护顺利完工

2024年2月,伴随强冷空气南下,徐州等地出现大范围连续降雪,高速公路路面积雪严重,为保障高速路网的顺畅运行,江苏交控立即启动冰雪天气路网协同机制,要求沿江公司对口支援连徐公司。沿江公司立即响应,工作室即刻发出动员令,要求工区党员积极带头。作为党员的张亚飞同志主动请缨,带领工区其他3名业务骨干和3名外协人员连夜奔赴徐州,加入融冰除雪作战行动。在这次除雪任务中,累计出动除雪撒布车15台班次,铲雪车3台班次,吹雪车2台班次,有效工作里程2340余公里,撒布融雪剂约150吨。

在周洁同志的带领下,党代表工作室在工程推进、安全生产、路网保障等各项工作中,不仅展现了党员干部的先锋模范作用,还有效激发了全体成员的工作热情和创新活力。

(3)引领未来:成就与展望

党代表工作室的"敢为人先"意识和"勇于亮剑"精神使得党代表工作室在集体和个人荣誉上取得了显著成绩,获得了广泛认可。

2022年,党代表工作室所在的工区党支部被评为江苏交控省属企业五星党支部,展现了党建工作的高质量成效。周洁同志作为工作室的核心成员,个人先后获得了江苏省交通厅颁发的2021年"最美交通人"称号、江苏交通运输行业党委颁发的2022年度全省交通运输现代化示范区建设擎旗手暨党建引领"四个在前"标兵个人等荣誉。这些成就的取得,是对周洁同志及工作室团队努力的肯定,也是沿江公司党建工作成效的充分体现,展现了工作室在党建引领下取得的显著成效和社会影响力(图6.3-6)。

党代表工作室的成立和发展,不仅是江苏沿江公司党建工作的一个缩影,也是公司发展历程中不可或缺的一部分。工作室以其先锋带头作用和显著成就,展现了沿江公司党建工作的新风貌,对公司的发展起到了积极的推动作用。

在新时代背景下,党代表工作室将继续深化党建引领,积极探索党建与业务深度融合的新路径,持续推动党建工作和业务发展双提升。通过创新实践和团队建设,工作室将致力于为公司的高质量发展贡献更多力量,为实现交通现代化和建设交通强国目标做出新的更大贡献。

第6章 养护文化与人才队伍建设

图6.3-6 党代表工作室合照

6.3.4.2 技能人才工作室

在江苏沿江的脉动中,技能人才如同星辰般闪耀,他们的成长和发展是沿江公司不断前行的动力。在这个日新月异的时代,每一位员工的技术精进和创新思维都是公司宝贵的财富。因此,沿江公司成立了匠心工作室、新橙创新创效工作室、磐石工作室等多个技能人才工作室,旨在搭建一个专业的平台,让技能人才能够不断地学习、实践和创新。正所谓"技在手中舞,梦在心中绘",在这里,每一位成员都能以技术为笔,以创新为墨,绘就属于自己的精彩篇章。

(1) 匠心工作室

"文不按古,匠心独妙。"匠心工作室以此得名,将工匠精神视为该工作室的核心追求。工匠精神不仅体现为对细节的专注和对完美的渴望,更显现在不断进步和创新的勇气中。它与沿江公司的"沿之道·畅若水"企业文化相得益彰,共同推动着企业向着高质量和可持续的发展迈进,激发着青年一代的创新活力(图6.3-7)。

图6.3-7 匠心工作室

① 红旗飘扬,照亮使命之路。

在"卓越党建"的旗帜下,匠心工作室以习近平新时代中国特色社会主义思想为引领,将提高政治能力视为工作室建设的重大任务。工作室致力于引导青年人才树立宏大的国家观和全局观,担负起推动国企发展、弘扬党的事业的重任。同时,工作室始终保持严谨的主基调,倡导清正廉洁、积极向上的职业道德,努力营造一个清新、健康、向善的工作环境,以此促进人才的全面发展和工作室的繁荣兴旺(图6.3-8)。

②金色智慧,孕育希望之种。

匠心工作室致力于克服养护施工的挑战、降低安全风险、提高作业效率,并通过引进新工艺、新技术、新设备和新材料,将创新成果转化为实际应用。工作室以科技驱动和人才为核心,由6名平均33岁的青年人员组成管理层,不断引入新的技术人才,并通过"技术链+创新链+价值链"的模式建立了长效管理机制。

在人才培养方面,匠心工作室采取双层孵化策略,实施"以老带新"和"传帮带"的模式,从业务实践中传授经验,指导方向,寻找方法。通过"一带一"和"多带一"的结对培养模式,成员在实践中成长,在交流中提升,在互助中取得进步。在培养计划中,匠心工作室聚焦"四个建立",履行好引路人的职责。沿江公司以"匠心工作室"为起点,将人才培养机制辐射至周边各部门。

此外,匠心工作室还牵头与周边站区、调度中心和清排障建立创新联盟,推动联合创新,充分发挥创新孵化室的作用。成员们结合实际工作进行研究,通过创新项目的研发激发创新活力,提升科创和技术改进能力,推动技术进步,助力企业高质量发展。"匠心工作室"成员也多次参加江苏交控系统的青创普英答辩比赛和"青安岗"建设,并在省部属企业团干部培训班上表现出了高层次的创新视野和高水准的创新能力,得到了高度肯定(图6.3-9)。

图6.3-8 匠心工作室的党建活动

图6.3-9 匠心工作室在进行团队活动

③蓝图勾绘,点燃创新之光。

匠心工作室自成立起,便深耕于养护施工,不断探索、勇于实践,实现了多项技术突破与创新。

冷补料智能加热装置,是匠心工作室智慧的结晶,这一创新通过设定温度自动加热,不仅大大提高了坑塘修补的效率和质量,经维修后路面或桥面使用寿命超过3个月,有效避免了人力和物力的浪费。桥面低温主动预警装置的研制,体现了匠心工作室对养护过程的专注。该装置一方面采用双主动预警模式,通过智能温度监测终端实时回传桥面温度数据,为冬季道路维护提供了准确的信息支持,另一方面加入了双色爆闪镭射技术,提高了夜间驾驶的安全性,为驾乘人员提供了及时的风险预警。智控锥桶及标志牌的开发进一步证明了匠心工作室在养护领域的创新热情。该设备允许防撞车驾驶员远程控制,确保施工区域的安全进出,减少了现场作业人员的安全风险,有效避免了交通事故的发生(图6.3-10)。

图6.3-10　匠心工作室部分科研成果:冷补料智能加热装置、桥面低温主动预警装置、智控锥桶及标志牌

在锡澄实际协同发展区霞客湾科学城建设的背景下,匠心工作室建立联合创新发展机制,并致力于打造江阴未来发展的"创新之眼""青春之眼"。在高速公路养护巡查领域,匠心工作室引入了智慧养护体系,在高速公路养护巡查中实现了"一扩"——扩大巡查范围,"两提"——提高巡查频率、提升巡查效能,"两降"——降低巡查成本、减少巡查漏报。此外,匠心工作室以苏式养护秉持的"创新、标准、精细、高质、绿色"养护理念为导向,建立了具有交控特色、高速特性和沿江特质的品牌体系,塑造了一个理念新颖、技术精湛、质量卓越、品牌强劲的养护创新工作室。

通过建立联合创新机制、智慧养护体系以及品牌化工作室等举措,匠心工作室不仅为"苏式养护"品牌建设增添了光彩,更为行业的发展注入了新的活力。近几年,"匠心工作室"齐心协力获得了来自各方的认可:先后获得国家级荣誉3项、省部级荣誉9项、交控级荣誉3项、公司级荣誉6项,其中包括两项国家专利、全国优秀质量管理小组、省优秀质量管理小组,等等(图6.3-11)。

图6.3-11　匠心工作室参加科创比赛

"创新无止境,匠心向未来。"在这里,每位成员都以精益求精的态度,以匠心独运的精神雕琢每一寸高速公路。匠心工作室不仅是技术精进和创新思维的摇篮,也是追梦者实现自我价值的舞台。在未来,匠心工作室将继续深耕技术研发和创新实践,以科技和智慧推动高速公路建设和养护工作的高质量发展,为实现更远大的目标贡献力量(表 6.3-1)。

表 6.3-1 匠心工作室荣誉一览

级别	荣誉	内容
国家级	2018 年度获得全国优秀质量管理小组	智能发光标志
江苏省级	2017 年度获得江苏省优秀质量管理小组	中分带防眩树修剪机
江苏省级	2018 年度获得江苏省优秀质量管理小组	智能发光标志
江苏省级	2019 年度获得江苏省优秀质量管理小组	桥梁伸缩缝快速清理设备
江苏省级	2020 年度获得江苏省优秀质量管理小组	冷补料智能加热装置
江苏省交通企业协会	2017 年度获得江苏省交通行业优秀质量管理小组	中分带防眩树修剪机
江苏省交通企业协会	2018 年度获得江苏省交通行业优秀质量管理小组	智能发光标志
江苏省交通企业协会	2019 年度获得江苏省交通行业优秀质量管理小组	桥梁伸缩缝快速清理设备
江苏省交通企业协会	2020 年度获得江苏省交通行业优秀质量管理小组	冷补料智能加热装置
江苏交通控股有限公司	2017 年度获得江苏交通控股系统青年创新创效工作铜奖	—
江苏交通控股有限公司	2019 年度获得江苏交通控股系统优秀质量管理小组	桥梁伸缩缝快速清理设备
江苏省质量管理协会	2018 年获得江苏省优秀质量管理小组活动一级技术成果	智能发光标志
江苏省质量管理协会	2019 年获得江苏省优秀质量管理小组活动三级技术成果	桥梁伸缩缝快速清理设备
江苏省交通运输行业优秀 QC 小组评比	2018 年度获得一等奖	智能发光标志
江苏省交通运输行业优秀 QC 小组评比	2019 年度获得二等奖	桥梁伸缩缝快速清理设备
江苏省交通运输行业优秀 QC 小组评比	2020 年度获得二等奖	冷补料智能加热装置

(2)新橙创新创效工作室

新橙创新创效工作室(简称新橙工作室)的诞生源于一群身着橙色工作服的年轻人对未来的共同憧憬。他们希望通过自己的努力和创新,成为新一代养护产业工人的象征,为高速公路的建设与维护贡献自己的力量。这份愿景不仅仅体现在他们鲜明的橙色工作服上,更体现在新橙工作室的日常运作和创新实践中。

①红色引擎,驱动创新之旅。

新橙工作室自 2019 年成立以来,始终将党建工作作为引领发展的核心力量。工作室深知,只有坚定的政治方向和强有力的党建引领,才能确保团队在创新实践中不偏离正确的发展轨道。因此,新橙工作室在建设过程中全力推进党建引领,将党的理论学习、政策指导深入到工作室的每一个细节和创新活动。

工作室全体党员发挥核心作用,成为推动技术创新和项目实施的领头羊。党建深度融合主营业务,打造了以江苏省第十四大党代表、江苏省五一劳动奖章获得者周洁为核心的科研阵地。2022 年,新橙工作室所在的工区党支部荣获江苏交控省属企业五星党支部,并成功发展了两名预备党员,进一步增强了团队的政治核心力量。这种党建引领不仅为新橙工作室的发展提供了坚强的政治保证,也为工作室成员树立了学习的榜样和奋斗的方向(图 6.3-12)。

图 6.3-12　新橙工作室参与党建活动

②橙意盎然,培育才智之花。

在人才培养方面,新橙工作室致力于打造一个学习型、创新型的团队。工作室拥有 11 名成员,包括 3 名高级工程师和 1 名研究生学历人员,其中 4 人为党员。

通过定期的技能培训、实践操作和创新竞赛,工作室不断提升团队成员的专业技能和创新能力。工作室也鼓励成员参与到实际项目中去,通过解决实际问题锻炼和提升自己的综合素质。

此外,新橙工作室还注重培养成员的团队协作精神和项目管理能力。通过项目的实施和管理,成员们学会了如何在团队中有效沟通、协作和解决冲突,这些能力的提升为工作室未来承接更多、更复杂的项目打下了坚实的基础。

新橙工作室在日常运营中全面导入质量管理理念,构建学习、攻关、交流的阵地,从实际工作中急需解决的环节入手,实施制度建设和日常运作情况的规范管理(图 6.3-13)。

图 6.3-13　新橙工作室参与日常活动

③创新光芒,绘制橙色未来。

新橙创新工作室自成立以来,以交通建养为主要方向,始终秉持"善谋敢干,主动作为"的理念,以降本增效、创新创效为出发点,积极开展课题研究、技术攻关、创新改造等创新活动。在过去的两年中,新橙工作室以小见大,集中精力解决日常养护工作中的难点和痛点,从小改小革做起,充分激发全体员工的创新意识和主观能动性。

依托于强大的团队力量和党建引领,工作室在高速公路养护、维护领域取得了一系列创新成果。例如,工作室研发的高速公路作业现场车辆动态距离显示系统,大大提高了施工现场的安全性,减少了交通事故的发生。工作室还针对传统标线保护方式中存在的问题,创新提出了可移动式标线保护盖的方案,有效提升了施工效率和质量。此外,工作室还开展了以提升沥青抗滑性能为总体目标的课题,有效提升了铣刨摊铺工艺路面抗滑系数,大大增加了这一处治技术的经济实用性。

这些创新与成果不仅解决了高速公路维护过程中的实际问题,也为公司节省了大量的成本,提高了工作效率。更重要的是,这些成果的取得,展现了新橙工作室成员的创新精神和技术实力,为高速公路养护产业的发展提供了新的思路和方法(图6.3-14)。

图6.3-14　新橙工作室在进行创新科研活动

"以小见大,聚沙成塔。"新橙工作室在过去几年的发展中,不仅积累了丰富的技术经验,也形成了一套有效的创新机制和团队协作模式。工作室的有效运作,为公司培养了一批创新人才和维护技术骨干,给全体员工树立了好的榜样,在全公司掀起了创新创效的高潮,为公司发展注入了生机和活力。面向未来,新橙工作室将继续以党建引领为核心,强化人才培养和技术创新,致力于推动高速公路维护与养护技术的进步,为建设更加安全、高效、绿色的高速公路网络贡献力量(表6.3-2)。

新橙工作室荣誉一览　　　　　　　　　　　　　　　　表6.3-2

级别	荣誉	内容
中国交通企业管理协会	2024年1月被评为高速公路运营服务创新案例	提升铣刨摊铺工艺路面抗滑系数
江苏省交通企业协会	2021年度被评为江苏省交通行业优秀质量管理小组	占道作业车辆距离显示系统
	2023年度被评为江苏省交通行业优秀质量管理小组	提升铣刨摊铺工艺路面抗滑系数
	2024年度被评为江苏省交通行业优秀质量管理小组	路面大面积油污处理快速撒布装置研制
江苏交通控股有限公司	2020年度江苏交控职工合理化建议二等奖	高速公路作业现场车辆动态距离显示牌
	2023年度江苏交控工会鼓励奖	推广可移动式标线保护盖的建议
江苏沿江高速公路有限公司	2022年度江苏沿江高速公路有限公司优秀QC三等奖	提升铣刨摊铺工艺路面抗滑系数

第7章
改扩建规划设计

7.1 规划背景

沿江高速公路于2004年8月正式通车,是国家公路网规划(2013—2030)中沪武高速公路(G4221)的重要组成部分,也是江苏省高速公路网规划(2017—2035)中"十五射六纵十横"中"横八"的关键构成通道,是联系苏南城市群的主要交通线路。沿江高速于2000年开工建设,2004年全线建成通车,路线起自G15苏沪界,向西经过太仓、常熟、张家港、江阴、惠山、武进,终于常州南互通。现状苏沪界至浏河大桥北桥头段为双向六车道高速公路,设计速度为100km/h,路基宽度为34m;浏河大桥北桥头至董浜枢纽段为双向六车道高速公路,设计速度为120km/h,路基宽度为35m;董浜枢纽至常州南互通段为双向四车道高速公路,设计速度为120km/h,路基宽度为28m。

沿江高速贯穿江苏省南沿江经济发达地区,受区域经济快速增长影响,通车以来,全线路段交通流量持续增长,2004—2019年平均交通量增长率达到7.7%。截至2020年底,沿江高速交通量以苏通大桥、江阴大桥为分界,明显呈现三个梯度:一是苏沪界至董浜枢纽段,现状平均交通量达到125565pcu/d;二是董浜枢纽至峭岐枢纽段,现状平均交通量达到87152pcu/d;三是峭岐枢纽至常州南互通段,现状平均交通量达到73205pcu/d。从现状服务水平看,苏沪界至董浜枢纽段已经为四级、五级服务水平,董浜枢纽至常州南互通段服务水平均处于三级下限及四级。随着新一轮高速公路网及公路过江通道规划方案的出台,沪武高速公路太仓至常州段在路网中的骨架地位更加突出。现有公路的通行能力已明显不能适应其功能地位的需要,本项目的扩建显得更为迫切。

7.2 改扩建工程概况

7.2.1 总体概况

沿江高速改扩建工程于2008年开始进行预可研究,历经江苏省内预审、交通运输部调研评估、交通运输厅审查等环节，于 2021 年 10 月取得江苏省发改委项目工可批复。项目采用改进的传统模式进行管理，由沿江公司作为建设管理法人，负总体责任。在项目具体实施上采取"省企共建"的管理模式，江苏省交建局主要负责项目主体工程的实施管理，沿江公司主要负责房建、机电等配套工程的实施管理；改扩建工程全长 134.865km，概算总金额约为 360.51 亿元，是全省单体投资量最大的高速公路扩建工程，项目批复总工期 4 年。

项目采用两侧拼宽为主的总体扩建方案：苏沪界至浏河大桥北桥头 0.13km 由双向六车道扩建为双向八车道，设计速度 100km/h；浏河大桥北桥头至太仓北枢纽段 8.13km 由双向六车道扩建为双向八车道，设计速度 120km/h；太仓北枢纽至董浜枢纽段 25.13km 由双向六车道扩建为双向十车道，设计速度 120km/h，路基宽度 53.5m，为全国首条获批的整体式双向十车道高速公路；董浜枢纽至常州南互通段 101.48km 由双向四车道扩建为双向八车道，设计速度 120km/h。主要技术控制指标如表 7.2-1 所示。

主要技术控制指标　　　　　　　　　　表 7.2-1

序号	项目	单位	指标	
			扩建前	扩建后
1	公路等级		四车道和六车道高速公路	八车道和十车道高速公路
2	设计速度	km/h	120	120
3	路基宽度	m	28/35	42/53.5
4	设计荷载		新建主线桥涵、匝道桥涵及拼宽桥涵的新建部分：公路-Ⅰ级（15 通规）； 新建支线上跨桥：公路-Ⅰ级（15 通规）； 直接利用的既有桥涵：汽车-超 20 级，挂车-120； 拼接利用既有桥涵部分：承载能力极限状态公路-Ⅰ级（15 通规），正常使用极限状态汽车-超 20 级，挂车-120	新建主线桥涵、匝道桥涵及拼宽桥涵的新建部分：公路-Ⅰ级（15 通规）； 新建支线上跨桥：公路-Ⅰ级（15 通规）； 直接利用的既有桥涵：汽车-超 20 级，挂车-120； 拼接利用既有桥涵部分：承载能力极限状态公路-Ⅰ级（15 通规），正常使用极限状态汽车-超 20 级，挂车-120
5	设计地震动峰值加速度	m/s²	0.10	
6	设计洪水频率		路基、大中小桥涵 1/100，特大桥 1/300	

全线现设置互通式立交 20 处，原位改扩建互通式立交 17 处、移位新建 2 处、拆除 3 处、新建 4 处，平均每 6.13km 有一处互通或匝道；全线管理、养护及服务设施新增总建筑面积 38070m²，新增占地 332 亩（1 亩≈667m²），含 2 处服务区重建服务区 1.6 万余平方米；设置监控通信分中心 3 处（重建 1 处、利用 2 处），养护工区 3 处（新建 2 处、利用 1 处），匝道收费站 14 处，服务区 3 处（重建 2 处、利用 1 处）。

全线扩建桥梁 40 座（不含互通桥梁和分离式立交桥梁），全长 5332.137m，其中特大桥、大桥 9 座，长 3588.886m；中小桥 31 座，长 1743.251m（其中拆除全部老桥 2 座、拆除部分老桥 2 座、换梁 6 座）。全线互通中主线桥共 54 座，桥长 16857.473m；扩建（新建）匝道桥 86 座，桥长 20698.867m；原桥利用匝道桥 7 座。全线扩建（新建）主线分离立交桥梁 37 座，桥长

9624.947m；全线扩建支线上跨分离立交桥梁桥梁 11 座，桥长 4016.281m，主要工程数量如表 7.2-2 所示。

沿江高速改扩建工程主要工程数量表　　　　　表 7.2-2

序号	工程项目	单位	总数量	备注
1	长度	km	134.865	
2	新征用地（主线及互通）	亩	8260.91	不含取土坑
3	拆迁	m²	383290	
4	土方（填方/挖方）	m³	9816416/3376475	不含互通匝道、支线上跨
5	排水与防护工程	m³	排水：76952 防护：70527	不含互通匝道、支线上跨
6	软基处理	km	102.42	不含互通匝道、支线上跨
7	新建路面面积	m²	2781545	不含匝道及桥面铺装
8	路面铣刨量	m³	147510/490040	面层/基层
9	涵洞	道	243	不含互通匝道
10	中、小桥	m/座	4363.552/82	主线桥（含分离式立交、互通）
11	大桥及特大桥	m/座	29867.379/48	主线桥（含分离式立交、互通）
12	互通	处	24	新增 5 处，其中移位新建 2 处
13	服务区	处	2	沙溪服务区不在本项目范围内
14	分离式立体交叉	处	87	含主线上跨、支线上跨
15	通道	道	181	不含利用桥孔

改扩建先导段 2023 年 6 月开工，全线 2024 年 7 月开工。全线开工后，第一次交通导改时段在 2024 年 11 月—2026 年 1 月。第二次交通导改时段在 2026 年 2 月—2027 年 1 月。

7.2.2　项目特点

沿江高速路线跨越京杭运河、锡澄运河、申张线、锡十一圩、杨林塘、采菱江、白屈港、锡后西线、老锡十一圩、虞十一圩、望虞河、老常浒线、盐铁塘、白茆塘、戚浦塘等数十条主要河流，还与沪宁高速公路、苏嘉杭高速公路、锡澄高速公路、沪宜高速公路、太仓港疏港高速公路、锡张高速公路、张家港疏港高速公路、G524、G204、G312 等多条高等级公路交叉，与沪通铁路、新长铁路、京沪高铁、沪宁城际高铁、京沪铁路等铁路交叉。现有太仓、339 省道、沙溪、常熟、常熟北、凤凰、张家港、新桥、华西、霞客、青阳、戚墅堰、常州南 13 处一般互通式立交；太仓北、沙溪、董浜、张家港、杨舍、峭岐、横林 7 处枢纽型互通式立交；设沙溪、新桥、芙蓉 3 处服务区。本项目是高速公路扩建工程，面对的技术问题不同于新建项目，项目特点总结如下。

(1)交通量较大,交通组织复杂

本项目是江苏省苏南地区东西方向的公路主干线,联系了太仓市、常熟市、张家港市、江阴市、惠山和常州武进区等沿江主要城市节点,横贯江苏省沿江南部经济发达地区。同时,沪武高速公路苏沪界至董浜枢纽段是国家高速公路网中"纵二"沈海高速公路的重要组成部分。由于区域经济发展较快,交通需求较大,自建成通车以来,道路总体流量较大、增长也较快,2004年年平均日交通量为24454pcu/d,2017年年平均日交通量为达到64162pcu/d。其特殊的功能决定了其扩建期间交通不能中断,较大的交通量给扩建工程实施期间带来一定难度,因此需考虑合理的交通分流措施,保证扩建工程的顺利实施。

(2)建设控制因素多,方案选择受限

本项目沿线建设控制因素较多,如太仓北枢纽—董浜枢纽多车道段、张家港互通—杨舍枢纽互通密集段、江阴新桥阳光集团—海澜之家段、圩墩大桥处232省道平行段等,均对扩建工程提出严峻的考验,扩建方案选择受限,需进行多方案的可行性、经济性的比较和论证。

(3)沿线航道等级提升较多,很多航道桥与互通相连,改造难度大,影响大

全线多处跨越航道,根据江苏省航道规划,多处航道需要提级改造,这直接增大了本项目桥梁改造方案的难度;此外,多处航道距离互通比较近,互通方案直接受桥梁改造方案的制约。

(4)沿线涉铁桥梁较多

全线共有5处涉铁桥梁,分别上跨或者下穿京沪铁路、沪宁铁路、京沪高铁、新长铁路和沪通铁路。改扩建时须满足铁路规划原则和铁路运输运营安全原则,施工期须减少对铁路运营的影响。

(5)全线互通多,特别是枢纽互通多,改造复杂

本项目沿线高等级交叉道路多,互通密度高,互通改造方案受限因素多,且施工期间的保通要求高。全线一共有枢纽互通7处,一般互通14处,互通式立交平均间距6.13km,对扩建方案的选择存在限制作用。

(6)大跨径桥梁多,特殊桥梁多,拼接复杂

大跨径连续箱梁受力性能比较复杂,目前国内对超过50m的大跨桥梁拓宽的研究还不成熟,成功经验也不多。对于大跨径三向预应力桥梁,横向拼接技术更加复杂,横向连接方案直接影响箱梁悬臂的受力状态,需要结合每座桥梁的情况进行综合分析,才能给出具体的拓宽方案。从目前的研究成果来看,大多是针对项目中涉及的桥梁进行分析,没有全面、系统的可以用于各种情况的指导方法。

7.2.3 现状评估

7.2.3.1 沿线桥梁现状评估

沿江高速沿线桥梁结构形式以先张预应力混凝土空心板梁桥、钢筋混凝土空心板梁桥和组合箱梁桥为主,沿线区域主要桥梁数量统计如表7.2-3所示。

沿线区域主要桥梁数量统计 表7.2-3

地区	桩号	按功能类型划分(座)			桥梁合计（座）	通道（个）	涵洞（个）
		主线桥	互通匝道桥	支线上跨桥			
太仓	K0+000～K22+450	25	6	3	34	30	34
常熟	K22+450～K57+200	34	17	2	53	54	71
张家港	K57+200～K76+480	22	7	1	30	27	47
江阴	K76+480～K104+961	27	19	6	52	41	79
常州	K104+961～K134+865	22	25	1	48	43	59
合计		130	74	13	217	195	290

根据最新一期定期检查报告,沿线桥梁存在一定程度的病害。空心板梁桥主要病害包括腹板斜向裂缝、腹板竖向裂缝和底板横向裂缝,裂缝长度普遍为0.4~5m,宽度为0.06~0.1mm,空心板梁桥部分病害如图7.2-1所示;组合箱梁主要病害包括腹板竖向裂缝、腹板斜向裂缝和底板横向裂缝,部分腹板裂缝与底板横向裂缝贯通形成"L"形、"U"形裂缝,主要分布于1/3跨到2/3跨之间,组合箱梁桥部分病害如图7.2-2所示。

a)勤丰中桥下行第3孔1号腹板斜向裂缝

b)冯泾河中桥第5孔1号腹板斜向裂缝

c)勤丰中桥上行第1孔1号腹板竖向裂缝

d)赵家塘中桥上行第1孔6号底板横向裂缝

图7.2-1 空心板梁桥主要病害

a) 峭岐枢纽主线桥第7孔4号腹板竖向裂缝

b) 横林枢纽主线桥第2孔6号腹板L形裂缝

c) 峭岐枢纽主线桥第29孔1号腹板斜裂缝

d) 横林枢纽主线桥第36孔1号底板横向裂缝

图 7.2-2　组合箱梁桥主要病害

对既有桥涵分别采用原规范标准和现行规范标准进行承载能力检算；基于检测结果考虑折减系数后，原桥梁正常使用极限状态和承载能力极限状态均满足原设计规范荷载标准要求。拼宽后现浇混凝土箱梁、部分斜拉桥等结构承载力均满足现行规范的要求。拼宽后装配式预应力混凝土空心板的承载能力满足现行规范的要求，部分盖梁的承载能力不能满足现行规范的要求；拼宽后旧桥装配式预应力混凝土箱梁的承载能力存在不同程度不能满足现行规范要求的情况，下部结构均能满足现行规范的要求，主要验算结果如表 7.2-4 所示。

验算结果汇总表　　　　表 7.2-4

结构类型	跨径(m)	位置	主梁抗弯			主梁抗剪		盖梁		墩柱
			内边梁	中梁	外边梁	边梁	中梁	抗弯	抗剪	
预应力混凝土空心板	10	—	√	√×	√	√	√×	×(部分)	√	√
	13	—	√	√×	√	√	√×	×(部分)	√	√
	16	—	√	√	√	√	√×	×(部分)	√	√
	20	—	√	√	√	√	√×	×(部分)	√	√

续上表

结构类型	跨径（m）	位置	主梁抗弯			主梁抗剪		盖梁		墩柱
			内边梁	中梁	外边梁	边梁	中梁	抗弯	抗剪	
装配式预应力混凝土连续箱梁	20	边跨	√×	√	√	√	√	√	√	√
		中跨	√×	×	√×	√	√	√	√	√
	25	边跨	×	√	√	√	√	√	√	√
		中跨	×	×	√	√	√	√	√	√
	30	边跨	×	√	√	√	√	√	√	√
		中跨	×	×（部分）	√	√	√	√	√	√
	35	边跨	×	√	√	√	√	√	√	√
		中跨	×	×	×	√	√	√	√	√

注：√-满足《公路工程技术标准》（JTG B01—2014）；
√×-仅满足《公路工程技术标准》（JTG B01—2014）第6.0.10条。

由表7.2-5可知，按照《公路工程技术标准》（JTG B01—2014）计算，装配式预应力混凝土空心板承载能力均能满足要求，所以对装配式预应力混凝土空心板桥不进行承载能力提升；对存在底板横向裂缝的中板进行粘贴钢板加固，并根据计算结果对空心板盖梁进行粘贴钢板加固处理；对预应力混凝土箱梁，采用体外预应力法提升其抗弯承载力，并改善原梁的应力状态。

7.2.3.2 道路现状评估

沿江高速原路面的主要结构形式及设计参数已在3.1.2节做了详细介绍，结合近年检测及养护资料可知，截至2023年3月底，沿江高速公路沥青路面技术状况及病害特征如下所示：

（1）结构强度

沿江高速基层的无侧限抗压强度良好，弯沉盆参数 $D_{20} - D_{60}$ 均值小于 $20\mu m$，路面结构强度良好。

（2）技术状况

沿江高速路面技术状况指标较好，但局部路段的车辙发展较快，抗滑性能衰减明显，需重点关注。

（3）病害类型

沿江高速路面病害以横缝为主，其中，G15段半幅公里均值70条，较其他路段严重；纵缝总长度1690.5m，单条纵缝长度主要分布区间为0~5m，占比87.5%。

（4）材料性能

沿江高速沥青面层的高温、中温、低温性能总体良好，以A级、B级为主，部分芯样的低温性能处于C级；整体及中面层高温性能、部分路段中面层的中温性能有所衰减。

7.2.3.3 桥梁维修加固方案

由于沿江高速改扩建工程依据标准相比原设计有提高、存在新的功能性需求且现有部分桥梁存在病害等问题(图7.2-3),沿江公司主持实施了维修加固主体工作,主要负责组合箱梁体外预应力加固等工作。

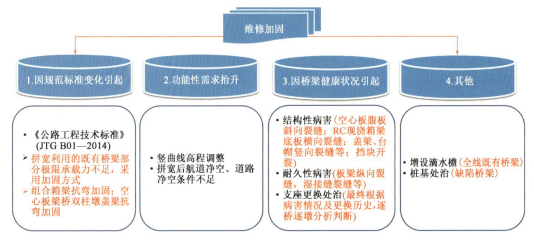

图7.2-3 沿江高速既有桥梁维修加固原因

既有装配式预应力混凝土组合箱梁部分桥跨跨中抗弯承载力有较明显的不足,支点抗弯承载力及抗剪承载力满足规范要求。其中,中跨虽然受力小于边跨,但钢绞线数量相对较少,因此相比边跨承载力欠缺更多;内边梁与中梁钢绞线配置相同,内边梁横向分布系数更高,因此内边梁的承载能力欠缺更多。以六拼十方案为例,20m跨径内边梁边跨最大欠缺4.57%,中跨最大欠缺17.14%;中梁中跨最大欠缺13.11%,如表7.2-5所示。

20m跨径组合箱梁桥(六拼十方案)计算汇总 表7.2-5

项目		原桥荷载(kN·m)	原桥抗力(kN·m)	原桥富余(%)
20m内边梁	边跨	5343	5099	-4.57
	中跨	4902	4062	-17.14
20m中梁	边跨	4963	5016	1.07
	中跨	4555	3958	-13.11

由于既有组合箱梁抗弯承载力欠缺较多,采用增设体外预应力钢绞线方式进行主动加固,共加固桥梁31座,218联,1097跨。体外预应力加固位置如图7.2-4所示,六拼十方案中,20m跨径组合箱梁体外预应力加固前后承载力对比如表7.2-6所示。

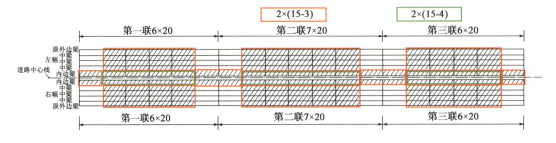

图7.2-4 体外预应力加固位置示意图(尺寸单位:m)

六拼十方案中 20m 跨径组合箱梁桥加固前后承载力对比　　表 7.2-6

项目		原桥富余(%)	钢束规格	加固后抗弯承载力(kN·m)	加固后富余(%)
20m 内边梁	边跨	−4.57	2×(15-3)	6155.8	15.21
	中跨	−17.14	2×(15-4)	5454.9	11.28
20m 中梁	边跨	1.07	无须加固	—	—
	中跨	−13.11	2×(15-3)	5100.8	11.98

除体外预应力加固组合箱梁外,改扩建工程还进行了盖梁加固、纵断面抬升、空心板梁加固等内容,维修加固方案汇总如表 7.2-7 所示。

改扩建维修加固方案汇总表　　表 7.2-7

范围	序号	项目	适用范围	具体工作内容	数量(座)
桥梁	一		因规范标准变化引起		
	1	组合箱梁加固	抗弯承载能力不满足要求	增设体外预应力钢绞线,设置钢筋混凝土锚块、定位块、钢结构转向块,墩台盖梁内侧挡块移位	31
	2	桥墩盖梁加固	原四车道(B=28m)空心板桥梁下部双柱式桥墩	立柱间盖梁底面粘贴钢板	40
	二		功能性需求抬升		
	3	纵断面抬升	按纵断面需求变化,需要调整的老桥	顶升(常规、钢抱箍、混凝土抱箍),背墙加高、牛腿加高、盖梁加高、垫石重做,桥头搭板重做,更换支座,耳墙加高(非拼宽桥)	25
	三		因桥梁健康状况引起		
	4	更换病害空心板梁(含支座)	严重刮擦、腹板斜缝、边板底板横缝、已加固板梁	更换空心板梁及对应支座	34
		空心板梁空腔植筋加固	适用于陈泾河中桥	梁端植筋+高性能混凝土加固	1
		空心板梁梁端粘贴钢板加固	中板梁端底板横向裂缝	梁端底板粘贴钢板	7
	5	板梁间铰缝植筋加固	铰缝存在渗水析白病害	凿除局部铺装,铰缝处顶板植筋,重新浇筑铰缝	17
	6	更换病害支座	评定为 3 级或单排 30% 支座评定为 2 级	顶升梁体(常规、钢牛腿),更换支座(板式橡胶/四氟滑板)	44
	7	重做开裂挡块	挤压开裂的挡块	凿除原挡块,重做新挡块	5
	8	现浇箱梁涂装	主线桥现浇箱梁混凝土箱梁底板横向裂缝密集	混凝土防腐涂装	8
	9	常规病害修复	全部利用桥梁	裂缝表面封闭,裂缝压力灌注,钢筋除锈防锈,环氧砂浆修补	142

续上表

范围	序号	项目	适用范围	具体工作内容	数量（座）
	四	其他			
桥梁	10	增设滴水檐	全部利用桥梁	L形铝箔滴水檐	142
	11	等截面现浇箱梁增设钢挡块	一联仅伸缩缝处设置限位装置的等截面现浇箱梁	梁底植筋安装钢结构挡块	6
	12	桩基础修复	隐蔽工程： （1）河道补偿开挖时发现的桩基础病害； （2）沥青铺装铣刨后发现的现浇铺装层及桥头搭板病害	混凝土破损露筋修复/桩基础增大截面加固	待定
		现浇混凝土铺装层（局部修复）		局部凿除重做	待定
		桥头搭板（局部重做）		损坏搭板凿除重做	待定
通道	1	常规病害修复	混凝土表观病害	裂缝表面封闭，裂缝压力灌注，钢筋除锈防锈，环氧砂浆修补	150
涵洞	1	涵洞清理疏通	进出水口堵塞	清理疏通涵洞	230

注：灰色底纹项目为沿江公司实施内容，其余项目为江苏省交通工程建设局实施内容。

7.2.4 设计特色

7.2.4.1 整体式十车道设计

沿江高速太仓北枢纽至董浜枢纽段25.13km由双向六车道扩建为双向十车道，设计速度120km/h，路基宽度53.5m，为全国首条获批的整体式双向十车道高速公路。

对于整体式断面，最大的问题在于车辆变换车道的冲突增多，进出互通立交横移距离增长，对安全性有一定影响。对于此类问题，设计单位联合交通运输部公路科学研究所进行研究并形成多车道关键设计指标，可以从以下方面解决：一方面采用客货分道形式，从车道管理方面入手，实施客车、货车分道行驶，通过客货之间设置黄色实线的标线，可以改善不同车型之间因速度差导致的通行效率和安全性降低的问题；另一方面，通过设置左侧硬路肩，为内侧车道行驶的车辆在遇到紧急情况时提供临时停车地点。

（1）断面方案

扩建后整体式路基宽53.5m，其各部分组成为：3.0m 中间带（无左侧路缘带）+2×3.0m左侧硬路肩+2×(3.5+4×3.75)m 行车道+2×3.0m 右侧硬路肩（含2×0.5m 右侧路缘带）+2×0.75m 土路肩，如图7.2-5所示。

（2）总体方案及方案分析

整体式十车道方案太仓北枢纽内采用双向八车道，枢纽以西双向十车道，左侧硬路肩宽度渐变在杨林塘大桥东侧引桥上进行，如图7.2-6所示。

根据双向十车道互通最小净距、辅助车道长度的计算，沙溪互通与沙溪枢纽之间需要增设集散车道才能满足相关间距要求，沙溪枢纽与沙溪服务区段则采用辅助车道相连。其中，北侧集散车道长度 2670m,辅助车道长度 1637m,南侧集散车道 2797m,辅助车道长度 1591m,如图 7.2-7 所示。经过通行能力验算,路段的通行能力满足互通区通行能力要求以及主线通行能力需要。

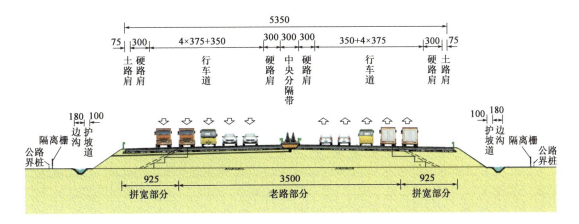

图 7.2-5 整体式十车道(客货分行)路基横断面图(尺寸单位:cm)

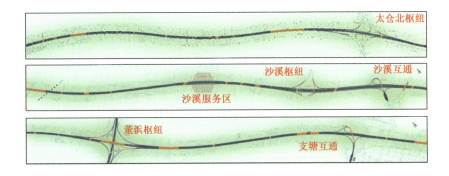

图 7.2-6 整体式十车道扩建方案平面示意图

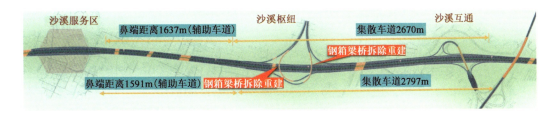

图 7.2-7 互通密集段扩建方案平面示意图

沪通铁路上跨处,桥墩间距满足整体十车道宽度要求,不影响路段整体方案。在沪通铁路西侧布设支塘互通并预留枢纽的实施条件。

(3)服务水平分析

根据交通运输部公路科学研究院研究成果,在客货分行情况下,客车单车道基准通行能力采用2300pcu/(h·ln)进行计算,货车单车道基准通行能力采用1000veh/(h·ln)进行计算,结果如表7.2-8所示。

2043年整体十车道客货分行方案服务水平计算结果　　　表7.2-8

路段划分	客车3个车道		货车2个车道	
	V/C	服务水平	V/C	服务水平
太仓北枢纽至沙溪互通	0.72	三级	0.63	三级
沙溪互通至沙溪枢纽	0.72	三级	0.62	三级
沙溪枢纽至支塘互通	0.75	三级	0.65	三级
支塘互通至董浜枢纽	0.63	三级	0.54	二级

由此可见,在该断面形式下,到2043年该路段客车车道服务水平在三级,货车车道服务水平在三级及以上,均满足《公路工程技术标准》(JTG B01—2014)第3.4.2条的规定。

(4)方案分析

方案优点:

①车辆行驶容错能力较好。

②进出沙溪服务区便利。

③驾驶人员的驾驶体验较好。

④道路景观性较好。

⑤在管理运营上,客货分行,降低事故概率,减轻救援工作量;货车固定车道行驶,养护工作面减小;加强分车道管控,交通流运行监测与预警程度可较混行有所降低。

方案缺点:

①目前国内已经实施的十车道高速公路案例少,可参考的仅深圳水官高速等少数项目。

②节点处客车需要穿越多个车道进入出入口,小车换道冲突点多。

③需要拆除重建沙溪枢纽匝道上跨桥。

④扩建时存在净空问题,整体式断面拼宽降低原有构造物净空。

7.2.4.2　长寿命路面

沿江高速既有路面的结构性能、路况性能、材料性能存在车道差异、路段差异。扩建项目中,老路设计年限为15年,但经过近20年的服役,不同路段的面层、基层的材料参数存在差异,且与新建路面材料差异更为明显。为保证扩建后老路路面满足设计年限,需对既有路面的性能开展系统的评估,提出针对性的利用原则和建议。沿江公司已立项并组织实施"沿江高速公路路面结构状况评价及利用策略研究",以内部供应形式委托养护技术公司实施,科研预算280万。其中,对沿江高速公路既有5种长寿命路面试验段的路况性能、主要病害现状、养护历史进行梳理,对其材料性能及主要路况指标现状进行深入评价,以提出既有长寿命路面结构利用建议。

7.2.4.3 组合箱梁拼接设计

沪武高速常州南至苏沪界段主线桥梁(含互通主线桥)现有特大、大桥47座,中、小桥84座,共计长30927m,主线桥梁占路线长度比例达22.9%。其中,上部结构以装配式预应力混凝土箱梁为主,常州南互通至董浜枢纽段占比63%,董浜枢纽至苏沪界段占比55%。全线预应力混凝土小箱梁跨径包括20m、25m、30m、35m,均为先简支后结构连续,总里程合计17.63km,小箱梁数量统计如表7.2-9所示。

沪武高速小箱梁数量统计表 表7.2-9

桥梁跨径 L(m)	20	25	30	35
桥长合计(m)	2120	9925	4320	1260
旧桥梁高(m)	1.2	1.4	1.6	1.8
混凝土	50号			
铺装	6cm现浇层混凝土+10cm沥青混凝土			

既有小箱梁采用原《公路桥涵设计通用规范》(JTG 021—1989)(以下简称"89通规")汽车-超20级、挂车-120荷载标准,本次扩建采用了"四拼八、六拼八、六拼十"的双侧拼宽形成整体式断面形式,荷载标准采用现行《公路桥涵设计通用规范》(JTG D60—2015)(以下简称"15通规")的公路-Ⅰ级。相比原设计,现行荷载标准经历了两次提高,拼宽后的既有桥梁极限承载能力必须按照"15通规"荷载标准进行验算。根据《公路工程技术标准》(JTG B01—2014)(以下简称"14标准")规范扩建相关条款进行验算,既有小箱梁正常使用极限状态满足原设计荷载标准,抗剪承载能力满足要求,但部分小箱梁抗弯承载能力不足。

原桥小箱梁包括两种断面形式:

①常州南互通至董浜枢纽段,桥梁全宽28m:2×[0.5m(边护栏)+净12m+1.0m(中护栏)]+1.0m(桥间间隙);半幅桥梁全宽13.5m,横断面如图7.2-8所示。

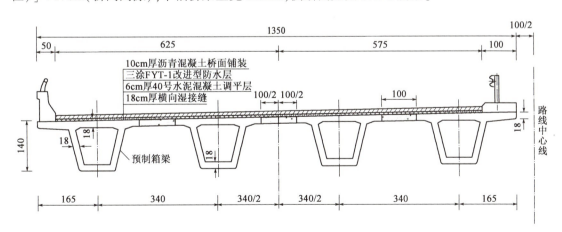

图7.2-8 1/2原四车道小箱梁断面图(尺寸单位:cm)

②董浜枢纽至苏沪界段,桥梁全宽35m:2×[0.5m(边护栏)+净15.5m+1.0m(中护栏)]+1.0m(桥间间隙)。半幅桥梁全宽17m,横断面如图7.2-9所示。

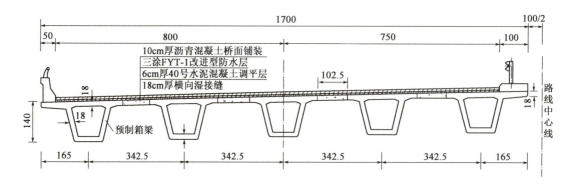

图 7.2-9 1/2 原六车道小箱梁断面图(尺寸单位:cm)

借鉴京沪高速、机场高速及沪宁高速改扩建的经验,对既有桥梁技术状况良好、承载能力满足新规范要求(或加固后满足新规范要求)的桥梁,采用同结构、同跨径、"上连下不连、桥台铰接、背墙刚接"的方式,双侧加宽。其具体拼接构造为:首先拆除原桥外侧护栏,并切除原桥外边梁 65cm 的翼缘,切口处植入钢筋,与新拼宽桥内边梁翼缘的预埋钢筋焊接,浇筑之间的湿接缝,最后一起浇筑桥面现浇层。支点处横隔板通过植筋+湿接缝的方式连接。拼接示意图如图 7.2-10 所示,拼接后小箱梁标准横断面图如图 7.2-11 所示。

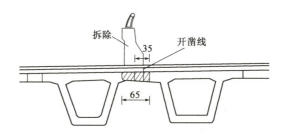

图 7.2-10 小箱梁翼缘拼接构造示意图(尺寸单位:cm)

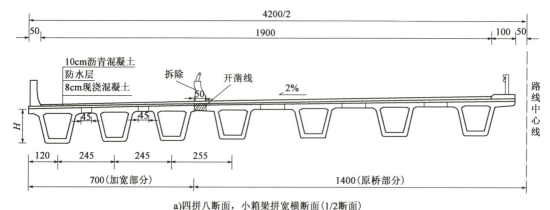

a)四拼八断面,小箱梁拼宽横断面(1/2断面)

图 7.2-11

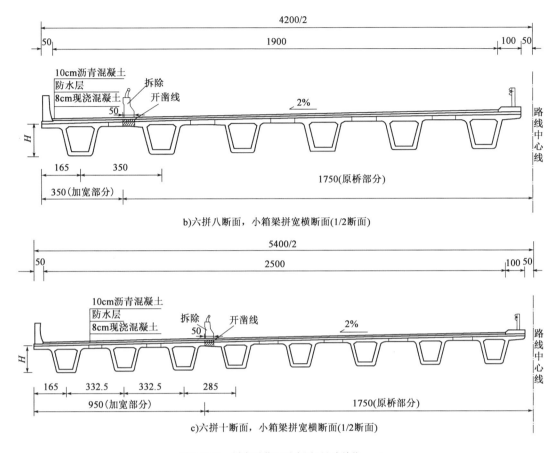

图 7.2-11 拼宽后截面示意图(尺寸单位:cm)

7.2.4.4 科技创新

沿江高速作为国内首条十车道高速公路,在路线、路基路面、桥梁、交通工程等多个方面缺乏相应工程技术标准,在数字高速、智能感知、结构延寿、绿色低碳等方面尚缺乏成熟借鉴经验,且相对于以往八车道及以下高速公路改扩建工程,十车道在建设与运维方面存在多重挑战。为满足交通强国战略深入实施背景下新一代高速公路建设的重要需求,形成配套的技术标准与成套技术来为行业提供广泛参考依据,沿江高速公路改扩建形成了以交通运输部科技示范工程为核心,以省交通运输重点科技项目为重要依托,以其他辅助科研课题为支撑的多层次科技创新体系,推动改扩建项目顺利实施,实现创新成果的转化与应用。

(1)交通运输部科技示范工程

2024年1月,"沪武高速江苏段整体式十车道高品质改扩建科技示范工程"获批交通运输部科技示范工程,将依托G4221上海至武汉国家高速公路太仓至常州段扩建工程,聚焦"结构长寿、绿色低碳、智能建造、智慧运维"等主题,研究应用新技术、新材料、新工艺开展高品质建造,开展智慧工地协同管控、交通组织诱导与智慧运营调度等技术研究与应用,形成可复制、可推广的整体式十车道高速公路高品质建造与智慧运维成套技术成果及实施经验。项目实施期限为2024年1月至2026年12月,预期达到的规模、目标与成果如下。

在项目示范规模上:预期在全线134.8km应用结构一体化检测与内部缺陷修复技术、基于建筑信息模型(BIM)的智慧工地协同管控技术;在25.1km整体式十车道路段应用智慧交通组织及协同管控技术、救援与智慧调度技术。

在项目预期目标方面:全线路面设计使用寿命达到20年,低维修频率路面15年内车辙低于10mm;实现路面结构表观功能、结构强度、内部损伤等快速一体化检测;老路结构循环利用率100%,降低路面修复成本40%,综合降噪不低于8dB,固碳轻质土消耗二氧化碳不少于1000吨;车道主动管控平台数据协同交互延时达到秒级,事件处置5min响应率不低于99%,30min到达率不低于98%。

随着项目的实施开展,将形成整体式十车道高速公路工程技术等方面标准规范不少于2项,高品质建造等方面施工指南或工艺工法不少于4项。开展行业技术交流不少于2次。

(2)江苏省交通运输重点科技项目

针对十车道高速公路建设与运维上的重难点问题,沿江高速改扩建工程拟由江苏交控与省交建局联合实施2023年度省交通运输重点科技项目——"新一代十车道高速公路改扩建智慧建设与运维关键技术研究及工程示范",围绕高速公路建管养运全过程,立足建管养运一体化协同建设模式,通过理论、技术、管理等科技创新手段,以系统思维统筹开展科研项目研究。

科研项目分为六个课题研究方向,分别是:十车道工程技术标准研究、十车道高速改扩建品质建造关键技术研究、十车道高速养护关键技术研究、十车道高速运营关键技术研究、建管养运服一体化关键技术研究、十车道高速改扩建工程示范。其主要研究内容包括:

①工程技术与标准研究:研究十车道及以上高速公路工程技术标准,包括顶层规划、设计及路线技术标准的编制;探讨车道功能定位、交通安全特性、通行能力及横断面布局与交通组织策略;促进工程建设关键技术点的明确,形成工程技术标准。

②智能建造与运维技术:推进高速公路改扩建数字化项目建设应用,探索交通工程相关建设标准;研究基于数字新基建的高速公路建设与运维,促进智能化、数字化的发展。

③维护与营运效率提升:实现高速公路的高效维护和绿色低碳营运,提升经济效益和环境效益;研究智能巡检与状况评估技术,提高维护效率和作业安全。

④创新应用与技术发展:通过大数据、人工智能等技术应用,探索高速公路智能化管理与服务的新模式;研究数据规范与交互。

通过深入研究与应用上述关键技术,旨在形成一套完整的高速公路改扩建智慧建设与运维体系,打造结构长寿、绿色低碳、智能建造、智慧运维的新一代十车道高速公路,为实现安全畅通、舒适耐久、智能高效、绿色发展的高速公路大格局提供科学依据和技术支持。

(3)其他科研课题

截至2024年4月,沿江高速公路同步开展的其他辅助科研课题情况如表7.2-10所示。

其他科研课题情况

表 7.2-10

课题名称	主要研究内容	结题时间
组合箱梁拼接缝协同受力长期性能监测研究	①考虑拼接缝局部复杂应力部位精细化分析需求,建立适用于改扩建工程拼宽组合箱梁的多尺度有限元模型。 ②通过精准仿真模型,对拼宽箱梁进行整体力学性能分析,包括静力特性和动力性能。 ③考虑多因素耦合作用下接缝的受力行为及其发展规律,明确新旧桥梁协同工作机制,建立能够表征接缝性能的理论指标。 ④根据沿江高速改扩建工程中桥梁结构特点,选择代表性组合箱梁拼宽结构搭建长期性能监控系统进行长期性能监测。 ⑤优化接缝理论指标表征参数,建立考虑多参数影响的接缝性能指标,优化组合箱梁新老桥拼接设计方法。 ⑥分析高速公路改扩建工程中组合箱梁典型病害分布规律及触发原因,提出接缝构造改进方案及病害预防措施	预计2026年底
沿江高速公路路面结构状况评价及利用策略研究	①重点对沿江高速原建设期资料、养护历史资料、科研项目资料等进行收集、整理和分析,为后续研究提供基础。 ②对沿江高速沥青路面的技术状况、结构性能和主要病害状况进行踏勘调研,对路面材料性能进行评价,对长寿命路面试验段、硬路肩路面性能进行检测。 ③对沿江高速公路既有路面的结构性能、路况性能和材料性能进行系统的分析和评价。对长寿命路面试验段、硬路肩路面性能的发展规律和现状进行系统的分析和评价。 ④综合考虑沿江高速路面扩建的实际需求,开展老路路面结构层利用原则、老路病害处治方案、硬路肩路面结构层利用建议、长寿命路面试验段利用建议等相关研究	预计2024年底
高速公路沥青路面结构健康状态检测及评价技术体系研究	①对"十三五"期间建立的高速公路路面结构与材料性能评价指标体系进行评估,以便针对相关检测评价技术开展深入研究。 ②开展移动荷载作用下线性黏弹性损伤层状体系模型力学响应理论研究,提出适合半刚性基层路面结构体系的计算模型与方法。针对不同路面状态进行弯沉盆指标的敏感性分析,并展开会弯沉指标与FWD指标的相关性研究。 ③对路面内部典型病害如裂缝、层间黏结不良、层间脱空、松散碎裂等病害典型图谱开展研究,实现不同类型病害及其尺寸的3D雷达特征化评价,建立综合的路面结构内部健康状况评价指标,直观地评价路面结构内部健康状况。 ④利用高速高精度三维探地雷达实现路面裂缝的类型、尺寸、发展形态、次生病害空间分布特征的精细化识别,利用高速激光弯沉技术实现裂缝处传荷能力检测评价,联合两者结果建立路面裂缝的评价指标,从而对路面裂缝严重程度进行分级。 ⑤融入路面结构强度和内部健康状况检测评价技术研究成果,结合结构延寿设计理论和方法中的材料设计参数,形成面向"结构延寿"的高速公路沥青路面结构健康状况评价指标体系,编制检测和评价技术指南。 ⑥依托沿江高速等改扩建工程,在改扩建前对既有路面结构状况进行联合无损检测。对既有路面结构健康状况检测评价技术体系进行验证和优化	预计2025年底

7.3 智慧高速公路设计

在统筹考虑沿线监控设备的基础上,通过高速公路自建感知设施和互联网获取感知信息,构建立体化的多元智能感知网,实现沿江高速公路的交通运行状态和异常事件感知、交通环境感知和设施运行状态感知,如图7.3-1所示。

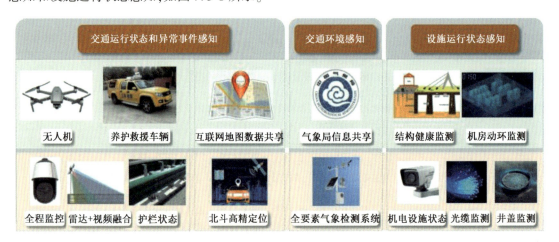

图7.3-1 智慧高速感知系统

7.3.1 交通运行状态感知

拟采用毫米波雷达+视觉相机融合感知方案进行高速场景交通事件识别、交通参数识别和夜间场景下的目标识别,实现主线交通运行状态和异常事件感知;拟在沿线门架配置自动起降无人机场和车载移动视频监控设备,应用于日常巡视、应急指挥调度的移动视频感知和道路视频实时采集,实现路线视频影像实时回传、实时直播。

7.3.2 设施运行状态感知

拟建立桥梁健康监测系统,监测梁端位移、结构应力、腐蚀、路面温度、挠度、结构温度、拉索索力等;通过机电设施运行状态监测系统,自动检测各类设备故障,实现故障自动申报,进行设备健康状况分析。

7.3.3 外部获取的感知信息

通过接入交通运输部重点营运车辆公共服务平台,获取进入高速公路的危化品车辆北斗定位动态实时数据;与百度、高德等地图服务商合作,通过导航数据获取交通量趋势预测数据;与气象部门合作,获取气象及预测数据。

面向孪生的应用场景,采用Kafka进行流计算,相关应用从Kafka中直接取计算结果,同时备份给数仓以满足其他实时和离线计算场景的数据需求。针对实时和历史数据的计算,采用存算一体的数仓进行计算任务的编排和调度,计算结果放在mpp数据库进行联邦查询。

融合大规模自动化三维重建内容与重点区域的高精采集数据,结合实际需求进行精修,构建孪生基底,并通过提供高逼真渲染、轻量化渲染一站式数据服务引擎对外进行发布。

7.3.4 智能应用

7.3.4.1 态势感知

加强多源数据关联分析，构建动态交通信息+静态路网信息的可计算路网模型，开展交通运输运行状态预测预警和趋势分析；将道路感知的事件及时通知到对应的诱导屏、广播、微信、导航App等出行服务、信息发布设备等，实现实时事件告警；评估实时交通指数，基于算法引擎计算出路段平均车速与路段自由流车速的比值，以直观方式展示路段运行状态及道路拥堵指数；进行交通运行预警，根据交通自动仿真，对短时交通、节假日拥堵、恶劣天气拥堵、收费站拥堵、交通事件拥堵、道路施工拥堵的态势演化呈现。

7.3.4.2 智慧管控

沿江高速车道级智慧管控提出建立面、线、点的主动交通管控策略。通过自建管控措施和互联网地图辅助两个渠道，实现积极主动的交通管控，达到道路交通有序运行、紧急情况下的合理诱导、有效降低路段事故发生率的目标，实现安全、快速、高效的交通运行。

7.3.4.3 信息服务

根据用户位置和前方交通、气象状况等各类事件和设施可用情况，利用可视信息服务、广播信息服务、网站信息服务、导航信息服务和孪生小程序等多维交通信息服务手段，提供涵盖出行前、行驶中、出行后的出行全过程信息服务。

7.3.4.4 指挥调度

通过数据共享平台提高应急事件确认、审批、上报的效率，完全流程可视化、智能化，从而实现事件快速定位、快速清障；通过应急人员、车辆、物资等应急资源动态管理功能，实现应急资源的查询和调动；通过远程监控调度指挥功能，即通过实时监控图像信息，利用音视频对现场进行远程指挥。

7.3.4.5 智能养护

建立智慧化养护管理平台，为养护工程的"巡、养、监、验"提供全流程数字化管理，实现高速公路资产管理、病害管理、养护实施、质量验收、工程计量等业务全过程、智慧化管理，并为养护方案和计划制定提供辅助决策，达到降本增效的目标。

7.3.4.6 智慧服务区

布置服务区AR实景监控，通过高点全景摄像机获取监控点全景视频，与现场内低点场区监控摄像机联动，实现智能全景监控，关联感知前端和实时监管预警；设置进出口匝道，设置通过服务区出入口的抓拍摄像机，记录车辆进出以及车辆特征信息，实时识别车位；设置服务区信息发布屏，显示服务区可提供的服务信息、当前服务区滞留人次、前方道路管制信息、前方服务区状态、天气情况等，为司乘人员是否在该服务区休息提供辅助决策信息，提示疲劳驾驶车辆及时进入服务区;通过设置场区监控摄像机,检测车位类型与停放车辆类型是否匹配,检测危险品车辆停放情况、充电桩车位使用情况,实时预警,保障停车安全,实现全面感知平台高效联动。

7.4 高速公路近零碳站区策划

7.4.1 政策背景

"十四五"以来,国家、地方相继针对公路交通绿色低碳发展提出相关要求并出台相关政策。《国务院关于加快建立健全绿色低碳循环发展经济体系的指导意见》提出要提升交通基础设施绿色发展水平,将生态环保理念贯穿交通基础设施规划、建设、运营和维护全过程,集约利用土地等资源,合理避让具有重要生态功能的国土空间,积极打造绿色公路、绿色铁路、绿色航道、绿色港口、绿色空港;加强新能源汽车充换电、加氢等配套设施建设;积极推广应用温拌沥青、智能通风、辅助动力替代和节能灯具、隔声屏障等节能环保先进技术和产品;加大工程建设中废弃资源综合利用力度,推动废旧路面、沥青、疏浚土等材料以及建筑垃圾的资源化利用。《绿色交通"十四五"发展规划》也明确提出要深化绿色公路建设;因地制宜地推进新开工的高速公路全面落实绿色公路建设要求;推进交通资源循环利用,推广交通基础设施废旧材料、设施设备、施工材料等综合利用,鼓励废旧轮胎、工业固废、建筑废弃物在交通建设领域的规模化应用。国家发展改革委、国家能源局等9部门联合印发《"十四五"可再生能源发展规划》中提出,优化发展方式,大规模开发可再生能源;全面推进分布式光伏开发,推动光伏在新能源汽车充电桩、铁路沿线设施、高速公路服务区及沿线等交通领域应用。

2021年9月,江苏省交通运输厅正式印发《江苏省"十四五"绿色交通发展规划》,规划要求积极开展近零碳交通示范项目创建,推进绿色公路建设,积极探索清洁可再生能源在公路服务区、收费站、声屏障等设施上的应用;同时量化了近零碳交通示范项目创建的目标:到2025年,创建5个近零碳服务区,3个散货、件杂货、集装箱等近零碳港口,3个近零碳船闸,5个近零碳客运枢纽。沿江公司积极响应国家及地方政府加快交通运输领域绿色低碳转型的时代要求,围绕"双碳"目标,把绿色养护作为支撑未来可持续发展的关键引擎,提升养护绿色发展水平,依托沿江高速改扩建工程,针对高速公路服务区、收费站,考虑与云杉清能等企业合作,通过清洁能源供应、设备节能、资源循环利用、能源智慧管理等方面技术的综合应用,构建高速公路改扩建站区绿色低碳路径,打造高速公路近零碳站区。

7.4.2 高速公路近零碳站区建设路径

7.4.2.1 清洁能源供应

交通设施具有长线型分布、运营期能耗大等典型特征,大电网供电成本相对偏高,尤其是电网末端或偏远地区更为明显。在此情况下,基于分布式新能源的就地开发利用,可提供低成本的低碳供能方案,这也是降低交通用能成本的重要途径。随着隔墙售电政策逐渐放开,发电消纳问题将得到有效解决,交通光伏更具开发前景。

在清洁能源供应方面,挖掘路域的建设条件与消纳空间,依托服务区、互通区、路域内外的

闲置场地开阔无遮挡的优势,结合交通用能需求,就近开发利用光伏等新能源,主要考虑以下技术路径:

(1)房建区光伏应用场景

充分利用高速公路服务区、收费站等房建区域内大量可用立体空间资源,建设分布式光伏系统,推动交通建筑领域的用能低碳多元发展,降低高速公路房建部分的碳排放。

①光伏车棚。

在服务区、收费站等场地开阔无遮挡的停车位处建设光伏车棚,发电的同时可为小车提供遮阳场所。车棚光伏发电系统通常采用晶硅电池组件,光伏车棚主要由支架系统、电池组件阵列、照明及控制逆变系统和防雷及接地系统组成。利用车棚的汇流箱将车棚顶端的太阳能电板产生的电能统一收纳,再经过传输至逆变器将直流电变为交流电,即可输送至配电房低压母线,完成发电过程。发电量可通过发电自发自用、余电上网等方式进行消纳,如图7.4-1所示。

图7.4-1 车棚光伏发电系统

②光伏屋面。

通过在服务区综合楼、收费站办公楼、收费站大棚以及设备用房等建筑屋顶上安装光伏组件,可以充分利用建筑物的表面空间,所发电量直接接入配电房,降低建筑用能碳排放的同时不影响建筑的功能性和美观性。建筑屋面分布式光伏发电系统通常采用晶硅电池组件。发电量可通过发电自发自用、余电上网等方式进行消纳,如图7.4-2所示。

图7.4-2 屋面光伏发电系统

(2)道路段边坡光伏应用场景

高速公路现存大量未开发边坡资源,选择利用服务区附近的主线边坡建设光伏电站,为附近的房建区供电,降低房建区的运营成本。

为增加系统发电量,充分利用地表反射光,边坡采用双玻双面组件;发电量可通过高压并网后房建区就近消纳以及余电上网等方式进行消纳,如图 7.4-3 所示。

图 7.4-3　边坡光伏发电系统

目前,初步考虑芙蓉服务区设置约 12000m^2 的光伏组件,包括小车车棚、建筑屋面和场地边坡等,设计年光伏发电量约 285 万 kW·h,按照芙蓉服务区综合楼面积及设备估算,其年用电量约为 220 万 kW·h,光伏发电量达到了用电量的130%,达到零碳服务区标准。新桥服务区拟设置光伏组件约 13200m^2,按照综合楼面积及相关设备估算,其年用电量约为 237 万 kW·h,设计年光伏发电量约 310 万 kW·h,达到用电量的131%,达到零碳服务区标准。

7.4.2.2　设备节能

在用能设备节能方面,拟引入低碳照明系统,利用太阳光直输照明(光导照明 + 光纤照明)与市电照明联合控制,在办公楼走廊及房间进深较大、自然采光照度不足等区域布置太阳光直输照明系统,智慧照明系统根据室内照度实时调节灯具亮度,采用蓝牙技术对公共区、办公区、楼梯间等集成应用分区控制、定时控制、远程控制、无级调光等技术方案,实现自然光最大化利用。

7.4.2.3　资源循环利用

在资源回收利用方面,拟将综合楼等屋面及阳台雨水经过集成式雨水处理设备处理后,储存于雨水清水池,处理后的雨水加压采用变频系统,提供建筑场区绿化、场区路面冲洗用水。另外,可将洗手池的水经专用管道收集后用于男卫生间水槽冲水,以达到节约用水的目的。

7.4.2.4　能源智慧管理

在能源智慧管理方面,使用控股既有平台,对区域能耗、分项能耗、用能状态等进行统计分析,实现光伏设备状态监测、发电量监测、趋势分析等功能,最终达到"安全用能、智慧用能、绿色用能、健康用能"的目标,如图 7.4-4 所示。

第7章 改扩建规划设计

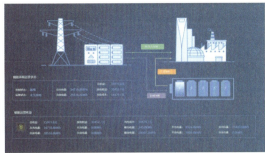

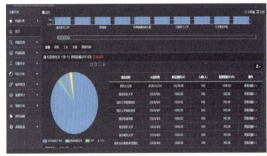

图7.4-4　产能管理、储能管理、用能管理、数据分析

7.4.2.5　高速服务区重型载货汽车换电站规划

在高速公路服务区建设换电站能够有效解决电车中长途补能难题，既是提升交通基础设施绿色低碳化水平、推动交通运输工具绿色低碳转型的重要举措，也是搭建城际快速换电设施网络的关键路径。沿江公司未来将考虑与行业内领军企业合作，进行高速服务区重型载货汽车换电站建设，如图7.4-5所示。

图7.4-5　高速服务区重型载货汽车换电站

高速服务区重型载货汽车换电站具有综合成本更低、补能效率高、电池寿命长、空间利用率高、环境适应性好等优势，在不考虑油价波动、不增加车辆购置成本的前提下，年行驶20万公里的重型载货汽车，总使用成本每年可节约5万~8万元，大大降低重型载货汽车运输的成本压力。

重型载货汽车换电站还可促进物流货车电动化转型,提升电动重型载货汽车运营效率的同时降低交通运输过程中污染物的排放,助力"双碳"目标的达成。以长途干线运输场景为例,全国900万辆重型载货汽车一年的碳排放总量高达4.4亿吨,重型载货汽车换电一站式解决方案的应用将有效应对重型载货汽车运输所带来的碳排放问题。

7.4.2.6 其他

考虑过往驾乘人员临时充电的需求,将结合收费站供配电的负荷在有条件的收费站出口设置充电桩。目前服务区设计充电车位数量为小车位数量的15%,预留后期可改造为充电车位的数量达到50%。除此之外,还将在服务区建设超快充、大功率充电等新能源基础设施。

在服务区管线设计方面,沿江公司在全省第一个考虑采用地下综合管廊设计,用于配电房、泵房至综合楼及服务区两侧连接线等管线较多的地区,包括生活给水管、消防给水管、强电管线、弱电管线及智能化管线,预留各单体给排水、电力电缆接口,减少未来改造时的破路工程。

在排水设计方面,考虑在综合楼周边采用线性雨水沟,在收集雨水的同时减少对铺装效果的影响;广场雨水井结合绿化带、标识牌、高杆灯等,统一考虑优先设置于路缘石边缘与绿化带边缘,以及综合楼周边广场,防止车辆碾压破坏。此外,考虑到新桥服务区距离镇中心位置较近,周边为海澜、阳光等大型集团,人流量密集,对新桥服务区采取了半开放式设计,利用原新桥收费点的废弃匝道建设社会停车场,达到人进车不进的效果,以吸引当地居民消费。

7.4.3 结语

公路交通基础设施的建设与发展已成为经济繁荣和社会进步的重要支柱,然而其建设过程中常常伴随着环境污染和资源浪费等问题。为了应对这些挑战,沿江公司着眼于绿色低碳发展理念,通过清洁能源供应、设备节能、资源循环利用、能源智慧管理等方面技术综合应用,打造高速公路近零碳站区,为公路交通基础设施的绿色低碳建设提供了有益的经验和参考,有助于推动我国公路交通行业朝着更加可持续的方向发展。